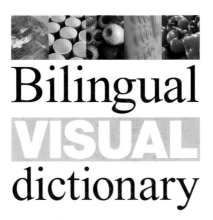

Bilingual
VISUAL
dictionary

TOP-FLITE
XL
Titleist

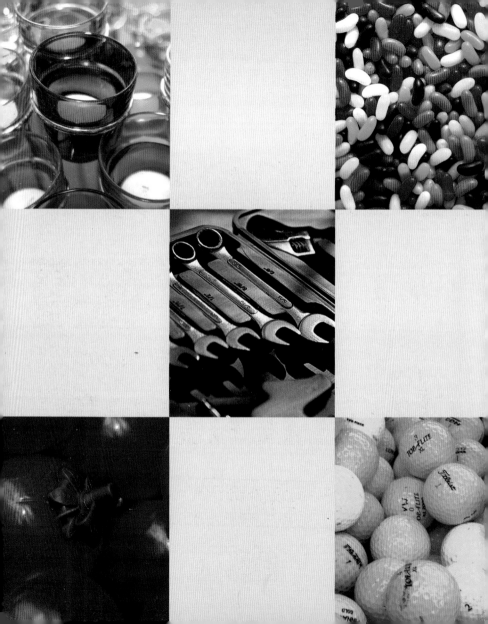

Bilingual

VISUAL

dictionary

DK

Penguin Random House

Senior Editors Christine Stroyan, Simon Tuite,
Angela Wilkes
Senior Art Editor Vicky Short
Jacket Editor Claire Gell
Jacket Design Development Manager Sophia MTT
Preproduction Producer Andy Hilliard
Producer Jude Crozier
Picture Researcher Anna Grapes
Managing Editors Dan Mills, Julie Oughton
Managing Art Editors Louise Dick, Anna Hall
Art Director Bryn Walls
Associate Publisher Liz Wheeler
Publisher Jonathan Metcalf

DK INDIA
Editors Arpita Dasgupta, Shreya Sengupta, Arani Sinha
Assistant Editors Sugandha Agarwal, Priyanjali Narain
DTP Designers Harish Aggarwal, Ashwani Tyagi,
Anita Yadav
Jacket Designer Juhi Sheth
Managing Jacket Editor Saloni Singh
Preproduction Manager Balwant Singh
Production Manager Pankaj Sharma

Designed for DK by WaltonCreative.com
Art Editor Colin Walton, assisted by Tracy Musson
Designers Peter Radcliffe, Earl Neish, Ann Cannings
Picture Research Marissa Keating

Arabic typesetting and layout for DK by g-and-w PUBLISHING
Translation by Samir Salih

First American Edition, 2009
This edition published in the United States in 2017 by DK
Publishing, 345 Hudson Street, New York, New York 10014

Copyright © 2009, 2015, 2017 Dorling Kindersley Limited
DK, a Division of Penguin Random House LLC
17 18 19 20 21 10 9 8 7 6 5 4 3 2 1
001—306406—Apr/17

A catalog record for this book
is available from the Library of Congress.
ISBN: 978-1-4654-5927-5

DK books are available at special discounts when purchased
in bulk for sales promotions, premiums, fund-raising, or
educational use. For details, contact: DK Publishing Special
Markets, 345 Hudson Street, New York, New York 10014
SpecialSales@dk.com

Printed and bound in China

A WORLD OF IDEAS:
SEE ALL THERE IS TO KNOW

www.dk.com

المحتويات
al-muHtawayaat
contents

تطبيق سمعي مجاني

يحتوي التطبيق السمعي على جميع كلمات القاموس وتعبيراته، مقروءة بأصوات عربية وإنجليزية، وذلك لتسهيل تعلم المفردات الهامة والمساعدة على النطق السليم.

FREE AUDIO APP

طريقة استخدام التطبيق السمعي

• قوموا بتحميل التطبيق على الهاتف الذكي أو على الحاسوب اللوحي بعد الحصول عليه من المحل الذي تختارونه.
• افتحوا التطبيق، واطلقوا القاموس المصوّر في قسم "المكتبة".
• قوموا بتحميل ملفات التطبيق السمعي للقاموس.
• ادخلوا رقم الصفحة، ثم مروا باللمس لأعلى أو لأسفل حتى تعثروا على الكلمة أو التعبير المطلوب.
• انقروا باللمس على الكلمة لتسمعوها.
• مروا باللمس إلى اليمين أو اليسار لمطالعة الصفحة التالية أو السابقة.

استعمال هذا الكتاب

سواء كنت تتعلم لغة جديدة للعمل أو من أجل الاستمتاع أو استعدادًا لرحلة عبر البحار أو على أمل توسيع نطاق مفرداتك اللغوية في هذا القاموس أداة تعلم قيمة يمكنك استخدامها بعدة طرق مختلفة.

عند تعلم لغة جديدة، انتبه للكلمات التي تتشابه في لغات مختلفة، والكلمات المشتقة، أي كلمات من أصل واحد في لغة معينة. كما يمكنك أيضًا أن تلاحظ أين أثرت اللغات بعضها على بعض. مثلاً ، الإنجليزية استوردت بعض الاصطلاحات عن الطعام من العربية، ولكن بدورها صدرت تعبيرات تستخدم في التكنولوجيا وفي الثقافة الشعبية.

أنشطة التعليم العملية

• حين تتجول في أنحاء مسكنك أو موقع عملك أو كليتك، حاول أن تتطلع على الصفحات التي تشمل هذا المكان. يمكنك حينذاك أن تغلق الكتاب وترى كم من الأشياء والسمات تتذكر.
• قم بإعداد بطاقات تذكرة سريعة لنفسك واكتب الكلمة بالإنجليزية على جانب، وبالعربية على الجانب الأخر. احمل البطاقات معك واختبر نفسك مرات عديدة، واخلط البطاقات بين الاختبارات.
• تحدي نفسك لكتابة قصة أو رسالة أو محاورة مستخدمًا أكبر قدر ممكن من الاصطلاحات بصفحة معينة. سوف يساعدك ذلك على بناء مفردات اللغة وعلى تذكر التهجئة. إن أردت أن تتقدم بكتابة نص أطول، ابدأ بجمل تشمل كلمتين أو ثلاثة.
• إذا كنت تتمتع بذاكرة تصويرية جدًا، حاول أن ترسم أو أن تتبع شكل بنود من الكتاب على قطعة من الورق، ثم أغلق الكتاب واكتب الكلمات أسفل الصورة.
• بمجرد أن تصبح أكثر ثقة في نفسك اختر كلمات من فهرست اللغة الأجنبية وتحقق إن كنت تعرف معناها قبل أن تقلب الصفحة إلى الصفحة المناسبة لتتأكد إن كنت على حق أم لا.

عن القاموس

ثبت أن استخدام الصور يساعد على فهم وحفظ المعلومات في الذاكرة. وبناء على هذا المبدأ، فإن هذا القاموس الإنجليزي - العربي الغني بالصور يقدم مجموعة ضخمة من مفردات اللغة السارية المفيدة.

القاموس مقسم حسب الموضوعات ويشمل بالتفصيل معظم جوانب الحياة اليومية، من المطعم إلى الجمنازيوم، ومن المنزل إلى موقع العمل، ومن الفضاء الخارجي إلى عالم الحيوانات. كما ستجد كلمات وعبارات إضافية لاستخدامها في الحديث ولتوسيع نطاق مفرداتك اللغوية.

وهو أداة ضرورية لأي شخص مهتم باللغات – فهو عملي ومثير ويسهل استعماله.

بعض الأمور التي يجب ملاحظتها

إن الكلمات العربية في هذا القاموس مكتوبة بالحروف العربية وبالحروف اللاتينية أيضًا. عند قراءة النطق بالحروف اللاتينية راجع الدليل بهذه الصفحة.

كتبت الكلمات بنفس الترتيب: بالحروف العربية، ثم بالحروف اللاتينية ثم الإنجليزية.

حزام أمان	**أسد**
Hizaam amaan	asad
seat belt	**lion**

الأفعال يعبر عنها بالحرف **(v)** بعد الإنجليزية، مثلاً:

يحصد yaHsud | **harvest (v)**

كما أن للغتين فهر ست خاص بهما في نهاية الكتاب، حيث يمكنك البحث عن كلمة سواء من النص الإنجليزي أو العربي ويتم إرشادك إلى رقم الصفحة أو الصفحات حيث تبدو الكلمة. للر جوع إلى نطق كلمة عربية محددة ابحث عن الكلمة في النص العربي أو الفهر ست الإنجليزي، ثم اتجه إلى الصفحة المشار إليها.

about the dictionary

The use of pictures is proven to aid understanding and the retention of information. Working on this principle, this highly-illustrated English–Arabic bilingual dictionary presents a large range of useful current vocabulary.

The dictionary is divided thematically and covers most aspects of the everyday world in detail, from the restaurant to the gym, the home to the workplace, outer space to the animal kingdom. You will also find additional words and phrases for conversational use and for extending your vocabulary.

This is an essential reference tool for anyone interested in languages—practical, stimulating, and easy-to-use.

A few things to note

The Arabic in the dictionary is presented in Arabic script and romanized pronunciation. When reading the romanization, refer to the guide on this page.

The entries are always presented in the same order—Arabic, Romanization, English—for example:

أَسَد   حزام أمان

asad   Hizaam amaan

lion   **seat belt**

Verbs are indicated by a (v) after the English, for example:

يحصد yaHsud | **harvest (v)**

Each language also has its own index at the back of the book. Here you can look up a word in either English or Arabic script and be referred to the page number(s) where it appears. To reference the pronunciation for a particular Arabic word, look it up in the Arabic script or English index and then go to the page indicated.

how to use this book

Whether you are learning a new language for business, pleasure, or in preparation for an overseas vacation, or are hoping to extend your vocabulary in an already familiar language, this dictionary is a valuable learning tool which you can use in a number of different ways.

When learning a new language, look out for cognates (words that are alike in different languages) and derivations (words that share a common root in a particular language). You can also see where the languages have influenced each other. For example, English has imported some terms for food from Arabic but, in turn, has exported terms used in technology and popular culture.

Practical learning activities

• As you move about your home, workplace, or college, try looking at the pages which cover that setting. You could then close the book, look around you and see how many of the objects and features you can name.
• Make flashcards for yourself with English on one side and Arabic on the other side. Carry the cards with you and test yourself frequently, making sure you shuffle them between each test.
• Challenge yourself to write a story, letter, or dialogue using as many of the terms on a particular page as possible. This will help you retain the vocabulary and remember the spelling. If you want to build up to writing a longer text, start with sentences incorporating 2–3 words.
• If you have a very visual memory, try drawing or tracing items from the book onto a piece of paper, then close the book and fill in the words below the picture.
• Once you are more confident, pick out words in the foreign language index and see if you know what they mean before turning to the relevant page to check if you were right.

free audio app

The audio app contains all the words and phrases in the book, spoken by native speakers in both Arabic and English, making it easier to learn important vocabulary and improve your pronunciation.

FREE AUDIO APP

how to use the audio app

• Download the free app on your smartphone or tablet from your chosen app store.
• Open the app and unlock your *Visual Dictionary* in the Library.
• Download the audio files for your book.
• Enter a page number, then scroll up and down through the list to find a word or phrase.
• Tap a word to hear it.
• Swipe left or right to view the previous or next page.

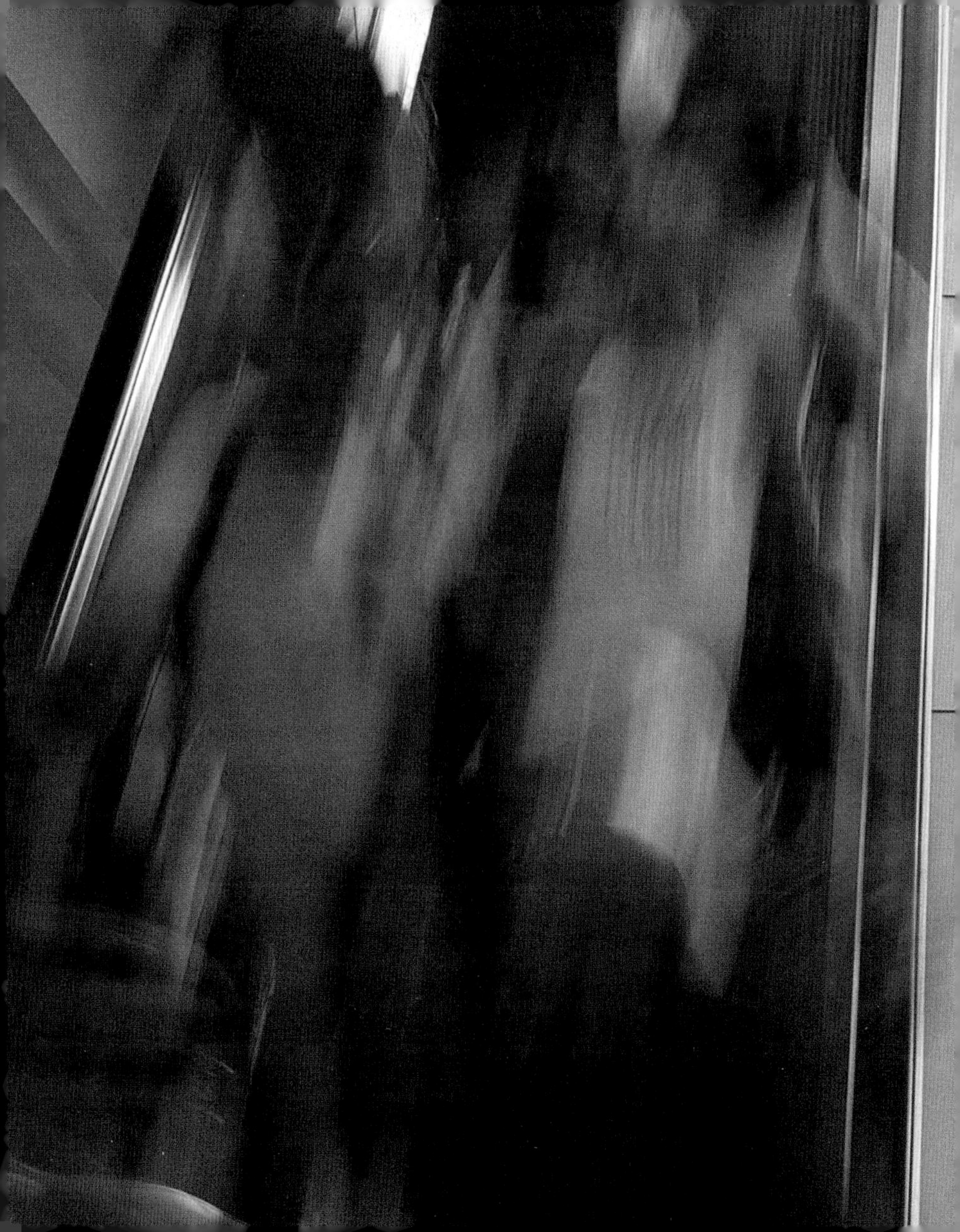

الناس an-naas
people

البدن al-badan • body

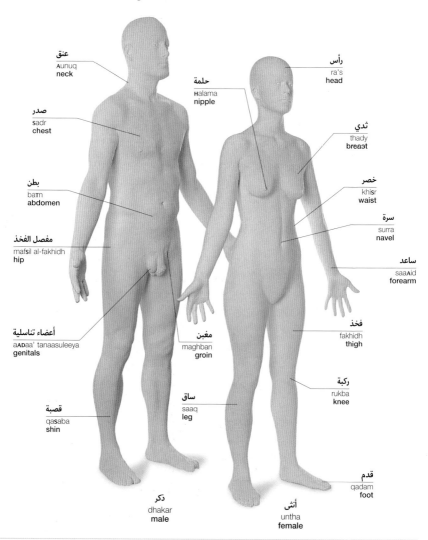

عنق
Aunuq
neck

حلمة
Halama
nipple

صدر
sadr
chest

بطن
baTn
abdomen

مفصل الفخذ
mafsil al-fakhidh
hip

أعضاء تناسلية
aADaa' tanaasuleeya
genitals

قصبة
qaSaba
shin

مغبن
maghban
groin

ساق
saaq
leg

ذكر
dhakar
male

رأس
ra's
head

ثدي
thady
breast

خصر
khiSr
waist

سرة
surra
navel

ساعد
saaAid
forearm

فخذ
fakhidh
thigh

ركبة
rukba
knee

قدم
qadam
foot

أنثى
untha
female

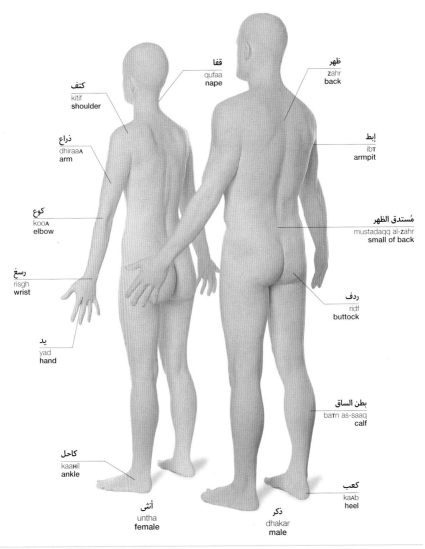

قفا
qufaa
nape

ظهر
zahr
back

كتف
kitif
shoulder

إبط
ibт
armpit

ذراع
dhiraaА
arm

كوع
kooА
elbow

مُستدق الظهر
mustadaqq al-zahr
small of back

رسغ
risgh
wrist

ردف
ridf
buttock

يد
yad
hand

بطن الساق
baтn as-saaq
calf

كاحل
kaaнil
ankle

كعب
kaАb
heel

أنثى
untha
female

ذكر
dhakar
male

الوجه al-wajh • **face**

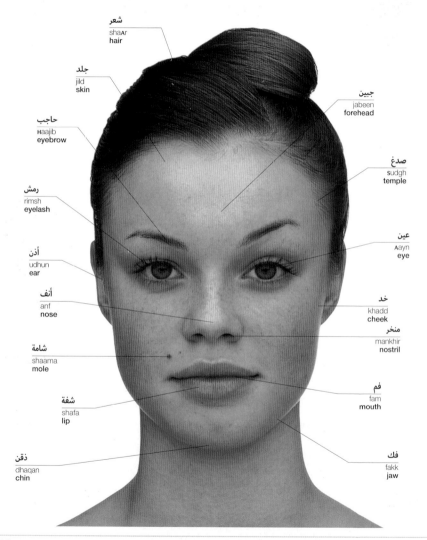

شعر
shaʌr
hair

جلد
jild
skin

حاجب
Haajib
eyebrow

رمش
rimsh
eyelash

أذن
udhun
ear

أنف
anf
nose

شامة
shaama
mole

شَفة
shafa
lip

ذَقن
dhaqan
chin

جبين
jabeen
forehead

صدغ
sudgh
temple

عين
ʌayn
eye

خد
khadd
cheek

منخر
mankhir
nostril

فم
fam
mouth

فك
fakk
jaw

جعدة
jaAda
wrinkle

نمش
namash
freckle

مسام
masaam
pore

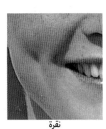

نقرة
nuqra
dimple

اليد al-yad • hand

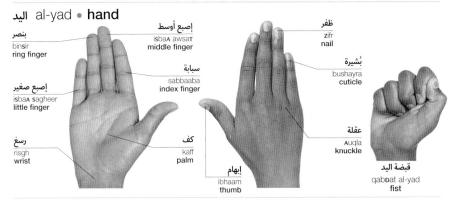

بنصر
binsir
ring finger

إصبع أوسط
isbaA awsaт
middle finger

ظفر
zifr
nail

سبابة
sabbaaba
index finger

بُشيرة
bushayra
cuticle

إصبع صغير
isbaA sagheer
little finger

كف
kaff
palm

عقلة
Auqla
knuckle

رسغ
risgh
wrist

إبهام
ibhaam
thumb

قبضة اليد
qabdat al-yad
fist

القدم al-qadam • foot

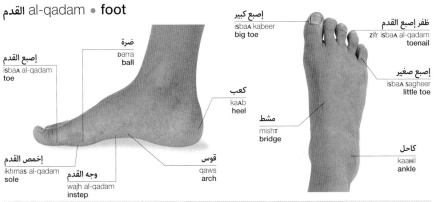

إصبع كبير
isbaA kabeer
big toe

ظفر إصبع القدم
zifr isbaA al-qadam
toenail

ضرة
darra
ball

إصبع القدم
isbaA al-qadam
toe

إصبع صغير
isbaA sagheer
little toe

كعب
kaAb
heel

مشط
mishт
bridge

إخمص القدم
ikhmas al-qadam
sole

وجه القدم
wajh al-qadam
instep

قوس
qaws
arch

كاحل
kaaнil
ankle

العضلات al-AaDalaat • muscles

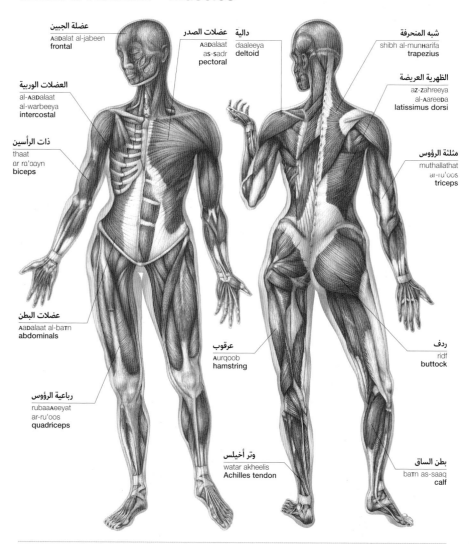

عضلة الجبين
AaDalat al-jabeen
frontal
عضلات الصدر
AaDalaat as-sadr
pectoral
دالية
daaleeya
deltoid
شبه المنحرفة
shibh al-munHarifa
trapezius
العضلات الوربية
al-AaDalaat al-warbeeya
intercostal
الظهرية العريضة
az-zahreeya al-AareeDa
latissimus dorsi
ذات الرأسين
thaat ar ra'sayn
biceps
مثلثة الرؤوس
muthallathat ar-ru'oos
triceps
عضلات البطن
AaDalaat al-baTn
abdominals
عرقوب
Aurqoob
hamstring
ردف
ridf
buttock
رباعية الرؤوس
rubaaAeeyat ar-ru'oos
quadriceps
وتر أخيلس
watar akheelis
Achilles tendon
بطن الساق
baTn as-saaq
calf

الهيكل العظمي al-haykal al-Aazmee • skeleton

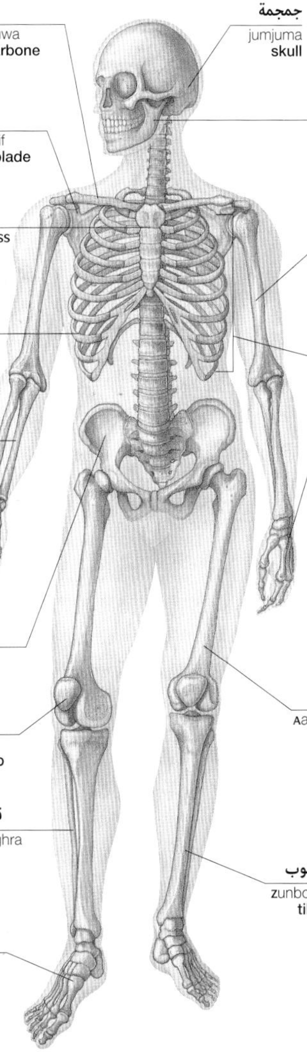

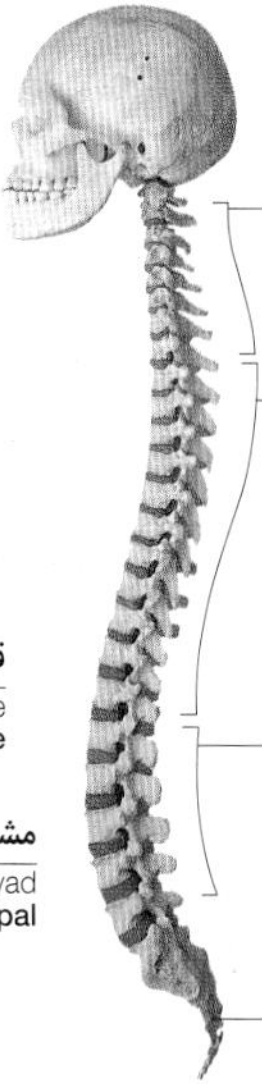

ترقوة
turquwa
collarbone
جمجمة
jumjuma
skull
لوح الكتف
lawH al-katif
shoulder blade
فك
fakk
jaw
عظمة القص
Aazmat al-qass
breastbone
عضد
AaDud
humerus
ضلع
DilA
rib
قفص صدري
qafas sadree
rib cage
زند
zand
ulna
مشط اليد
mishT al-yad
metacarpal
كعبرة
kuAbura
radius
حوض
HawD
pelvis
عظمة الفخذ
Aazmat al-fakhidh
femur
رضفة
raDafa
kneecap
قصبة صغرى
qasaba sughra
fibula
ظنبوب
zunboob
tibia
مشط القدم
mishT al-qadam
metatarsal

فقرات عنقية
faqraat Aunuqeeya
cervical vertebrae
فقرات صدرية
faqraat saDreeya
thoracic vertebrae
فقرات قطنية
faqraat qaTaneeya
lumbar vertebrae
ذنب
thanab
tailbone

عمود فقري
Aamood faqree
spine

مفصل mafsil • joint

غضروف
ghuDroof
cartilage
رباط
ribaaT
ligament
عظمة
Aazma
bone
وتر
watar
tendon

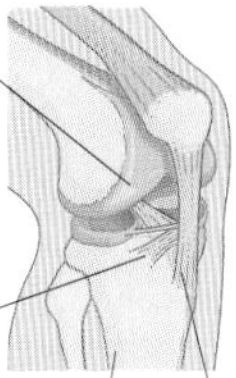

الأعضاء الداخلية al-AaDaa' ad-daakhileeya • internal organs

كبد
kabid
liver

الاثناعشري
al-ithnaaAasharee
duodenum

كُليه
kulya
kidney

بنكرياس
bankreyaas
pancreas

أمعاء صغرى
amAaa' sughra
small intestine

أمعاء كبرى
amAaa' kubra
large intestine

زائدة دودية
zaa'ida
doodeeya
appendix

غدة درقية
ghudda
daraqeeya
thyroid gland

قصبة هوائية
qaSaba hawaa'eeya
windpipe

رئة
ri'a
lung

قلب
qalb
heart

معدة
maAida
stomach

طحال
TiHaal
spleen

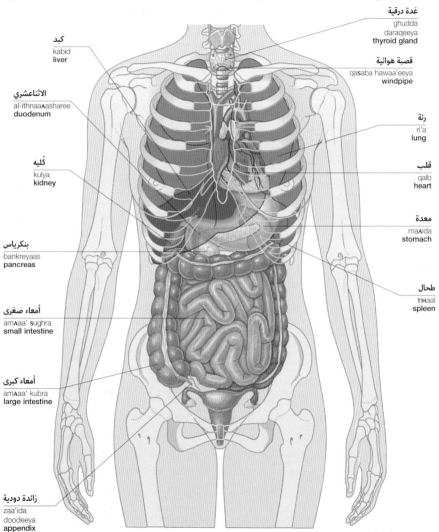

الرأس ar-ra's • head

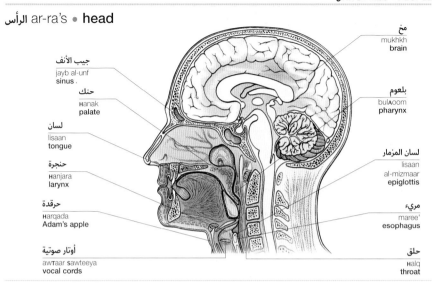

مخ
mukhkh
brain
جيب الأنف
jayb al-unf
sinus
حنك
palate
بلعوم
bulAoom
pharynx
لسان
lisaan
tongue
لسان المزمار
lisaan
al-mizmaar
epiglottis
حنجرة
Hanjara
larynx
مريء
maree'
esophagus
حرقدة
Harqada
Adam's apple
أوتار صوتية
awTaar sawteeya
vocal cords
حلق
throat

أجهزة الجسم ajhizat al-jism • body systems

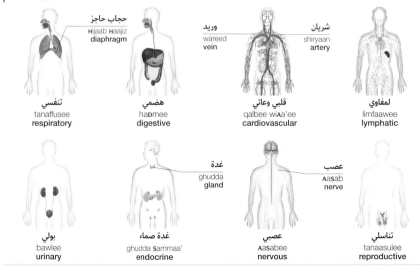

حجاب حاجز
Hijaab Haajiz
diaphragm

تنفسي
tanaffusee
respiratory

هضمي
haDmee
digestive

وريد
wareed
vein
شريان
shiryaan
artery

قلبي وعائي
qalbee wiAa'ee
cardiovascular

لمفاوي
limfaawee
lymphatic

بولي
bawlee
urinary

غدة
ghudda
gland

غدة صماء
ghudda Sammaa'
endocrine

عصب
nerve

عصبي
AaSabee
nervous

تناسلي
tanaasulee
reproductive

الأعضاء التناسلية al-AaDaa' at-tanaasuleeya • **reproductive organ**

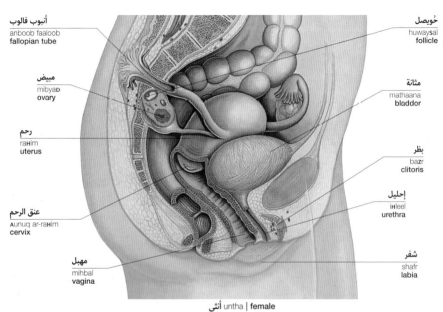

أنبوب فالوب
anboob faaloob
fallopian tube

مبيض
mibyaD
ovary

رحم
raнim
uterus

عنق الرحم
Aunuq ar-raнim
cervix

مهبل
mihbal
vagina

حُويصل
huwaysal
follicle

مثانة
mathaana
bladdor

بظر
bazr
clitoris

إحليل
iнleel
urethra

شفر
shafr
labia

أنثى untha | female

التكاثر at-takaathur • **reproduction**

نطفة
nuтfa
sperm

بويضة
buwayDa
egg

تخصيب takhseeb | **fertilization**

المفردات al-mufradaat • **vocabulary**

هرمون	عنين	خصيب
hormoon	Ainneen	khaseeb
hormone	**impotent**	**fertile**
إباضة	تحمل	ممارسة الجنس
ibaaDa	taнmil	mumaarisat al-jins
ovulation	**conceive**	**intercourse**
عاقر	حيض	مرض ينتقل بممارسة الجنس
Aaaqir	HayD	maraD yantaqil bi-mumaarisat al-jins
infertile	**menstruation**	**sexually transmitted disease**

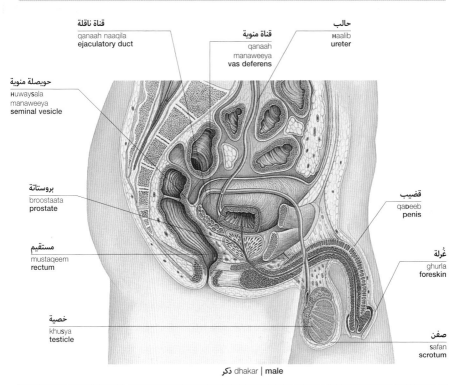

قناة ناقلة
qanaah naaqila
ejaculatory duct
قناة منوية
qanaah manaweeya
vas deferens
حالب
Haalib
ureter
حويصلة منوية
Huwaysala manaweeya
seminal vesicle
بروستاتة
broostaata
prostate
مستقيم
mustaqeem
rectum
خصية
khusya
testicle
قضيب
penis
غُرلة
ghurla
foreskin
صفن
safan
scrotum

ذكر dhakar | **male**

منع الحمل manA al-Haml • **contraception**

قلنسوة
qalansuwa
cervical cap

حجاب حاجز
Hijaab Haajiz
diaphragm

الواقي الذكري
al-waaqee adh-dhakaree
condom

أداة منع الحمل
adaat manA al-Haml
IUD

حبة
Habba
pill

العائلة al-ʌaʾila • family

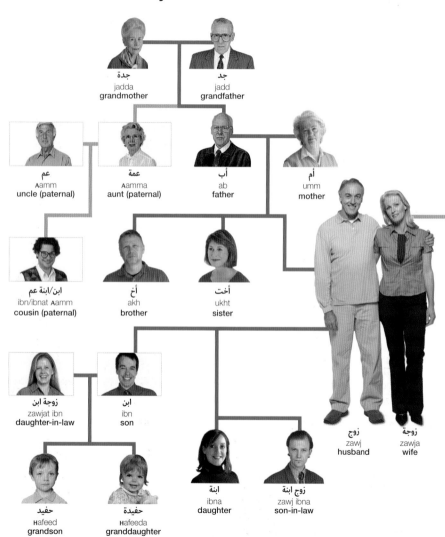

جدة
jadda
grandmother

جد
jadd
grandfather

عم
ʌamm
uncle (paternal)

عمة
ʌamma
aunt (paternal)

أب
ab
father

أم
umm
mother

ابن/ابنة عم
ibn/ibnat ʌamm
cousin (paternal)

أخ
akh
brother

أخت
ukht
sister

زوجة ابن
zawjat ibn
daughter-in-law

ابن
ibn
son

زوج
zawj
husband

زوجة
zawja
wife

حفيد
ḥafeed
grandson

حفيدة
ḥafeeda
granddaughter

ابنة
ibna
daughter

زوج ابنة
zawj ibna
son-in-law

المفردات al-mufradaat • vocabulary

أقارب	والدان	أحفاد	خال	زوجة الأب	الشريك / الشريكة
aqaarib	waalidaan	aHfaad	khaal	zawjat al-ab	ash-shareek/ash-shareeka
relatives	**parents**	**grandchildren**	**maternal uncle**	**stepmother**	**partner**
جيل	أطفال	جد وجدة	خالة	زوج الأم	توائم
jeel	aTfaal	jadd wa-jadda	khaala	zawj al-umm	tawaa'im
generation	**children**	**grandparents**	**maternal aunt**	**stepfather**	**twins**

حماة
Hamaah
mother-in-law

حم
Ham
father-in-law

زوج أخت/ أخو زوج (ة)
zawj ukht/
akhoo zawj(a)
brother-in-law

زوجة أخ/ أخت زوج (ة)
zawjat akh/
ukht zawj(a)
sister-in-law

ابنة أخ/ أخت
ibnat akh/ukht
niece

ابن أخ/ أخت
ibn akh/ukht
nephew

مراحل maraaHil • stages

رضيع
raDeeA
baby

طفل
Tifl
child

ولد
walad
boy

بنت
bint
girl

مراهق
muraaHiq
teenager

بالغ
baaligh
adult

رجل
rajul
man

امرأة
imra'a
woman

لقب laqab • titles

سيدة
sayyida
Mrs.

سيد
sayyid
Mr.

آنسة
aanisa
Miss/Ms.

العلاقات al-Ailaaqaat • relationships

مساعد
musaaAid
assistant

مدير
mudeer
manager

شريك أعمال
shareek aAmaal
business partner

صاحب عمل
saaHib aAmaal
employer

موظف
muwaZZaf
employee

زميل
zameel
colleague

مكتب maktab | **office**

جار
jaar
neighbor

صديق
sadeeq
friend

معرفة
maArifa
acquaintance

صديق مراسلة
sadeeq muraasala
pen pal

رفيق
rafeeq
boyfriend

رفيقة
rafeeqa
girlfriend

رفيقان rafeeqaan | **couple**

خطيب
khaTeeb
fiancé

خطيبة
khaTeeba
fiancée

مخطوبان makhTоobaan | **engaged couple**

العواطف al-Aawaatif • emotions

ابتسامة
ibtisaama
smile

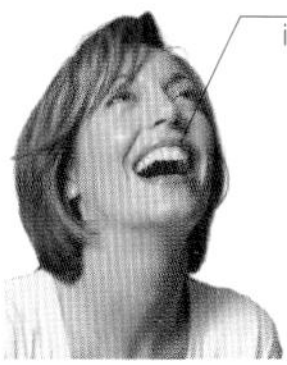

سعيد
saAeed
happy

حزين
Hazeen
sad

مُثار
muthaar
excited

ضجر
Dajir
bored

مندهش
mundahish
surprised

مرتعب
murtaAib
scared

عبوس
Aaboos
frown

غاضب
ghaaDib
angry

مرتبك
murtabik
confused

قلق
qaliq
worried

عصبي
Aasabee
nervous

فخور
fakhoor
proud

واثق
waathiq
confident

مُحرج
muhraj
embarrassed

خجول
khajool
shy

المفردات al-mufradaat • vocabulary

متضايق mutaDaayiq **upset**	يضحك yadHak **laugh (v)**	ينهّد yunahhid **sigh (v)**	يصيح yaseeH **shout (v)**
مصدوم masdoom **shocked**	يبكي yabkee **cry (v)**	يُغمى عليه yughmaa Aalayhi **faint (v)**	يتثاءب yatathaa'ab **yawn (v)**

أحداث الحياة aHdaath al-Hayaah • life events

يُولد
yoolad
be born (v)

يبدأ الدراسة
yabda' ad-diraasa
start school (v)

يعقد صداقات
yaAqud sadaaqaat
make friends (v)

يتخرج
yatakharraj
graduate (v)

يحصل على وظيفة
yaHsul Aala wazeefa
get a job (v)

يقع في الحب
yaqaA fil-Hubb
fall in love (v)

يتزوج
yatazawwaj
get married (v)

يرزق بمولود
yurzaq bi-mawlood
have a baby (v)

زفاف zifaaf | **wedding**

طلاق
Talaaq
divorce

جنازة
jinaaza
funeral

المفردات al-mufradaat • vocabulary

تعميد
taAmeed
christening

ذكرى يوم الزفاف
dhikra yawm az-zifaaf
anniversary

يهاجر
yuhaajir
emigrate (v)

يتقاعد
yataqaaAad
retire (v)

يموت
yamoot
die (v)

يكتب وصية
yaktub wasiya
make a will (v)

شهادة ميلاد
shihaadat meelaad
birth certificate

حفل قران
Hafl qiraan
wedding reception

شهر عسل
shahr Aasal
honeymoon

احتفال بلوغ عند اليهود
iHtifaal buloogh Aand al-yahood
bar mitzvah

الاحتفالات al-iHtifaalaat • celebrations

حفل عيد ميلاد
Hafl Aeed meelaad
birthday party

يوم الميلاد
yawm al-meelaad
birthday

بطاقة
biTaaqa
card

هدية
hadeeya
present

عيد ميلاد المسيح
Aeed meelaad al-miseeH
Christmas

رأس السنة
ra's as-sana
New Year

كرنفال
karnifaal
carnival

موكب
mawkib
procession

شريط
shareeT
ribbon

عيد الشكر
Aeed ash-shukr
Thanksgiving

عيد القيامة
Aeed al-qiyaama
Easter

هالوين
halooween
Halloween

أعياد aAyaad • festivals

عيد الفصح (لليهود)
Aeed al-fasH (lil-yahood)
Passover

رمضان
ramaDaan
Ramadan

عيد النور للهندوس
Aeed an-noor lil-hindoos
Diwali

المظهر al-mazhar
appearance

ملابس الأطفال malaabis al-aTfaal • children's clothing

رضيع raDeeA • baby

ثوب الثلج
thawb ath-thalj
snowsuit

صدرة
sudra
bodysuit

حُلة
Hulla
onesie

كبّاس
kabbaas
snap

بذلة للنوم
badhla lin-nawm
sleeper

ثوب فضفاض
thawb fiDfaaD
romper

صدرية
sadreeya
bib

قفاز
quffaaz
mittens

حذاء قماش
Hidhaa' qumaash
booties

حِفاظ زغبي
Hifaaz zaghabee
cloth diaper

حِفاظ للرمي
Hifaaz lir-ramy
disposable diaper

لباس بلاستيك
libaas blaasteek
plastic pants

طفل في أول مشية Tifl fee awwal mashiya • toddler

قبعة شمس
qubaAAat shams
sun hat

مريلة
maryala
apron

شورت
short
shorts

زي دنغري
ziyy dangharee
overalls

تي شيرت
tee shirt
T-shirt

تنورة
tannoora
skirt

طفل Tifl • child

فستان
fustaan
dress

غطوة
ghaTwa
hood

جينز
jeenz
jeans

صندل
sandal
sandals

صيف
sayf
summer

معطف مطر
miATaf maTar
raincoat

حقيبة ظهر
Haqeebat zahr
backpack

مشبك
mishbak
toggle

خريف
khareef
fall

معطف سميك
miATaf sameek
duffel coat

وشاح
wishaaH
scarf

سترة
sutra
parka

حذاء مطاط
Hidhaa' maTTaaT
rain boots

شتاء
shitaa'
winter

روب
rohb
bathrobe

علامة تجارية
Aalaama tujaareeya
logo

حذاء رياضي
Hidhaa' riyaaDee
athletic shoes

قميص نوم
qamees nawm
nightgown

شبشب
shibshib
slippers

ملابس الليل
malaabis al-layl
nightwear

ملابس كرة القدم
malaabis kurat al-qadam
soccer uniform

بذلة تدريب
badhlat tadreeb
jogging suit

طماقات
Timaaqaat
leggings

المفردات al-mufradaat • vocabulary

ألياف طبيعية
alyaaf tabeeAeeya
natural fiber

صناعي
sinaaAee
synthetic

هل يمكن غسلها في الغسالة؟
hal yumkin ghasluhaa fil-ghassaala?
Is it machine washable?

هل تناسب عمر سنتين؟
hal tunaasib Aumr sanatayn?
Will this fit a two-year-old?

ملابس الرجال malaabis ar-rijaal • **men's clothing**

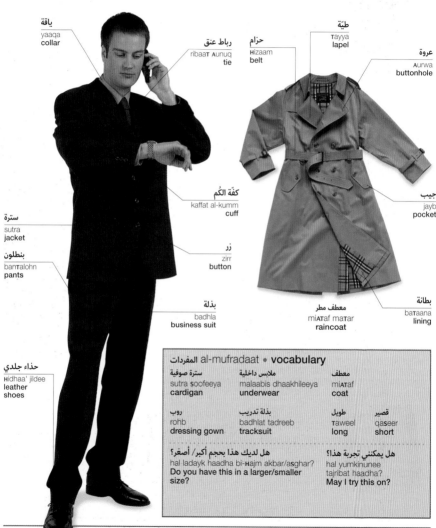

ياقة
yaaqa
collar

رباط عنق
ribaaт Aunuq
tie

حزام
Hizaam
belt

طيّة
тayya
lapel

عروة
Aurwa
buttonhole

كفّة الكُم
kaffat al-kumm
cuff

جيب
jayb
pocket

سترة
sutra
jacket

بنطلون
banтalohn
pants

زر
zirr
button

بذلة
badhla
business suit

معطف مطر
miAтaf maтar
raincoat

بطانة
baтaana
lining

حذاء جلدي
Hidhaa' jildee
leather shoes

المفردات al-mufradaat • **vocabulary**

سترة صوفية	ملابس داخلية	معطف
sutra soofeeya	malaabis dhaakhileeya	miAтaf
cardigan	**underwear**	**coat**
روب	بذلة تدريب	طويل	قصير
rohb	badhlat tadreeb	тaweel	qaseer
dressing gown	**tracksuit**	**long**	**short**

هل لديك هذا بحجم أكبر/ أصغر؟
hal ladayk haadha bi-Hajm akbar/asghar?
Do you have this in a larger/smaller size?

هل يمكنني تجربة هذا؟
hal yumkinunee tajribat haadha?
May I try this on?

سترة فضفاضة
sutra fiDfaaDa
blazer

سترة رياضية
sutra riyaaDeeya
sport coat

صدرية
Sadreeya
vest

فتحة بشكل V
fatHa bi-shakl 'v'
V-neck
فتحة مستديرة
fatHa mustadeera
crew neck
تي شيرت
tee shirt
T-shirt
جينز
jeenz
jeans

ملابس غير رسمية
malaabis ghayr rasmeeya
casual wear

سترة مطر
sutrat maTar
parka

سويت شيرت
sweatshirt
sweatshirt

قميص
qameeS
shirt

كنزة
kanza
sweater

بيجاما
beejama
pajamas

صدرة
Sudra
undershirt

شورت
short
shorts

سروال تحتي
sirwaal taHtee
briefs

شورت تحتي
short taHtee
boxer shorts

جوارب
jawaarib
socks

ملابس النساء malaabis an-nisaa' • women's clothing

جاكيت
jaakayt
jacket
كُم
kumm
sleeve
حاشية
Hashiya
hem
حذاء
Hidhaa'
shoes
دَرز
darz
seam
تنورة
tannoora
skirt
حتى الركبة
Hatta r-rukba
knee-length
رسمي
rasmee
formal
حتى الكاحل
Hatta l-kaaHil
ankle length
فستان سهرة
fustaan sahra
evening dress
بدون سرائح
bidoon
saraa'iH
strapless
بدون أكمام
bidoon akmaam
sleeveless
فستان
fustaan
dress
بلوزة
bilooza
blouse
بنطلون
banTalohn
pants
غير رسمي
ghayr rasmee
casual

ملابس تحتية malaabis taHteeya • lingerie

رداء منزلي
ridaa' manzilee
robe

دِرع
dirA
slip

سريحة
sareeHa
strap

صدير
sudayr
camisole

حمالات
Hammaalaat
garter straps

صدرة ضيقة
sudra Dayyiqa
bustier

جورب طويل
jawrab Taweel
stocking

جورب نسائي
jawrab nisaa'ee
panty hose

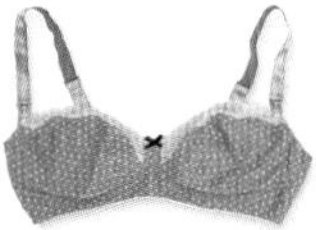

مِشد صدر
mishadd sadr
bra

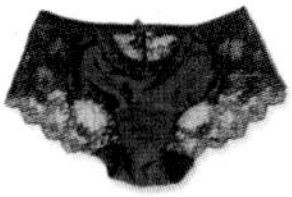

سروال تحتي
sirwaal taHtee
panties

قميص نوم
qamees nawm
nightgown

زفاف zifaaf • wedding

حجاب
Hijaab
veil

دنتلة
dantilla
lace

باقة ورد
baaqat ward
bouquet

ذيل جرار
dhayl jarraar
train

فستان زفاف
fustaan zifaaf
wedding dress

المفردات al-mufradaat • vocabulary

مِشد
mishadd
corset

رباطة جورب
rabbaaTat jawrab
garter

حشية كتف
Hashiyat katif
shoulder pad

خِصار
khisaar
waistband

مفصل
mufassal
tailored

مربوط على الرقبة
marbooT Aala r-raqaba
halter neck

تحته سلك
taHtahu silk
underwire

مشد صدر للرياضة
mishadd sadr lir-riyaaDa
sports bra

الكماليات kamaaliyyaat • accessories

قلنسوة
qalansuwa
cap

قبعة
qubbaAa
hat

وشاح
wishaaH
scarf

إبزيم
ibzeem
buckle

حزام
Hizaam
belt

مقبض
miqbaD
handle

طرف
Tarf
tip

مِظلة
mizalla
umbrella

منديل
manDeel
handkerchief

ربطة عنق كفراشة
ribaaT Aunuq
ka-faraasha
bow tie

مِشبك رباط العنق
mishbak ribaaT
al-Aunuq
tiepin

قفاز
quffaaz
gloves

المجوهرات al-mujawharaat • jewelry

دلاية
dallaaya
pendant

مشبك زينة
mishbak zeena
brooch

أزرار الكم
azraar al-kumm
cuff links

وصلة
wasla
link

سوار
siwaar
bracelet

مِشبك
mishbak
clasp

حجر
Hajar
stone

سلسلة
silsila
chain

عقد من اللؤلؤ
Aiqd min al-lu'lu'
strand of pearls

حلق
Halaq
earrings

خاتم
khaatim
ring

عِقد
Aiqd
necklace

ساعة
saaAa
watch

صندوق مجوهرات sundooq mujawharaat | **jewelry box**

الحقائب al-Haqaa'ib • bags

محفظة
mahfaza
wallet

كيس نقود
kees nuqood
change purse

رباط
ribaaT
clasp

حقيبة كتف
Haqeebat katif
shoulder bag

مقابض
maqaabiD
handles

حمالة كتف
Hammaalat katif
shoulder strap

حقيبة قماشية
Haqeeba qumaasheeya
duffel bag

حقيبة وثائق
Haqeebat wathaa'iq
briefcase

حقيبة يد
Haqeebat yad
handbag

حقيبة ظهر
Haqeebat Zahr
backpack

الأحذية al-aHdhiya • shoes

خرم
khurm
eyelet

رباط
ribaaT
lace

لسان
lisaan
tongue

نعل
naAl
sole

كعب
kaAb
heel

حذاء برباط
hidhaa' bi-ribaat
lace-up

حذاء برقبة
Hidhaa' bi-raqaba
boot

حذاء مشي
Hidhaa' mash-y
hiking boot

حذاء رياضي
Hidhaa' riyaaDee
sneaker

شبشب شاطئ
shibshib shaaTi'
flip-flop

حذاء غليظ
Hidhaa' ghaleeZ
dress shoe

حذاء بكعب عال
Hidhaa' bi-kaAb Aaalee
high-heeled shoe

حذاء بنعل مثلث
Hidhaa' bi-naAl muthallath
wedge

صندل
Sandal
sandal

حذاء يُلبس بسهولة
Hidhaa' yulbas
bi-suhoola
slip-on

حذاء خفيف
Hidhaa' khafeef
pump

الشعر ash-shaAr • hair

مشط
mishT
comb

يمشط
yumashshiT
comb (v)

فرشاة
furshaah
brush

يُفرش yufarrish | brush (v)

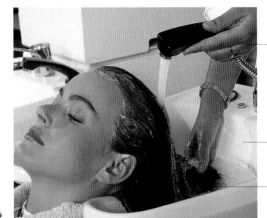

حلاق
Hallaaq
hairdresser

حوض
hawD
sink

عميلة
Aameela
client

يغسل yaghsil | wash (v)

روب
rohb
robe

يشطف
yushaTTif
rinse (v)

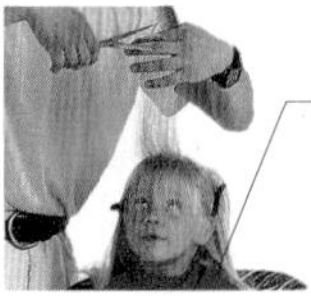

يقص
yaquss
cut (v)

يجفف بالهواء
yujaffif bil-hawaa'
blow-dry (v)

يثبت الشعر
yuthabbit ash-shaAr
set (v)

كماليات kamaaleeyaat • accessories

مجفف شعر
mujaffif shaAr
blow-dryer

شامبو
shaamboo
shampoo

مُكيف
mukayyif
conditioner

جيل
gel
gel

مثبت شعر
muthabbit shaAr
hairspray

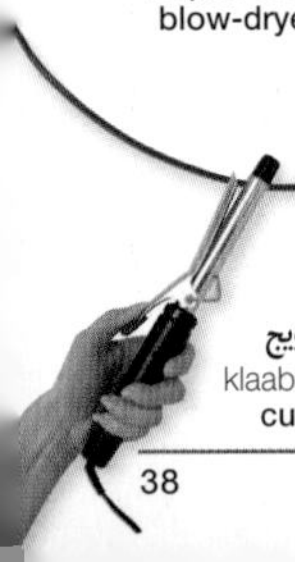

كلابات تمويج
klaabaat tamweej
curling iron

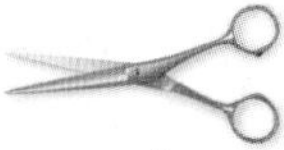

مقص
miqass
scissors

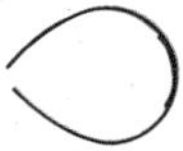

طوق شعر
Tawq shaAr
headband

مكواة شعر
mikwaat shaAr
hair straightener

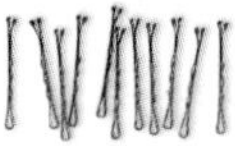

مشبك شعر
mishbak shaAr
bobby pins

الأشكال al-ashkaal • **styles**

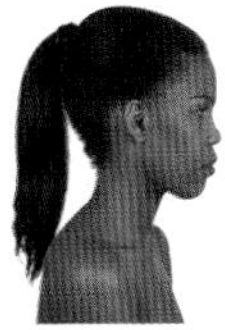

ذيل الفرس
dhayl al-faras
ponytail

ضفيرة
Dafeera
braid

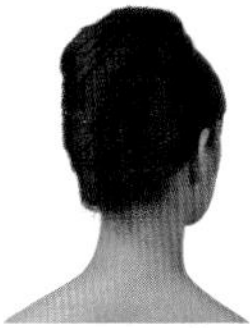

ثنية فرنسية
thanya faranseeya
French twist

كعكة شعر
kaAkat shaAr
bun

ضفيرتان صغيرتان
Dafeerataan sagheerataan
pigtails

شعر قصير
shaAr qaseer
bob

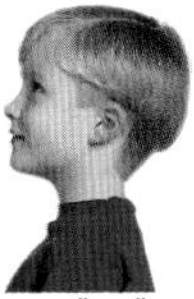

قص قصير
qass qaseer
crop

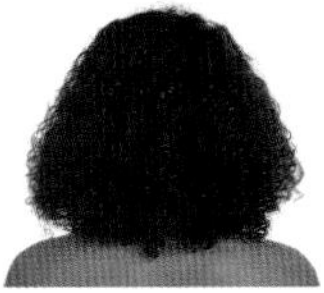

مموج
mumawwaj
curly

تمويج
tamweej
perm

مستقيم
mustaqeem
straight

جذور
judhoor
roots

إبراز
ibraaz
highlights

أصلع
aslaA
bald

شعر مستعار
shaAr mustaAaar
wig

ألوان alwaan • **colors**

شقراء
shaqraa'
blonde

سمراء
samraa'
brunette

أسمر محمر
asmar miHmirr
auburn

أحمر
aHmar
red

أسود
aswad
black

رمادي
ramaadee
gray

أبيض
abyaD
white

مصبوغ
masboogh
dyed

المفردات al-mufradaat • **vocabulary**

يحف
yaHuff
trim (v)

يفرد
yafrid
straighten (v)

حلاق
Hallaaq
barber

قشرة الرأس
qishrat ar-ra's
dandruff

نهايات مشقوقة
nihaayaat mashqooqa
split ends

دهني
duhnee
greasy

جاف
jaaff
dry

عادي
Aaadee
normal

جلد الرأس
jild ar-ra's
scalp

رباط مطاط
ribaaT maTaaT
hairband

الجمال al-jamaal • beauty

صبغة الشعر
sibghat ash-shaAr
hair dye
تظليل العين
tazleel al-Aayn
eye shadow
مسكرة
maskara
mascara
كحل
kuHl
eyeliner
أحمر للخد
aHmar lil-khadd
blush
قاعدة للماكياج
qaaAida lil-makyaaj
foundation
أحمر الشفاه
aHmar al-shifaah
lipstick

ماكياج makyaaj • makeup

قلم للحاجب
qalam lil-Haajib
eyebrow pencil

فرشاة للحاجب
furshaah lil-Haajib
eyebrow brush

ملقط
milqaT
tweezers

ملمع الشفة
mulammaA ash-shifa
lip gloss

فرشاة الشفة
furshaah ash-shifa
lip brush

مخطط الشفة
mukhaTTiT ash-shifa
lip liner

فرشاة
furshaah
brush

مُخفي
mukhfee
concealer

مرآة
mir'aah
mirror

بودرة الوجه
boodrat
al-wajh
face powder

نفاشة البودرة
naffaashat
al-boodra
powder puff

علبة بودرة صغيرة
Aulbat boodra sagheera | **compact**

إجراءات التجميل ijraa'aat at-tajmeel • beauty treatments

قناع تنظيف
qinaaA tanzeef
face mask

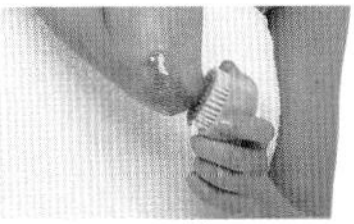

برنامج عناية للوجه
barnarmaj Ainaaya lil-wajh
facial

سرير تشميس
sareer tashmees
sunbed

يقشر
yuqashshir
exfoliate (v)

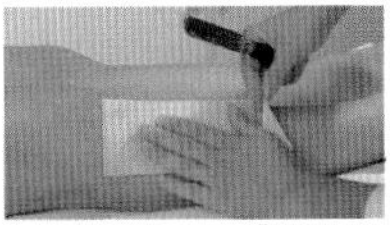

إزالة الشعر بالشمع
izaalat ash-shaAr bish-shamA
wax

عناية بالقدمين
Ainaaya bil-qadamayn
pedicure

تدريم الأظافر tadreem al-azaafir • manicure

مبرد للأظافر
mibrad al-azaafir
nail file

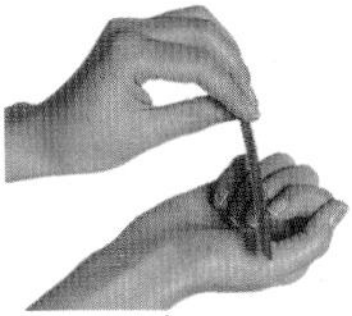

مزيل لطلاء الأظافر
muzeel li-Tilaa' al-azaafir
nail polish remover

طلاء للأظافر
Tilaa' lil-azaafir
nail polish

مقص للأظافر
miqass lil-azaafir
nail scissors

مِقراض للأظافر
miqraaD lil-azaafir
nail clippers

أدوات الحمام adawaat al-Hammaam • toiletries

منظف
munazzif
cleanser

سائل للترطيب
saa'il lil-tarTeeb
toner

مُرطب
muraTTib
moisturizer

كريمة ذاتية الدبغ
kreema dhaatiyat ad-dabgh
self-tanning cream

عطر
AiTr
perfume

سائل معطر
saa'il muAaTTir
eau de toilette

المفردات al-mufradaat • vocabulary

لون البشرة
lawn al-bashara
complexion

أشقر
ashqar
fair

داكن
daakin
dark

جاف
jaaff
dry

دهني
duhnee
oily

حساس
Hassaas
sensitive

غير مسبب للحساسية
ghayr musabbib lil-Hassaaseeya
hypoallergenic

ظل
zill
shade

دبغ
dabgh
tan

وشم
washm
tattoo

مضاد للتجاعيد
muDaadd lit-tajaaAeed
antiwrinkle

كرات قطن
kuraat quTn
cotton balls

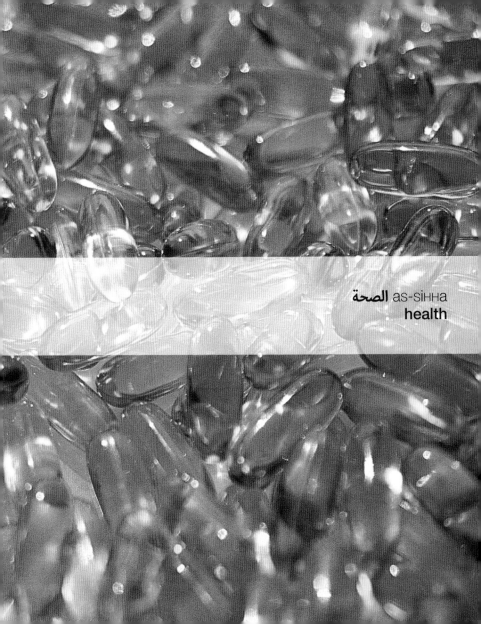

الصحة as-sihha
health

المرض al-maraD • **illness**

حمى Hummaa | fever

صداع
sudaaA
headache

نزيف الأنف
nazeef al-anf
nosebleed

كحة
KuHHa
cough

جهاز استنشاق
jihaaz istinshaaq
inhaler

عطس
AaTS
sneeze

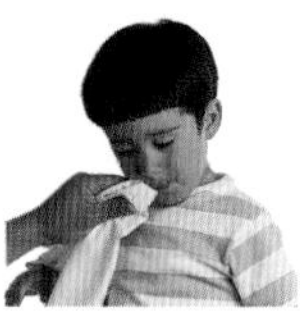

برد
bard
cold

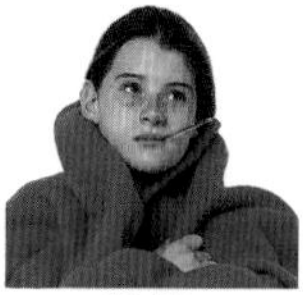

إنفلونزا
influwenza
flu

ربو
rabw
asthma

تقلصات
taqallusaat
cramps

غثيان
ghathyaan
nausea

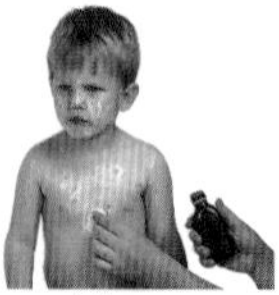

جدري الماء
judaree al-maa'
chicken pox

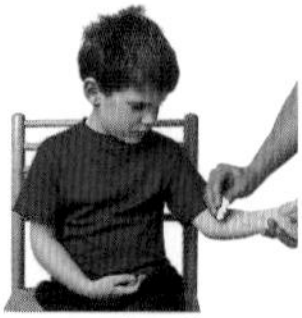

طفح جلدي
TafH jildee
rash

المفردات al-mufradaat • **vocabulary**

جلطة	داء السكري	أكزيما	قشعريرة	يتقيّأ	إسهال
julTa	daa' as-sukkaree	ekzeema	qushAareera	yataqayya'	ishaal
stroke	**diabetes**	**eczema**	**chill**	**vomit (v)**	**diarrhea**
ضغط دم	حساسية	عدوى	آلام المعدة	صرع	حصبة
DaghT dam	Hassaaseeya	Aadwaa	aalaam al-maAida	saraA	Hasba
blood pressure	**allergy**	**infection**	**stomachache**	**epilepsy**	**measles**
نوبة قلبية	حمى القش	فيروس	يُغمى عليه	صداع نصفي	نكاف
nawba qalbeeya	Humma al-qashsh	vayroos	yughma Aalayhi	sudaaA nisfee	nikaaf
heart attack	**hay fever**	**virus**	**faint (v)**	**migraine**	**mumps**

الطبيب aT-Tabeeb • doctor

استشارة istishaara • consultation

ممرضة
mumarriDa
nurse

طبيب
Tabeeb
doctor

جهاز عرض الأشعة
jihaaz arD al-ashiAAa
X-ray viewer

وصفة طبية
wasfa Tibbeeya
prescription

مريض
mareeD
patient

ميزان
meezaan
scale

كفّة السماعة
kaffat as-sammaaAa
cuff

جهاز كهربائي لقياس ضغط الدم
jihaaz kahrabaa'ee li-qiyaas Daght ad-dam
electric blood pressure monitor

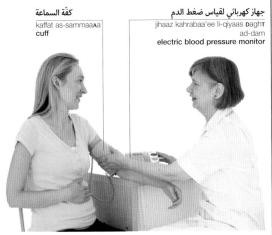

المفردات al-mufradaat • vocabulary

موعد mawAid **appointment**	تطعيم taTAeem **vaccination**
عيادة Aiyaada **doctor's office**	ترمومتر tirmometr **thermometer**
غرفة انتظار ghurfat intizaar **waiting room**	فحص طبي faHs Tibbee **medical examination**

أحتاج أن أقابل طبيبًا.
aHtaaj an uqaabil Tabeeban.
I need to see a doctor.

يؤلمني هنا.
yu'limunee huna.
It hurts here.

الإصابة al-isaaba • injury

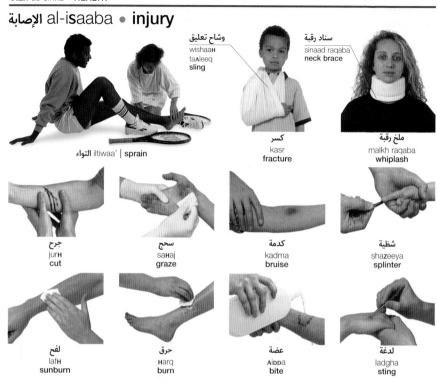

التواء iltiwaa' | **sprain**

وشاح تعليق
wishaaH taAleeq
sling

كسر
kasr
fracture

سناد رقبة
sinaad raqaba
neck brace

ملخ رقبة
malkh raqaba
whiplash

جرح
jurH
cut

سحج
saHaj
graze

كدمة
kadma
bruise

شظية
shazeeya
splinter

لفح
lafH
sunburn

حرق
Harq
burn

عضة
AiDDa
bite

لدغة
ladgha
sting

المفردات al-mufradaat • vocabulary

حادث Haadith **accident**	نزيف nazeef **hemorrhage**	تسمم tasammum **poisoning**	هل سيكون/ ستكون بخير؟ hal sa-yakoon/sa-takoon bi-khayr? **Will he/she be all right?**
حالة طارئة Haala Taari'a **emergency**	بثرة bathra **blister**	صدمة كهربائية sadma kahrabaa'eeya **electric shock**	أين الألم؟ aynal-alam? **Where does it hurt?**
جرح jurH **wound**	ارتجاج irtijaaj **concussion**	إصابة بالرأس isaaba bir-ra's **head injury**	رجاء طلب الإسعاف rajaa' Talab al-isAaaf. **Please call an ambulance.**

إسعافات أولية isAaafaat awwaleeya • first aid

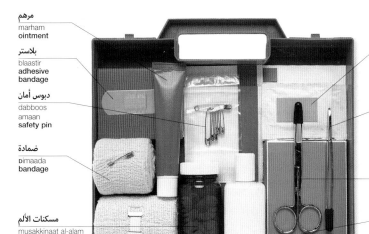

مرهم
marham
ointment

بلاستر
blaastir
adhesive bandage

دبوس أمان
dabboos amaan
safety pin

ضمادة
Dimaada
bandage

مسكنات الألم
musakkinaat al-alam
painkillers

مساحة مطهرة
massaaнa muтahhira
antiseptic wipe

ملقط
milqaт
tweezers

مقص
miqass
scissors

مطهر
muтahhir
antiseptic

صندوق إسعافات أولية sandooq isAaafaat awwaleeya | **first-aid kit**

شاش
shaash
gauze

تضميد الجرح
taDmeed al-jurн
dressing

جبيرة jabeera | **splint**

شريط لاصق
shareeт laasiq
adhesive tape

إنعاش
inAaash
resuscitation

المفردات al-mufradaat • vocabulary

صدمة sadma **shock**	نبض nabaD **pulse**	يختنق yakhtaniq **choke (v)**	هل يمكنك المساعدة؟ hal yumkinuka al-musaaADa? **Can you help?**
مغمى عليه mughma Aalayhi **unconscious**	تنفس tanaffus **breathing**	معقم muAaqqam **sterile**	هل تعرف الإسعافات الأولية؟ hal taAraf al-isAaafaat al-awwaleeya? **Do you know first aid?**

المستشفى al-mustashfa • hospital

جراح
jarraaH
surgeon

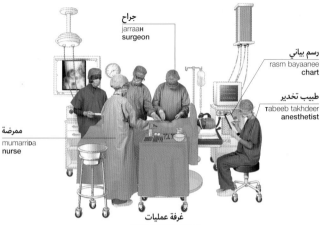

رسم بياني
rasm bayaanee
chart

طبيب تخدير
Tabeeb takhdeer
anesthetist

ممرضة
mumarriDa
nurse

غرفة عمليات
ghurfat Aamaleeyaat
operating room

فحص الدم
faHS ad-dam
blood test

حقنة
Huqna
injection

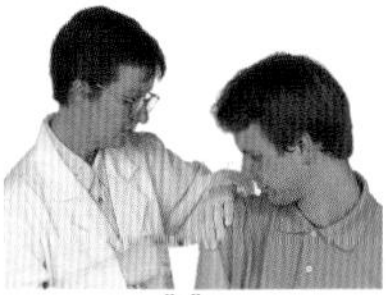

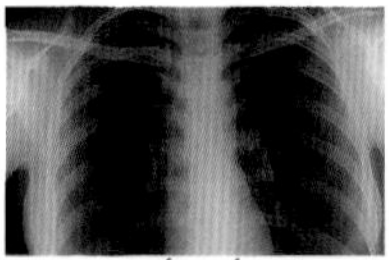

أشعة أكس
ashiAAat aks
X-ray

سرير بعجل
sareer bi-Aajal
gurney

زر استدعاء
zurr istidAaa'
call button

غرفة الطوارئ
ghurfat aT-Tawaari'
emergency room

عنبر
Aanbar
ward

كرسي بعجل
kursee bi-Aajal
wheelchair

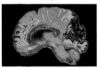

تفريسة
tafreesa
scan

المفردات al-mufradaat • vocabulary

عملية
Aamaleeya
operation

عيادة
Aiyaada
clinic

ساعات الزيارة
saaAaat az-ziyaara
visiting hours

عنبر الأطفال
Aanbar al-aTfaal
children's ward

مريض خارجي
mareeD khaarijee
outpatient

يُدخل للعلاج
yudhkhal lil-Ailaaj
admitted

يُسمح له بالخروج
yusmaH lahu bil-khurooj
discharged

عنبر الولادة
Aanbar al-wilaada
maternity ward

غرفة خاصة
ghurfa khaassa
private room

وحدة الرعاية المركزة
waHdat ar-riAaaya al-murakkaza
intensive care unit

الأقسام al-aqsaam • departments

أذن وأنف وحنجرة
udhun wa-anf wa-Hanjara
ENT

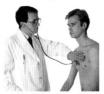

القلب والأوعية الدموية
al-qalb wal-awAiya
ad-damaweeya
cardiology

العظام
al-Aizaam
orthopedics

أمراض نساء
amraaD nisaa'
gynecology

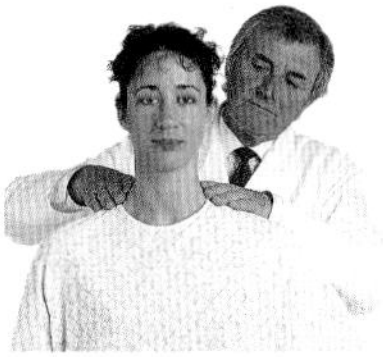

العلاج الطبيعي
al-Ailaaj aT-TabeeAee
physiotherapy

الجلدية
al-jildeeya
dermatology

الأطفال
al-aTfaal
pediatrics

الأشعة
al-ashiAAa
radiology

الجراحة
al-jiraaHa
surgery

الولادة
al-wilaada
maternity

الأمراض النفسية
al-amraaD an-nafseeya
psychiatry

العيون
al-Auyoon
ophthalmology

المفردات al-mufradaat • vocabulary

الأعصاب al-AaSaab **neurology**	التجميل at-tajmeel **plastic surgery**	الغدد الصماء al-ghudad as-Samaa' **endocrinology**	علم الأمراض Ailm al-amraaD **pathology**	نتيجة nateeja **result**
الأورام al-awraam **oncology**	المسالك البولية al-masaalik al-booleeya **urology**	إحالة iHaala **referral**	اختبار ikhtibaar **test**	أخصائي akhissaa'ee **specialist**

طبيب الأسنان Tabeeb al-asnaan • dentist

سنة sinna • tooth

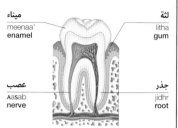

ميناء
meenaa'
enamel
لثة
litha
gum
عصب
Aasab
nerve
جذر
jidhr
root

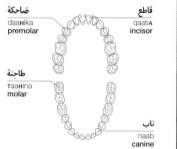

ضاحكة
daaHika
premolar
قاطع
qaatiA
incisor
طاحِنة
TaaHina
molar
ناب
naab
canine

المفردات al-mufradaat • vocabulary

ألم أسنان
alam bi-asnaan
toothache

مثقب
mithqab
drill

قلاح
qulaaH
plaque

خيط للأسنان
khayT lil-asnaan
dental floss

تسوس
tasawwus
decay

خلع
khalA
extraction

حشو
Hashw
filling

تاج
taaj
crown

فحص faHS • checkup

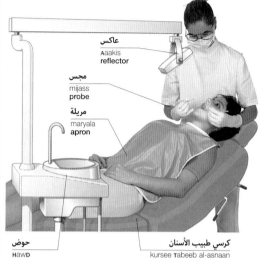

عاكس
Aaakis
reflector
مجس
mijass
probe
مريلة
maryala
apron
حوض
HawD
sink
كرسي طبيب الأسنان
kursee Tabeeb al-asnaan
dentist's chair

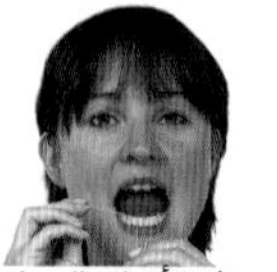

ينظف الأسنان بالخيط
yunazzif al-asnaan bil-khayT
floss (v)

يفرش
yufarrish
brush (v)

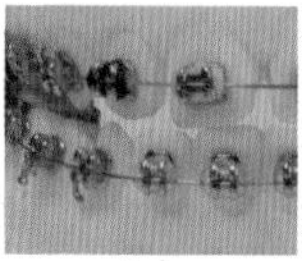

مثبت
muthabbit
braces

تصوير الأسنان بأشعة أكس
tasweer al-asnaan bi-ashiAAat aks
dental X-ray

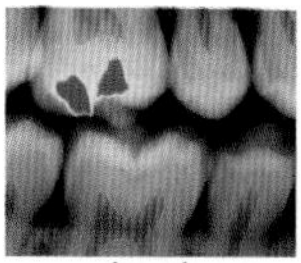

فيلم أشعة أكس
film ashiAAat aks
X-ray film

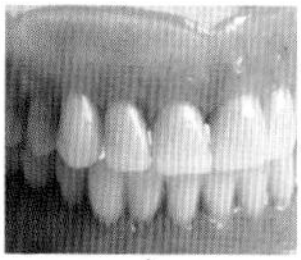

طقم أسنان
Taqm asnaan
dentures

طبيب العيون Tabeeb al-Auyoon • optometrist

صندوق
sandooq
case

عدسة
Aadasa
lens

هيكل
haykal
frame

نظارة
nazzaara
glasses

نظارة شمس
nazzaarat shams
sunglasses

سائل تنظيف
saa'il tanzeef
cleaning fluid

سائل مطهر
saa'il muTahhir
disinfectant solution

علبة العدسات
Aulbat al-Aadasaat
lens case

اختبار النظر ikhtibaar an-nazar | eye test

عدسات لاصقة Aadasaat laasiqa | contact lenses

عين Aayn • eye

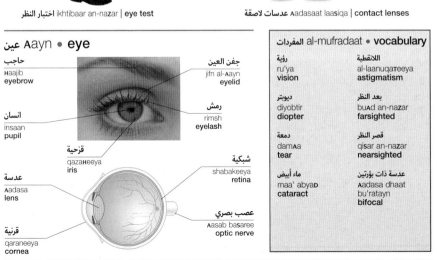

حاجب
Haajib
eyebrow

جفن العين
jifn al-Aayn
eyelid

رمش
rimsh
eyelash

انسان
insaan
pupil

قزحية
qazaHeeya
iris

شبكية
shabakeeya
retina

عدسة
Aadasa
lens

عصب بصري
Aasab basaree
optic nerve

قرنية
qaraneeya
cornea

المفردات al-mufradaat • vocabulary

رؤية ru'ya **vision**	**اللانقطية** al-laanuqaTeeya **astigmatism**
ديوبتر diyobtir **diopter**	**بعد النظر** buAd an-nazar **farsighted**
دمعة damAa **tear**	**قصر النظر** qisar an-nazar **nearsighted**
ماء أبيض maa' abyaD **cataract**	**عدسة ذات بؤرتين** Aadasa dhaat bu'ratayn **bifocal**

الحمل al-Haml • pregnancy

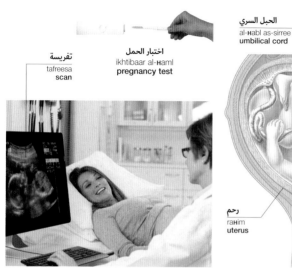

اختبار الحمل
ikhtibaar al-Haml
pregnancy test

تفريسة
tafreesa
scan

صوت فوق سمعي sawt fawq samAee | ultrasound

الحبل السري
al-Habl as-sirree
umbilical cord
المشيمة
masheema
placenta
عنق الرحم
Aunuq ar-raHm
cervix
رحم
uterus

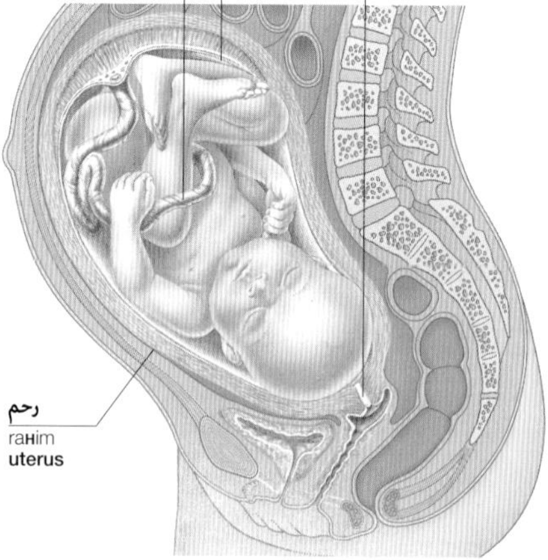

جنين janeen | fetus

المفردات al-mufradaat • vocabulary

إباضة
ibaaDa
ovulation

إخصاب
ikhsaab
conception

حامل
Haamil
pregnant

حامل
Haamil
expecting

قبل الولادة
qabla l-wilaada
prenatal

جنين
janeen
embryo

رحم
raHim
womb

ثلاثي الأشهر
thulaathee
al-ash-hur
trimester

تقلص
taqallus
contraction

خروج السائل الأمنيوني
khurooj as-saa'il
al-amniyoonee
break water (v)

السائل الأمنيوني
as-saa'il
al-amniyoonee
amniotic fluid

سحب السائل الأمنيوني
saHb as-saa'il
al-amniyoonee
amniocentesis

اتساع
ittisaaA
dilation

تخدير فوق الجافية
takhdeer fawq
al-jaafeeya
epidural

شق الفوهة الفرجية
shaqq al-fooha
al-farjeeya
episiotomy

القيصرية
al-qaysareeya
cesarean section

وضع
waDA
delivery

ولادة
wilaada
birth

إجهاض
ijhaaD
miscarriage

خيوط جراحية
khuyooT
jarraaHeeya
stitches

جنين منعكس
(janeen) munAakis
breech birth

مبتسر
mubtasir
premature

طبيب نساء
Tabeeb nisaa'
gynecologist

طبيب توليد
Tabeeb tawleed
obstetrician

الولادة al-wilaada • childbirth

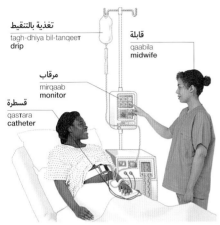

تغذية بالتنقيط
tagh-dhiya bil-tanqeeт
drip

قابلة
qaabila
midwife

مرقاب
mirqaab
monitor

قسطرة
qasтara
catheter

يحث المخاض yahuthth il-makhaaD | **induce labor (v)**

حاضنة HaaDina | **incubator**

الوزن عندة الولادة al-wazn Ainda l-wilaada
birth weight

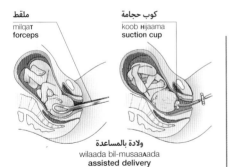

ملقط
milqaт
forceps

كوب حجامة
koob нijaama
suction cup

ولادة بالمساعدة
wilaada bil-musaaAada
assisted delivery

علامة هوية
Aalaamat haweeya
identity tag

حديث الولادة нadeeth al-wilaada | **newborn baby**

تغذية بالثدي tagh-dhiya bith-thady • nursing

مضخة ثدي
miDakhkhat thady
breast pump

صدرية للتغذية بالثدي
sudreeya lit-tagh-dhiya bith-thady
nursing bra

تغذية بالثدي
tughadh-dhee bith-thady
breastfeed (v)

حشية
нashiya
nursing pads

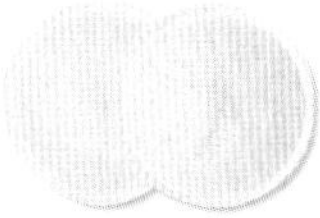

العلاج البديل al-Ailaaj al-badeel • alternative therapy

وضع يوجا
waDA yoga
yoga pose

تدليك
tadleek
massage

شياتسو
shiyaatsoo
shiatsu

سجادة
sajjaada
mat

يوجا yoga | **yoga**

تصحيح الجسم ذاتيًا
tasHeeH al-jism dhaateeyan
chiropractic

تجبير العظم
tajbeer al-Aazm
osteopathy

علاج باليدين
Ailaaj bil-yadayn
reflexology

تأمل
ta'ammul
meditation

مستشار
mustashaar
counselor

علاج جماعي
Ailaaj jamaaAee
group therapy

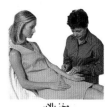

ري كي
raykee
reiki

وخز بالإبر
wakhz bil-ibar
acupuncture

أيورفيدية
ayoorfeedeeya
ayurveda

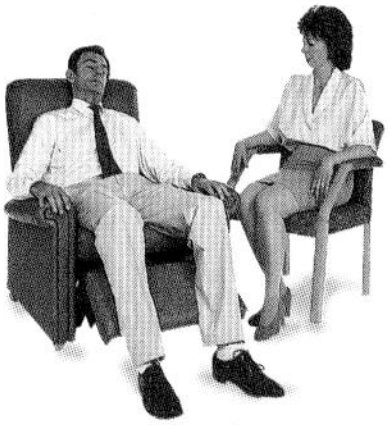

علاج بالتنويم
Ailaaj bit-tanweem
hypnotherapy

خلاصات الزيوت
khulaasaat az-zuyoot
essential oils

علاج بالأعشاب
Ailaaj bil-aAshaab
herbalism

علاج بخلاصات الزيوت
Ailaaj bi-khulaasaat az-zuyoot
aromatherapy

علاج بالمثل
Ailaaj bil-mithl
homeopathy

علاج بالضغط
Ailaaj biD-DaghT
acupressure

معالج
muAaalij
therapist

علاج نفسي
Ailaaj nafsee
psychotherapy

المفردات al-mufradaat • vocabulary

مكمل	عشب	استرخاء'	توتر
mukammil	Aushb	istirkhaa'	tawattur
supplement	**herb**	**relaxation**	**stress**
علاج بالمياه	فينغ شوي	علاج بالبلورات	علاج بالطبيعية
Ailaaj bil-miyaah	feng shuwee	Ailaaj bil-ballooraat	Ailaaj biT-TabeeAeeya
hydrotherapy	**feng shui**	**crystal healing**	**naturopathy**

المسكن al-maskan
home

المنزل al-manzil • **house**

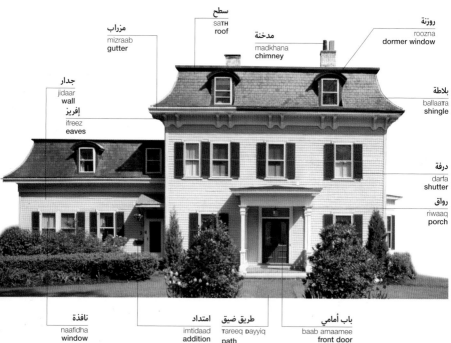

سطح
saTH
roof

مزراب
mizraab
gutter

مدخنة
madkhana
chimney

روزنة
roozna
dormer window

جدار
jidaar
wall

إفريز
ifreez
eaves

بلاطة
ballaaTa
shingle

درفة
darfa
shutter

رواق
riwaaq
porch

نافذة
naafidha
window

امتداد
imtidaad
addition

طريق ضيق
Tareeq Dayyiq
path

باب أمامي
baab amaamee
front door

المفردات al-mufradaat • **vocabulary**

منفصل munfasil **single-family**	مستأجر musta'jir **tenant**	جراج garaaj **garage**	جهاز إنذار jihaaz indhaar **burglar alarm**	صندوق الخطابات sandooq al-khiTaabaat **mailbox**	يستأجر yasta'jir **rent (v)**
شبه منفصل shibh munfasil **duplex**	طابق Taabiq **floor**	فناء finaa' **courtyard**	مصباح رواق misbaaH riwaaq **porch light**	العلية al-Aleeya **attic**	إيجار eejaar **rent**
صف منازل saff manaazil **row house**	بدروم badroom **basement**	غرفة ghurfa **room**	صاحب الملك saaHib al-milk **landlord**	بيت من طابق واحد bayt min Taabiq waaHid **bungalow**	بيت في مدينة bayt fee madeena **townhouse**

المدخل al-madkhal • entrance

درابزين داخلي
darabzeen daakhilee
hand rail

مبسط
mabsaT
landing

درابزين خارجي
darabzeen khaarijee
banister

سلم
sullam
staircase

مدخل
madkhal
foyer

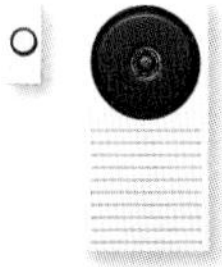

جرس الباب
jaras al-baab
doorbell

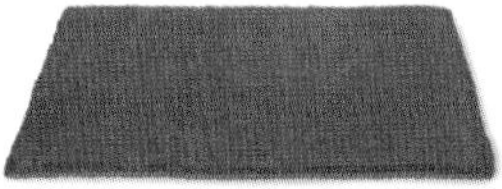

سجادة الباب
sajjaadat al-baab
doormat

مطرقة الباب
miTraqat al-baab
door knocker

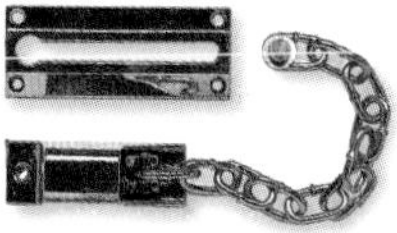

سلسلة الباب
silsilat al-baab
door chain

مفتاح
miftaaH
key

قفل
qufl
lock

مزلاج
mizlaaj
bolt

شقة shaqqa • apartment

شرفة
shurfa
balcony

عمارة شقق
Aimaarat shuqaq
apartment building

تليفونات داخلية
tileefohnaat daakhileeya
intercom

مصعد
misAad
elevator

الأنظمة الداخلية al-anzima ad-daakhileeya • internal systems

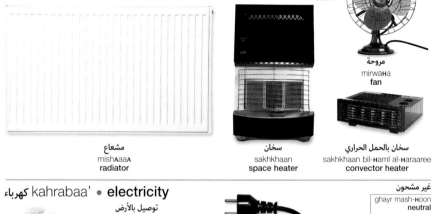

مشعاع
mishAaaA
radiator

سخان
sakhkhaan
space heater

نصل
nasl
blade

مروحة
mirwaHa
fan

سخان بالحمل الحراري
sakhkhaan bil-Haml al-Haraaree
convector heater

كهرباء kahrabaa' • electricity

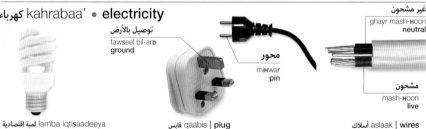

لمبة اقتصادية lamba iqtisaadeeya
energy-saving bulb

توصيل بالأرض
tawseel bil-arD
ground

قابس qaabis | **plug**

محور
miHwar
pin

غير مشحون
ghayr mash-Hoon
neutral

مشحون
mash-Hoon
live

أسلاك aslaak | **wires**

المفردات al-mufradaat • vocabulary

جهد كهربائي jahd kahrabaa'ee **voltage**	مصهر mishar **fuse**	مقبس miqbas **outlet**	تيار مستمر tayyaar mustamirr **direct current**	انقطاع التيار inqitaaA at-tayyaar **power outage**
أمبير ambeer **amp**	صندوق المصاهر sandooq al-masaahir **fuse box**	مفتاح miftaaH **switch**	محول muHawwil **transformer**	التموين الرئيسي at-tamween ar-ra'eesee **household current**
قدرة qudra **power**	مولد muwallid **generator**	تيار متردد tayyaar mutaraddid **alternating current**	عداد كهرباء Aaddaad kahrabaa' **electric meter**	

السباكة as-sibaaka • plumbing

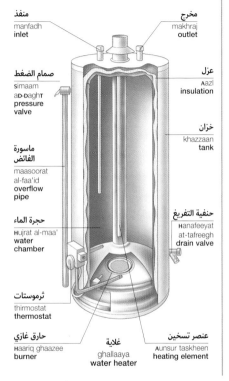

منفذ
manfadh
inlet

مخرج
makhraj
outlet

صمام الضغط
simaam
aD-DaghT
**pressure
valve**

عزل
Aazl
insulation

ماسورة
الفائض
maasoorat
al-faa'id
**overflow
pipe**

خزان
khazzaan
tank

حجرة الماء
Hujrat al-maa'
**water
chamber**

حنفية التفريغ
Hanafeeyat
at-tafreegh
drain valve

ثرموستات
thirmostat
thermostat

حارق غازي
Haariq ghaazee
burner

غلاية
ghallaaya
water heater

عنصر تسخين
Aunsur taskheen
heating element

حوض HawD • sink

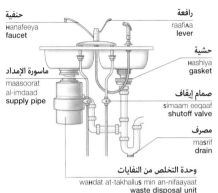

حنفية
Hanafeeya
faucet

رافعة
raafiAa
lever

ماسورة الإمداد
maasoorat
al-imdaad
supply pipe

حشية
Hashiya
gasket

صمام إيقاف
simaam eeqaaf
shutoff valve

مصرف
masrif
drain

وحدة التخلص من النفايات
waHdat at-takhallus min an-nifaayaat
waste disposal unit

مرحاض mirHaaD • toilet

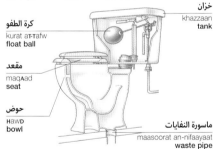

خزان
khazzaan
tank

كرة الطفو
kurat aT-Tafw
float ball

مقعد
maqAad
seat

حوض
HawD
bowl

ماسورة النفايات
maasoorat an-nifaayaat
waste pipe

التخلص من النفايات at-takhallus min an-nifaayaat • waste disposal

صندوق إعادة التدوير
sandooq iAaadat
at-tadweer
recycling bin

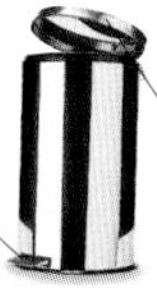

زجاجة
zujaaja
bottle

دواسة
dawwaasa
pedal

صندوق النفايات
sandooq an-nifaayaat
trash can

غطاء
ghiTaa'
lid

وحدة الفرز
waHdat al-farz
sorting unit

نفايات عضوية
nifaayaat AuDweeya
organic waste

غرفة الجلوس ghurfat al-juloos • **living room**

مصباح حائط
misbaaH Haa'iT
wall light

مستوقد
mustawqad
fireplace

سقف
saqf
ceiling

زهرية
zuhreeya
vase

مخدة
mikhadda
pillow

مصباح
misbaaH
lamp

طاولة قهوة
Taawilat qahwa
coffee table

أريكة
areeka
sofa

أرضية
arDeeya
floor

إطار
iтaar
frame

لوحة فنية
lawнa fanneeya
painting

ستارة
sitaara
curtain

ستارة شبكية
sitaara shabakeeya
sheer curtain

حاجبة فينيسية
нaajiba feeneeseeya
Venetian blind

حاجبة تلف على بكرة
нaajiba taliff Aalaa bakra
roller shade

زخرفة السقف
zakhrafat as-saqf
molding

كرسي وثير
kursee watheer
armchair

رف للكتب
raff lil-kutub
bookshelf

أريكة سريرية
areeka sareereeya
sofa bed

بساط
bisaaт
rug

غرفة المكتب ghurfat al-maktab | **study**

غرفة الطعام ghurfat aT-TaAaam • dining room

فلفل
filfil
pepper

ملح
milH
salt

مائدة
maa'ida
table

أوان فخارية
awaanin
fukhaareeya
crockery

أدوات المائدة
adawaat
al-maa'ida
cutlery

كرسي
kursee
chair

ظهر
zahr
back

مقعد
maqAad
seat

ساق
saaq
leg

المفردات al-mufradaat • vocabulary

يفرش المائدة yafrish al-maa'ida **set the table (v)**	جائع jaa'iA **hungry**	غداء ghadaa' **lunch**	شبعان shabAaan **full**	مضيف muDeef **host**
يقدم الأكل yaqaddim al-akl **serve (v)**	مفرش mafrash **tablecloth**	عشاء Aashaa' **dinner**	حصة HiSSa **portion**	مضيفة muDeefa **hostess**
يأكل ya'kul **eat (v)**	إفطار ifTaar **breakfast**	مفرش فردي mafrash fardee **placemat**	وجبة wajba **meal**	ضيف Dayf **guest**

أنا شبعان، شكرًا.
ana shabAaan, shukran.
No more for me, thank you.

هذا كان لذيذًا.
haadha kaana ladheedhan.
That was delicious.

هل يمكنني أن آخذ المزيد؟
hal yumkinunee an aakhudh
al-mazeed?
May I have some more?

الأواني الفخارية وأدوات المائدة al-awaanee al-fukhaareeya wa adawaat al-maa'ida • crockery and cutlery

قدح
qadaH
mug

فنجان قهوة
finjaan qahwa
coffee cup

فنجان شاي
finjaan shaay
teacup

ملعقة شاي
milAaqat shaay
teaspoon

طبق
Tabaq
plate

سلطانية
sulTaaneeya
bowl

إبريق قهوة
ibreeq qahwa
French press

إبريق شاي
ibreeq shaay
teapot

دورق
dawraq
pitcher

كوب للبيض
koob lil-bayD
egg cup

كأس النبيذ
ka's an-nabeedh
wine glass

كأس
ka's
tumbler

أوان زجاجية
awaanin zujaajeeya
glassware

حلقة منديل
Halqat mindeel
napkin ring

طبق جانبي
Tabaq jaanibee
side plate

طبق كبير
Tabaq kabeer'
dinner plate

طبق الحساء
Tabaq al-Hasaa'
soup bowl

ملعقة الحساء
milAaqat al-Hasaa'
soup spoon

منديل مائدة
mindeel
maa'ida
napkin

شوكة
shawka
fork

طقم فردي كامل
Taqm fardee kaamil
place setting

ملعقة
milAaqa
spoon

سكين
sikkeen
knife

المطبخ al-maTbakh • kitchen

رفوف
rufoof
shelves

واق من التناثر
waaqin min at-tanaathur
backsplash

حنفية
Hanafeeya
faucet

حوض
HawD
sink

درج
durj
drawer

مستخرج
mustakhrij
ventilation hood

سخان سيراميك
sakhkhaan seerameek
ceramic stovetop

مسطح العمل
musaTTaH al-Aamal
countertop

فرن
furn
oven

خزانة
khizaana
cabinet

الأدوات al-adawaat • appliances

فرن ميكروويف
furn meekroweef
microwave oven

غلاية
ghallaaya
electric kettle

محمصة خبز
muHamissat khubz
toaster

طاسة خلط
Taasat khalT
mixing bowl

نصل
nasl
blade

جهاز إعداد الطعام
jihaaz iAdaad aT-TaAaam
food processor

غطاء
ghaTaa'
lid

خلاط
khallaaT
blender

غسالة الصحون
ghassaalat as-suHoon
dishwasher

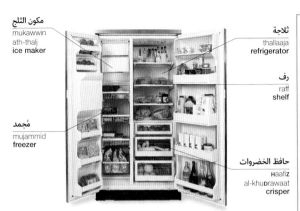

مكون الثلج
mukawwin ath-thalj
ice maker
مُجمد
mujammid
freezer
ثلاجة
thallaaja
refrigerator
رف
raff
shelf
حافظ الخضروات
Haafiz al-khuDrawaat
crisper

ثلاجة ومجمد thallaaja wa-mujammid | side-by-side refrigerator

المفردات al-mufradaat • vocabulary

لوح تجفيف الصحون lawh tajfeef as-suHoon **draining board**	يطبخ بالبخار yatbukh bil-bukhaar **steam (v)**
محرقة muHarriqa **burner**	يقلي سريعًا yaqlee sareeAan **sauté (v)**
سخان sakhkhaan **stovetop**	يجمّد yujammid **freeze (v)**
صندوق النفايات sandooq an-nifaayaat **garbage can**	يزيل الثلج yuzeel ath-thalj **defrost (v)**

طبخ Tabkh • cooking

يقشر
yuqashshir
peel (v)

يشرح
yusharriH
slice (v)

يبشر
yabshur
grate (v)

يدلق
yadluq
pour (v)

يخلط
yukhalliT
mix (v)

يخفق
yakhfuq
whisk (v)

يغلي
yaghlee
boil (v)

يقلي
yaqlee
fry (v)

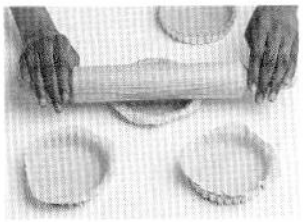

يرقق
yuraqqiq
roll (v)

يقلب
yuqallib
stir (v)

يطبخ على نار هادئة
yaTbukh Aala naar haadi'a
simmer (v)

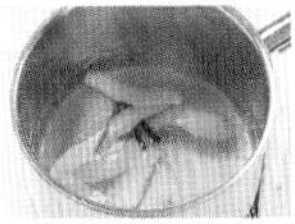

يسلق
yasluq
poach (v)

يخبز
yakhbiz
bake (v)

يطبخ في الفرن
yaTbukh fil-furn
roast (v)

يشوي
yashwee
broil (v)

أدوات المطبخ adawaat al-maTbakh • kitchenware

لوح الشق
lawH ash-shaqq
cutting board

سكين الخبز
sikkeen al-khubz
bread knife

سكين المطبخ
sikkeen al-maTbakh
kitchen knife

ساطور
saaToor
cleaver

مسن السكين
misann as-sikkeen
knife sharpener

ملين اللحم
mulayyin al-laHm
meat tenderizer

سيخ
seekh
skewer

مقشرة
muqashshira
peeler

مستخرجة قلب التفاح
mustakhrijat qalb at-tuffaaH
apple corer

مبشرة
mibshara
grater

يد الهاون
yad al-haawun
pestle

هاون
haawun
mortar

هراسة
harraasa
masher

فتاحة علب
fattaaHat Aulab
can opener

فتاحة زجاجات
fattaaHat zujaajaat
bottle opener

مكبس الثوم
mikbas ath-thoom
garlic press

ملعقة غرف
milAaqat gharf
serving spoon

حامل شريحة السمك
Haamil shareeHat as-samak
slotted spatula

مصفاة
misfaah
colander

مبسط
mibsaT
spatula

ملعقة خشب
milAaqa khashab
wooden spoon

ملعقة مخرمة
milAaqa mukharrama
slotted spoon

مغرفة
mighrafa
ladle

شوكة قطع
shawkat qaTA
carving fork

مغرفة آيس كريم
mighrafat aays kreem
ice-cream scoop

خفاقة
khaffaaqa
whisk

منخل
munkhul
sieve

غطاء
ghaTaa'
lid

لا يلتصق
laa yaltasiq
nonstick

مقلاة
miqlaah
frying pan

كفت
kift
saucepan

شواية
shawwaaya
grill pan

مقلاة مستديرة
miqlaah mustadeera
wok

آنية خزفية
aaniya khazafeeya
earthenware dish

زجاج
zujaaj
glass

لا يتأثر بالفرن
laa yata'aththar bil-furn
ovenproof

طاسة خلط
Taasat khalT
mixing bowl

أناء النفيخة
inaa' an-nafeekha
soufflé dish

إناء تكوين القشرة السمراء
inaa' takween al-qishra as-samraa'
gratin dish

رمكين
ramakin
ramekin

كسرولة
kasarola
casserole dish

خبز الكعك khabz al-kaAk • baking cakes

ميزان
meezaan
scale

دورق قياس
dawraq qiyaas
measuring cup

صينية كعك
seneeyat kaAk
cake pan

صينية فطائر
seneeyat faTaa'ir
pie pan

صينية فلان
seneeyat flaan
quiche pan

فرشاة معجنات
furshaat muAajjinaat
pastry brush

مرقاق mirqaaq | **rolling pin**

كيس تزيين المعجنات
kees tazyeen al-muAajjinaat | **piping bag**

صينية أقراص الكعك
seneeyat aqraas al-kaAk
muffin pan

صينية خبز
seneeyat khabz
cookie sheet

حامل تبريد
Haamil tabreed
cooling rack

قفاز الفرن
quffaaz al-furn
oven mitt

مريلة
maryala
apron

غرفة النوم ghurfat an-nawm • **bedroom**

خزانة
khizaana
wardrobe

مصباح بجوار السرير
misbaaH bi-jiwaar as-sareer
bedside lamp

مسند للرأس
misnad lir-ra's
headboard

منضدة بجوار السرير
minDadda bi-jiwaar as-sareer
nightstand

مجموعة أدراج
majmooAat adraaj
chest of drawers

درج
durj
drawer

سرير
sareer
bed

مرتبة
martaba
mattress

شرشف
sharshaf
bedspread

مخدة
mikhadda
pillow

زجاجة ماء ساخن
zujaajat maa' saakhin
hot-water bottle

راديو بساعة
raadyo bi-saaAa
clock radio

منبه
munabbih
alarm clock

علبة مناديل ورق
Aulbat manaadeel waraq
box of tissues

علاقة ملابس
Aallaaqat malaabis
coat hanger

بياض الفراش bayaaD al-firaash • bed linen

مرآة
mir'aa
mirror

طاولة الزينة
Taawilat az-zeena
dressing table

أرضية
arDeeya
floor

غطاء المخدة
ghaTaa' al-mikhadda
pillowcase

ملاءة
milaa'a
sheet

سجافة
sijaafa
dust ruffle

لحاف
liHaaf
comforter

لحاف مزين
liHaaf muzayyan
quilt

بطانية
baTTaneeya
blanket

المفردات al-mufradaat • vocabulary

سرير فردي
sareer fardee
twin bed

سرير مزدوج
sareer muzdawij
full bed

بطانية كهربائية
baTTaneeya kahrabaa'eeya
electric blanket

مسند للقدم
misnad lil-qadam
footboard

زنبرك
zanbarak
bedspring

سجادة
sajjaada
carpet

أرق
araq
insomnia

يذهب للنوم
yadh-hab lin-nawm
go to bed (v)

ينام
yanaam
go to sleep (v)

يستيقظ
yastayqaZ
wake up (v)

يقوم
yaqoom
get up (v)

يرتب الفراش
yurattib al-firaash
make the bed (v)

يضبط المنبه
yaDbuT al-munabbih
set the alarm (v)

يشخر
yushakhkhir
snore (v)

خزانة في الحائط
khizanna fil-haa'iT
closet

الحمام al-Hammaam • bathroom

قضيب الفوط
qaDeeb al-fuwaT
towel rack
باب الدش
baab ad-dush
shower door
حنفية الماء البارد
Hanafeeyat al-maa' al-baarid
cold faucet
حنفية الماء الساخن
Hanafeeyat al-maa' as-saakhin
hot faucet
رأس الدش
ra's ad-dush
shower head
حوض
HawD
sink
دش
dush
shower
صمّة
simma
plug
مصرف
masrif
drain
مقعد المرحاض
maqAad al-mirHaaD
toilet seat
مرحاض
mirHaaD
toilet
فرشاة المرحاض
furshaat al-mirHaaD
toilet brush

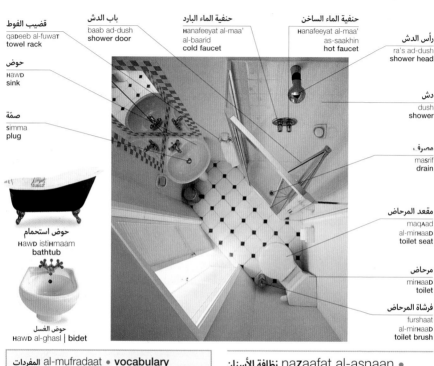

حوض استحمام
HawD istiHmaam
bathtub

حوض الغسل
HawD al-ghasl | bidet

المفردات al-mufradaat • vocabulary

خزانة الأدوية khizaanat al-adwiya **medicine cabinet**	سجادة الحمام sajjaadat al-Hammaam **bath mat**
ورق الحمام waraq al-Hammaam **toilet paper**	ستارة الدش sitaraat ad-dush **shower curtain**
يأخذ دش ya'khudh dush **take a shower (v)**	يستحم yastaHimm **take a bath (v)**

نظافة الأسنان nazaafat al-asnaan • dental hygiene

فرشاة أسنان
furshaat asnaan
toothbrush

معجون أسنان
maAjoon asnaan
toothpaste

منظف للفم
munazzif lil-fam
mouthwash

خيط للأسنان
khayT lil-asnaan
dental floss

إسفنج
isfinj
sponge

نسفة
nasfa
pumice stone

فرشاة للظهر
furshaah liz-zahr
back brush

مزيل رائحة العرق
muzeel raai'Hat al-Aaraq
deodorant

وعاء الصابون
waAaa' as-saaboon
soap dish

جيل الدش
jel ad-dush
shower gel

صابون
saaboon
soap

كريمة للوجه
kreema lil-wajh
face cream

رغوة للحمام
raghwa lil-Hammaam
bubble bath

فوطة يد
fooTat yad
hand towel

فوطة حمام
fooTat
Hammaam
bath towel

فوط
fuwaT
towels

غسول للجسم
ghasool lil-jism
body lotion

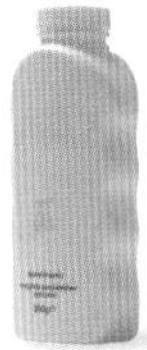

بودرة تلك
boodrat talk
talcum powder

روب حمام
rohb Hammaam
bathrobe

حلاقة Hilaaqa • shaving

جهاز حلاقة كهربائي
jihaaz Hilaaqa
kahrabaa'eeya
electric razor

موس حلاقة
moos Hilaaqa
razor blade

رغوة حلاقة
raghwat Hilaaqa
shaving foam

موس للرمي
moos lir-ramy
disposable razor

عطر لبعد الحلاقة
Aitr li-baAd al-Hilaaqa
aftershave

الحضانة al-HaDaana • nursery

رعاية الرضيع riAaayat ar-raDeeA • baby care

كريمة لطفح الحفاظ
kreema li-Tafh
al-HiffaAZ
diaper rash cream

إسفنج
isfinj
sponge

مساحة مبللة
massaaHa
muballala
wet wipe

حمام للرضيع
Hammaam lir-radeeA
baby bath

قصرية
qasreeya
potty

وسادة تغيير
wisaadat taghyeer
changing mat

النوم an-nawm • sleeping

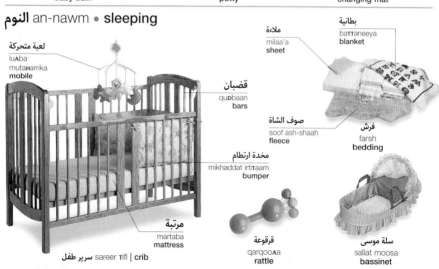

لعبة متحركة
luAba
mutaHarrika
mobile

قضبان
quDbaan
bars

ملاءة
milaa'a
sheet

بطانية
baTTaneeya
blanket

صوف الشاة
soof ash-shaah
fleece

فرش
farsh
bedding

مخدة ارتطام
mikhaddat irtiTaam
bumper

مرتبة
martaba
mattress

سرير طفل sareer Tifl | **crib**

قرقوعة
qarqooAa
rattle

سلة موسى
sallat moosa
bassinet

اللعب al-laAib • playing

دمية
dumya
doll

لعبة طرية
laAba Tareeya
stuffed toy

منزل الدمية
manzil ad-dumya
dollhouse

منزل لعبة
manzil luAba
playhouse

دب كدمية
dubb ka-dumya
teddy bear

لعبة
luAba
toy

سلة اللعب
sallat al-luAab
toy basket

كرة
kura
ball

ملعب متنقل
malAab mutanaqqil
playpen

السلامة as-salaama • safety

قفل أطفال
qufl aTfaal
child lock

مراقب الطفل
muraaqib aT-Tifl
baby monitor

بوابة السلم
bawwaabat as-sullam
stair gate

الأكل al-akl • eating

كرسي مرتفع
kursee murtafiA
high chair

حلمة الزجاجة
Halamat az-zujaaja
nipple

كوب شرب
koob shurb
drinking cup

زجاجة
zujaaja
bottle

الخروج al-khurooj • going out

كرسي بعجل
kursee bi-Aajal
stroller

عربة أطفال
Aarabat aTfaal
baby carriage

غطاء العربة
ghiTaa' al-Aaraba
hood

مهد
mahd
carrier

حقيبة تغيير
Haqeebat taghyeer
diaper bag

حفاظ
HiffaAZ
diaper

حمالة رضيع
Hammaalat raDeeA
baby sling

غرفة المنافع ghurfat al-manaafiA • utility room

الغسيل al-ghaseel • laundry

ملابس نظيفة
malaabis nazeefa
clean clothes

ملابس متسخة
malaabis
muttasikha
dirty laundry

سلة الغسيل
sallat al-ghaseel
laundry basket

غسالة
ghassaala
washing machine

غسالة ومجففة
ghassaala
wa-mujaffifa
washer-dryer

مجففة
mujaffifa
tumble dryer

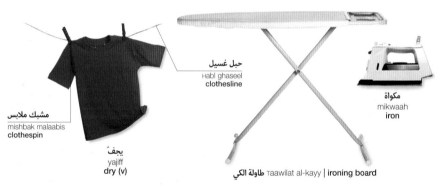

حبل غسيل
Habl ghaseel
clothesline

مكواة
mikwaah
iron

مشبك ملابس
mishbak malaabis
clothespin

يجفّ
yajiff
dry (v)

طاولة الكي Taawilat al-kayy | ironing board

المفردات al-mufradaat • vocabulary

يعبئ yuAabbi' **load (v)**	**يدور بسرعة** yadoor bi-suraa **spin (v)**	**يكوي** yakwee **iron (v)**	**كيف أشغل الغسالة؟** kayfa ushagh-ghil al-ghassaala? **How do I operate the washing machine?**
يشطف yashTuf **rinse (v)**	**مجففة بالدوران** majaffifa bil-dawaraan **spin dryer**	**منعم الملابس** munaAAim al-malaabis **fabric softener**	**ما معايير الضبط للملابس الملونة/ البيضاء؟** maa maAaayeer aD-DabT lil-malaabis al-mulawwana/ al-bayDaa'? **What is the setting for colors/whites?**

معدات التنظيف muAiddaat at-tanzeef • cleaning equipment

خرطوم الامتصاص
khartoom al-imtiSaas
suction hose

مكنسة كهربائية
miknasa kahrabaa'eeya
vacuum cleaner

دلو
dilw
bucket

ممسحة
mimsaHa
mop

فرشاة
furshaah
brush

مجرفة
mijrafa
dustpan

مادة تقصير
maadat taqseer
bleach

مسحوق
mas-Hooq
powder

سائل
saa'il
liquid

منظف
munazzif
detergent

منفضة
minfaDa
dust cloth

مادة تلميع
maadat talmeeA
polish

الأنشطة al-anshiTa • activities

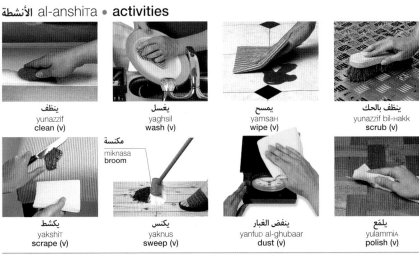

ينظف
yunazzif
clean (v)

يغسل
yaghsil
wash (v)

يمسح
yamsaH
wipe (v)

ينظف بالحك
yunazzif bil-Hakk
scrub (v)

يكشط
yakshiT
scrape (v)

مكنسة
miknasa
broom

يكنس
yaknus
sweep (v)

ينفض الغبار
yanfuD al-ghubaar
dust (v)

يلمّع
yulammiA
polish (v)

ورشة العمل warshat al-Aamal • **workshop**

قابض لقم
qaabid luqam
chuck

لقمة ثقب
luqmat thaqb
drill bit

مجموعة البطاريات
majmooAat
al-bataareeyaat
battery pack

منشار قطع النماذج
minshaar qatA
al-namaadhij
jigsaw

مثقاب بلا أسلاك
mithqaab bilaa aslaak
cordless drill

مثقاب كهربائي
mithqaab kahrabaa'ee
electric drill

مسدس غراء
musaddas ghiraa'
glue gun

ماسك
maasik
clamp

نصل
nasl
blade

منجلة
manjala
vise

مصنفرة
musanfira
sander

منشار دائري
minshaar daa'iree
circular saw

منضدة عمل
minDaddat Aamal
workbench

غراء خشب
ghiraa' khashab
wood glue

رف العدة
raff al-Aidda
tool rack

مسحاج تخديد
misHaaj takhdeed
router

ملفاف بلقم
milfaaf bi-luqam
bit brace

قشارة الخشب
qishaarat
al-khashab
wood shavings

سلك إطالة
silk iTaala
extension cord

الأساليب التقنية al-asaaleeb at-taqneeya • techniques

يقطع
yaqTaA
cut (v)

ينشر
yanshur
saw (v)

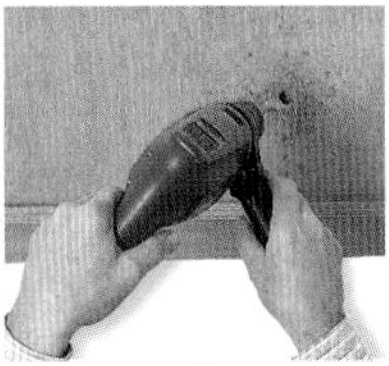

يثقب
yathqub
drill (v)

يدق
yaduqq
hammer (v)

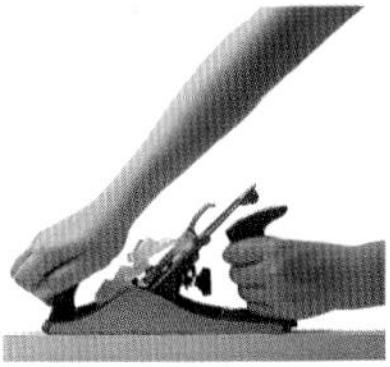

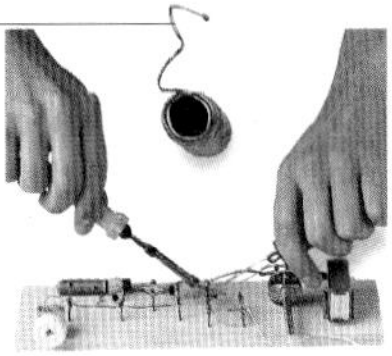

شريط لحام
shareeT liHaam
solder

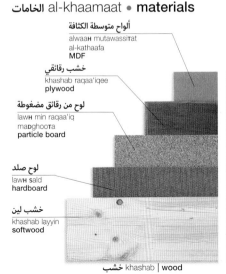

يكشط yakshiT | plane (v)

يدور yudawwir | turn (v)

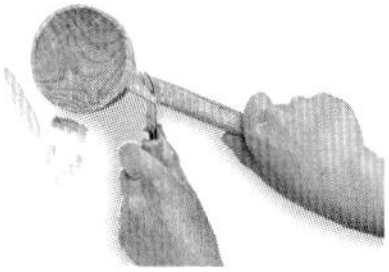

ينحت yanHit | carve (v)

يلحم yalHum | solder (v)

الخامات al-khaamaat • materials

ألواح متوسطة الكثافة
alwaaH mutawassiTat al-kathaafa
MDF

خشب رقائقي
khashab raqaa'iqee
plywood

لوح من رقائق مضغوطة
lawH min raqaa'iq maDghooTa
particle board

لوح صلد
lawH Sald
hardboard

خشب لين
khashab layyin
softwood

خشب صلد
khashab Sald
hardwood

سلك
silk
wire

كبل
kabl
cable

ورنيش
warneesh
varnish

صلب غير قابل للصدأ
sulb ghayr qaabil lis-sada'
stainless steel

صبغة للخشب
sabgha lil-khashab
wood stain

مجلفن
mugalfan
galvanized

خشب khashab | wood

معدن maAdin | metal

صندوق العدة sandooq al-Aidda • toolbox

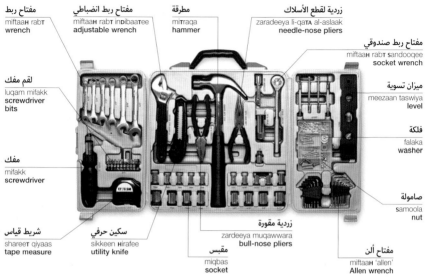

مفتاح ربط
miftaaH rabT
wrench

مفتاح ربط انضباطي
miftaaH rabT inDibaaTee
adjustable wrench

مطرقة
miTraqa
hammer

زردية لقطع الأسلاك
zaradeeya li-qaTA al-aslaak
needle-nose pliers

مفتاح ربط صندوقي
miftaaH rabT sandooqee
socket wrench

لقم مفك
luqam mifakk
screwdriver bits

ميزان تسوية
meezaan taswiya
level

فلكة
falaka
washer

مفك
mifakk
screwdriver

صامولة
samoola
nut

زردية مقورة
zardeeya muqawwara
bull-nose pliers

شريط قياس
shareeT qiyaas
tape measure

سكين حرفي
sikkeen Hirafee
utility knife

مقبس
miqbas
socket

مفتاح ألن
miftaaH 'allen'
Allen wrench

لقم ثقب lluqam thaqb • drill bits

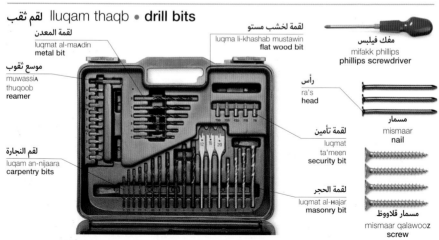

لقمة المعدن
luqmat al-maAdin
metal bit

لقمة لخشب مستو
luqma li-khashab mustawin
flat wood bit

موسع ثقوب
muwassiA thuqoob
reamer

لقم النجارة
luqam an-nijaara
carpentry bits

لقمة تأمين
luqmat ta'meen
security bit

لقمة الحجر
luqmat al-Hajar
masonry bit

مفك فيلبس
mifakk phillips
phillips screwdriver

رأس
ra's
head

مسمار
mismaar
nail

مسمار قلاووظ
mismaar qalawooz
screw

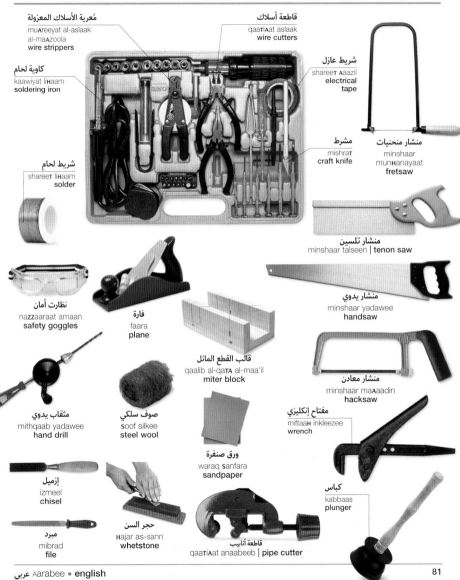

مُعرية الأسلاك المعزولة
muAreeyat al-aslaak
al-maAzoola
wire strippers

قاطعة أسلاك
qaaTiAat aslaak
wire cutters

شريط عازل
shareeT Aaazil
electrical tape

كاوية لحام
kaawiyat liHaam
soldering iron

مشرط
mishraT
craft knife

منشار منحنيات
minshaar
munHanayaat
fretsaw

شريط لحام
shareeT liHaam
solder

منشار تلسين
minshaar talseen | **tenon saw**

نظارت أمان
nazzaaraat amaan
safety goggles

فارة
faara
plane

منشار يدوي
minshaar yadawee
handsaw

قالب القطع المائل
qaalib al-qaTA al-maa'il
miter block

منشار معادن
minshaar maAaadin
hacksaw

مثقاب يدوي
mithqaab yadawee
hand drill

صوف سلكي
soof silkee
steel wool

مفتاح إنكليزي
miftaaH inkleezee
wrench

ورق صنفرة
waraq sanfara
sandpaper

كباس
kabbaas
plunger

إزميل
izmeel
chisel

حجر السن
Hajar as-sann
whetstone

مبرد
mibrad
file

قاطعة أنابيب
qaaTiAat anaabeeb | **pipe cutter**

التزيين at-tazyeen • decorating

مقص
miqass
scissors

سكين حرفي
sikkeen Hirafee
utility knife

شاقول البناء
shaaqool al-binaa'
plumb line

مكشطة
mikshaTa
scraper

مزخرف
muzakhrif
decorator

ورق حائط
waraq Haa'iT
wallpaper

سلم نقال
sullam naqqaal
stepladder

فرشاة لورق الحائط
furshaah li-waraq al-Haa'iT
wallpaper brush

طاولة عجن
Taawilat Aajn
pasting table

فرشاة عجن
furshaat Aajn
pasting brush

عجين لورق الحائط
Aajeen li-waraq al-Haa'iT
wallpaper paste

دلو
dilw
bucket

يلصق ورق الحائط yulsiq waraq Haa'iT | **wallpaper (v)**

يزيل الورق yuzeel al-waraq | **strip (v)**

يملأ yamla' | **fill (v)**

يصقل بورقة صنفرة
yasqul bi-waraq sanfara | **sand (v)**

يملط yumalliT | **plaster (v)**

يلصق yulsiq | **hang (v)**

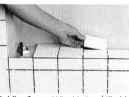

يركب البلاط yurakkib al-balaaT | **tile (v)**

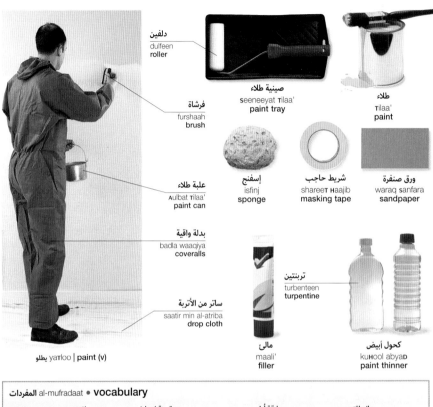

دلفين
dulfeen
roller

فرشاة
furshaah
brush

علبة طلاء
Aulbat Tilaa'
paint can

بدلة واقية
badla waaqiya
coveralls

ساتر من الأتربة
saatir min al-atriba
drop cloth

يطلو yaTloo | **paint (v)**

صينية طلاء
seeneeyat Tilaa'
paint tray

طلاء
Tilaa'
paint

إسفنج
isfinj
sponge

شريط حاجب
shareeT Haajib
masking tape

ورق صنفرة
waraq sanfara
sandpaper

مالئ
maali'
filler

تربنتين
turbenteen
turpentine

كحول أبيض
kuHool abyaD
paint thinner

المفردات al-mufradaat • vocabulary

جبيس jibs **plaster**	لامع laamiA **gloss**	ورق بنقش بارز waraq bi-naqsh baariz **embossed paper**	طبقة أولي Tabaqa oola **undercoat**	مانع للتسرب maaniA lit-tasarrub **sealant**
ورنيش warneesh **varnish**	غير لامع ghayr laamiA **matte**	طبقة ورق أولى Tabaqat waraq oola **lining paper**	طبقة أخيرة Tabaqa akheera **topcoat**	مادة مذيبة maada mudheeba **solvent**
مستحلب mustaHlib **latex paint**	إستنسل istinsil **stencil**	بطانة طلاء biTaanat Tilaa' **primer**	مادة حافظة maada Haafiza **preservative**	ميلاط رقيق milaaT raqeeq **grout**

الحديقة al-Hadeeqa • garden

طرازات الحدائق Tiraazaat al-Hadaa'iq • garden styles

حديقة مبلطة Hadeeqa muballaTa | patio garden

حديقة على السطح
Hadeeqa Aala s-saTH
roof garden

حديقة صخرية
Hadeeqa sakhreeya
rock garden

حديقة رسمية Hadeeqa rasmeeya | formal garden

فناء finaa' | courtyard

حديقة بيت ريفي
Hadeeqat bayt reefee
cottage garden

حديقة أعشاب
Hadeeqat Aashaab
herb garden

حديقة مائية
Hadeeqa maa'eeya
water garden

معالم الحديقة maAaalim al-Hadeeqa • garden features

سلة معلقة
salla muAallaqa
hanging basket

تعريشة taAreesha | trellis

تعريشة أفقية
taAreesha ufuqeeya
arbor

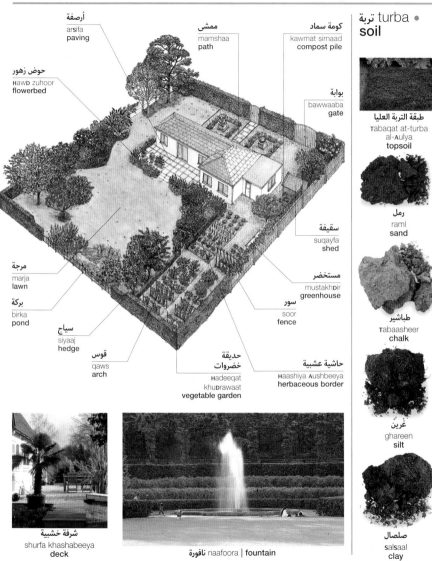

أرصفة
arsifa
paving
ممشى
mamshaa
path
كومة سماد
kawmat simaad
compost pile
حوض زهور
HawD zuhoor
flowerbed
بوابة
bawwaaba
gate
سقيفة
suqayfa
shed
مرجة
marja
lawn
مستخضر
mustakhDir
greenhouse
بركة
birka
pond
سور
soor
fence
سياج
siyaaj
hedge
قوس
qaws
arch
حديقة خضروات
Hadeeqat khuDrawaat
vegetable garden
حاشية عشبية
Haashiya Aushbeeya
herbaceous border

شرفة خشبية
shurfa khashabeeya
deck

نافورة naafoora | **fountain**

تربة turba • soil

طبقة التربة العليا
Tabaqat at-turba al-Aulya
topsoil

رمل
raml
sand

طباشير
Tabaasheer
chalk

غرين
ghareen
silt

صلصال
salsaal
clay

نباتات الحديقة nabataat al-Hadeeqa • garden plants

أنواع من النباتات anwaaA min an-nabataat • types of plants

سنوي
sanawee
annual

كل سنتين
kull sanatayn
biennial

معمرة
muAammira
perennial

بصلة
basala
bulb

سرخس
sirkhas
fern

سمار
samaar
cattail

خيزران
khayzaraan
bamboo

أعشاب ضارة
aAshaab Daarra
weeds

عشب
Aushb
herb

نبات مائي
nabaat maa'ee
water plant

شجرة
shajara
tree

نخلة
nakhla
palm

صنوبرية
sunawbareeya
conifer

دائم الخضرة
daa'im al-khuDra
evergreen

مُعبل
muAbil
deciduous

تشذيب
tashdheeb
topiary

الألب
al-alb
alpine

عصاري
Ausaaree
succulent

صبار
sabbaar
cactus

نبات أصيص
nabaat asees
potted plant

نبات الظل
nabaat az-zill
shade plant

متسلق
mutasalliq
climber

جنبة مزهرة
janba muzhira
flowering shrub

غطاء أرضي
ghiTaa' arDee
ground cover

نبات زاحف
nabaat zaaHif
creeper

نبات زينة
nabaat zeena
ornamental

نجيل
najeel
grass

أدوات الحديقة adawaat al-Hadeeqa • garden tools

سماد
simaad
compost

بذور
budhoor
seeds

مسحوق العظم
mas-Hooq al-Aazam
bone meal

حصى
HUSan
gravel

ملمّ المروج
milamm al-murooj
lawn rake

مجراف
mijraaf
shovel

شوكة
shawka
fork

مقراض بأَذرع طويلة
miqraaD bi-adhruA
Taweela
long-handled shears

مدمّة
midamma
rake

فأس
fa's
hoe

كيس العشب
kees al-Aushb
grass bag

محرك
muHarrik
motor

مقبض
miqbaD
handle

سلة معدنية
salla maAdineeya
gardening basket

حامل
Haamil
stand

حاجب
Haajib
shield

آلة تشذيب
aalat tashdheeb
trimmer

جزازة العشب
jazzaazat al-Aushb
lawnmower

نقالة
naqqaala
wheelbarrow

شوكة يدوية
shawka yadaweeya
hand fork

مقراض تقليم صغير
miqraaD taqleem sagheer
pruners

قفاز البستنة
quffaaz al-bastana
gardening gloves

مالج
maalij
trowel

صينية بذور
seneeyat budhoor
seed tray

خيط مجدول
khayT majdool
twine

بطاقات
biTaaqaat
labels

أربطة مجدولة
arbiTa majdoola
twist ties

حلقات ربط
Halqaat rabT
ring ties

خيزران
khayzaraan
canes

نصل
nasl
blade

مقراض
miqraaD
shears

منشار يدوي
minshaar yadawee
hand saw

مبيد آفات
mubeed aafaat
pesticide

منخل
munkhul
sieve

أصيص نبات
asees nabaat
plant pot

حذاء مطاطي
Hidhaa' maTaaTee
rubber boots

سقي saqy • **watering**

بخاخة
bakh-khaakha | **spray bottle**

مرشة
mirashsha
watering can

رأس المرشة
ra's al-mirashsha
spray

رشاشة
rashshaasha
sprinkler

فم الخرطوم
fam al-khurtoom
nozzle

خرطوم
khurToom
hose

دائرة لف الخرطوم
daa'irat laff al-khurToom | **hose reel**

البستنة al-bastana • gardening

سياج
siyaaj
hedge

مرجة
marja
lawn

حوض زهور
HawD zuhoor
flowerbed

جزازة العشب
jazzaazat
al-Aushb
lawnmower

وتد
watad
stake

يجز yajuzz | **mow (v)**

يكسو بالنجيل
yaksoo bin-najeel
sod (v)

يسكك
yusakkik
spike (v)

يلم
yalumm
rake (v)

يشذب
yashdhub
trim (v)

يحفر
yaHfur
dig (v)

يبذر
yabdhur
sow (v)

يفرش السماد
yufarrish as-simaad
top-dress (v)

يسقي
yasqee
water (v)

خيزرانة
khayzaraana
cane

يسند
yasnid
train (v)

يزيل الزهور الميتة
yuzeel az-zuhoor al-mayyita
deadhead (v)

يرش
yarushsh
spray (v)

تقليم
taqleem
cutting

يطعم
yuTaaAim
graft (v)

يتكاثر
yatakaathar
propagate (v)

يقلم
yaqlim
prune (v)

يوتد
yuwattid
stake (v)

ينقل الشتل
yanqil ash-shatl
transplant (v)

يزيل الأعشاب الضارة
yuzeel al-Aashaab aD-Daarra
weed (v)

يفرش الوقاية
yafrish al-wiqaaya
mulch (v)

يحصد
yaHsud
harvest (v)

المفردات al-mufradaat • vocabulary

يزرع yazraA cultivate (v)	يزين الحديقة yuzayyin al-Hadeeqa landscape (v)	يسمد yusammid fertilize (v)	ينخل yankhul sift (v)	عضوي AuDwee organic	شتلة shatla seedling	تحتربة taHturba subsoil
يرعى yarAaa tend (v)	يزرع في أصص yazraA fi uSuS pot (v)	يقطف yaqTif pick (v)	يهوي yuhawwee aerate (v)	الصرف as-sarf drainage	سماد simaad fertilizer	مبيد أعشاب ضارة mubeed aAshaab Daarra weedkiller

JKL
5
TUV
8
0

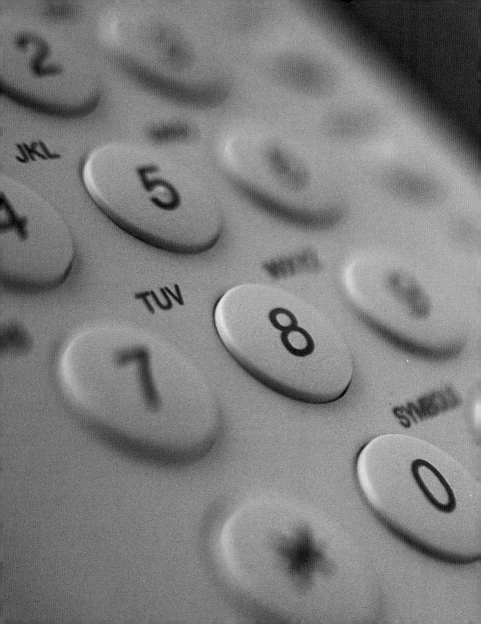

الخدمات al-khidmaat
services

خدمات الطوارئ khidmaat aT-Tawaari' • emergency services

إسعاف isAaaf • ambulance

إسعاف
isAaaf | **ambulance**

نقالة
naqqaala
stretcher

مساعد طبي
musaaAid Tibbee | **paramedic**

شرطة shurTa • police

شارة
shaara
badge

زي رسمي
ziyy rasmee
uniform

هراوة
hiraawa
nightstick

مسدس
musaddas
gun

صفاد اليدين
sifaad al-yadayn
handcuffs

ضابط شرطة Daabit shurTa | **police officer**

صفارة إنذار
sifaarat indhaar
siren

مصابيح
masaabeeH
lights

سيارة شرطة
sayyaarat shurTa
police car

مركز الشرطة
markaz ash-shurTa
police station

المفردات al-mufradaat • vocabulary

مفتش mufattish **captain**	مشتبه فيه mushtabah feehi **suspect**	شكوى shakwa **complaint**	قبض على qabD Aala **arrest**
جريمة jareema **crime**	اعتداء iAtidaa' **assault**	تحقيق taHqeeq **investigation**	زنزانة شرطة zinzaanat shurTa **cell**
مخبر mukhbir **detective**	بصمة الإصبع basmat al-isbaA **fingerprint**	سطو على منزل saTW Aala manzil **burglary**	تهمة tuhma **charge**

فرقة الإطفاء firqat al-iTfaa' • fire department

دخان
dukhaan
smoke

منصة محمولة
minassa
maHmoola
basket

ذراع
dhiraaA
boom

حريق Hareeq | **fire**

خوذة
khoodha
helmet

خرطوم
khurToom
hose

نفاثة ماء
naffaathat maa'
water jet

رجال الإطفاء
rijaal al-iTfaa'
firefighters

مركز إطفاء الحريق
markaz iTfaa' al-Hareeq
fire station

مهرب حريق
mahrab Hareeq
fire escape

سلم
sullam
ladder

كابينة للسائق
kabeena
lis-saa'iq
cab

عربة إطفاء الحريق
Aarabat iTfaa' al-Hareeq
fire engine

جهاز إنذار بتصاعد دخان
jihaaz indhaar
bi-tasaaAud dukhaan
smoke alarm

جهاز إنذار بوجود حريق
jihaaz indhaar bi-wujood
Hareeq
fire alarm

بلطة
balTa
ax

طفاية حريق
Taffaayat Hareeq
fire extinguisher

مشرعة
mashraAa
hydrant

أحتاج الشرطة/ فرقة الإطفاء/ الإسعاف
aHtaaj ash-shurta/firqat al-iTfaa'/
al-isAaaf.
I need the police/fire department/ambulance.

هناك حريق في...
hunaaka Hareeq fee...
There's a fire at...

لقد حدث حادث.
laqad Hadatha Haadith.
There's been an accident.

استدعوا الشرطة!
istadAoo
sh-shurTa!
Call the police!

البنك al-bank • bank

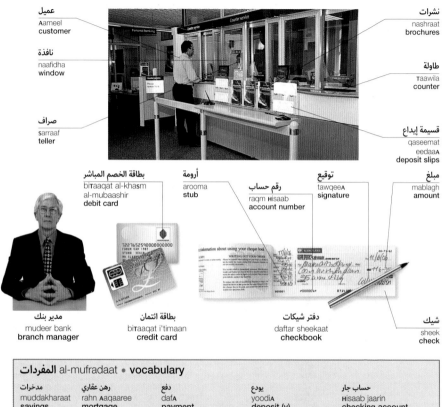

عميل
Aameel
customer

نافذة
naafidha
window

صراف
sarraaf
teller

نشرات
nashraat
brochures

طاولة
Taawila
counter

قسيمة إيداع
qaseemat eedaaA
deposit slips

مدير بنك
mudeer bank
branch manager

بطاقة الخصم المباشر
biTaaqat al-khasm al-mubaashir
debit card

بطاقة ائتمان
biTaaqat i'timaan
credit card

أرومة
arooma
stub

رقم حساب
raqm Hisaab
account number

توقيع
tawqeeA
signature

مبلغ
mablagh
amount

دفتر شيكات
daftar sheekaat
checkbook

شيك
sheek
check

المفردات al-mufradaat • vocabulary

مدخرات muddakharaat **savings**	رهن عقاري rahn Aaqaaree **mortgage**	دفع dafA **payment**	يودع yoodiA **deposit (v)**	حساب جار Hisaab jaarin **checking account**
ضريبة Dareeba **tax**	فرط السحب farT as-saHb **overdraft**	خصم مباشر khasm mubaashir **automatic payment**	رسم بنكي rasm bankee **bank charge**	حساب توفير Hisaab tawfeer **savings account**
قرض qarD **loan**	معدل الفائدة muAaddal al-faa'ida **interest rate**	قسيمة سحب qaseemat saHb **withdrawal slip**	تحويل بنكي taHweel bankee **bank transfer**	رقم سري raqm sirree **PIN**

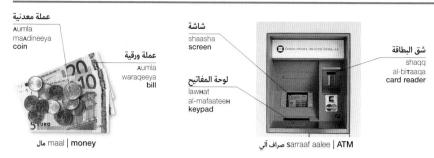

عملة معدنية
Aumla maAdineeya
coin

عملة ورقية
Aumla waraqeeya
bill

مال maal | **money**

شاشة
shaasha
screen

لوحة المفاتيح
lawHat al-mafaateeH
keypad

شق البطاقة
shaqq al-biTaaqa
card reader

صراف آلي Sarraaf aalee | **ATM**

عملة أجنبية Aumla ajnabeeya • foreign currency

مكتب صرافة
maktab Sarraafa
currency exchange

شيك سياحي
sheek siyaaHee
traveler's check

سعر الصرف
siAr as-Sarf
exchange rate

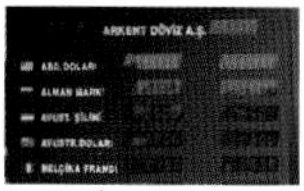

تمويل tamweel • finance

سعر السهم
siAr as-sahm
share price

سمسار مالي
simsaar maalee
stockbroker

مستشار مالي
mustashaar maalee
financial advisor

سوق الأوراق المالية sooq al-awraaq al-maaleeya | **stock exchange**

المفردات al-mufradaat • vocabulary

يصرف نقدا
yasrif naqdan
cash (v)

أسهم
ashum
shares

محاسب
muHaasib
accountant

ربحية
ribHeeya
dividends

عمولة
Aumoola
commission

محفظة
maHfaza
portfolio

استثمار
istithmaar
investment

فئة الأوراق المالية
fi'at al-awraaq al-maaleeya
denomination

أوراق مالية
awraaq maaleeya
stocks

أرصدة وأسهم
arSida wa-ashum
equity

هل يمكنني تغيير هذا؟
hal yumkinunee taghyeer haadha?
Can I change this?

ما سعر الصرف اليوم؟
maa siAr as-Sarf al-yawm?
What's today's exchange rate?

الاتصالات al-ittisaalaat • communications

موظف بريد
muwazzaf bareed
postal worker

نافذة
naafidha
window

ميزان
meezaan
scale

طاولة
Taawila
counter

مكتب بريد maktab bareed | **post office**

ساعي البريد
saaAee al-bareed
mail carrier

ختم البريد
khitm al-bareed
postmark

طابع
TaabiA
stamp

رمز بريدي
ramz bareedee
zip code

عنوان
Aunwaan
address

مظروف mazroof
envelope

المفردات al-mufradaat • vocabulary

خطاب khiTaab **letter**	عنوان الرد Aunwaan ar-radd **return address**	توصيل tawseel **delivery**	قابل للكسر qaabil lil-kasr **fragile**	لا تثني laa tathnee **do not bend (v)**
بالبريد الجوي bil-bareed al-jawwee **by airmail**	توقيع tawqeeA **signature**	حوالة بريدية Hawwaala bareedeeya **money order**	حقيبة البريد Haqeebat al-bareed **mailbag**	الوضع الصحيح al-waDA as-saHeeH **this way up**
بريد مسجل bareed musajjal **registered mail**	جمع jamA **pickup**	سعر الطوابع siAr at-TawaabiA **postage**	تلغراف talighraaf **telegram**	

صندوق بريد
sandooq bareed
mailbox

صندوق خطابات
sandooq khiTaabaat
letter slot

طرد
Tard
package

رسول
rasool
courier

هاتف haatif • telephone

سماعة متحركة
sammaaAa mutaHarrika
handset

جهاز الرد على المكالمات
jihaaz ar-radd Aalal-mukaalamaat
answering machine

قاعدة ثابتة
qaaAida thaabita
base station

هاتف لاسلكي
haatif laasilkee
cordless phone

هاتف فيديو
haatif vidyo
video phone

كابينة الهاتف
kabeenat al-haatif
phone booth

هاتف ذكي
haatif dhakee
smartphone

لوحة المفاتيح
lawHat al-mafaateeH
keypad

هاتف محمول
haatif maHmool
cell phone

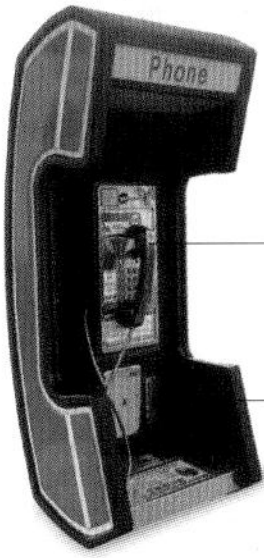

سماعة
sammaaAa
receiver

استرداد النقد
istirdaad an-naqd
coin return

هاتف عام haatif Aaamm
payphone

المفردات al-mufradaat • vocabulary

استعلامات الدليل
istiAlaamaat ad-daleel
directory assistance

مكالمة أجرتها على المتلقي
mukaalama ujratuhaa Aalal-mutalaqqee
collect call

يطلب رقماً
yaTlub raqaman
dial (v)

خدمة جوال
khidmat jawwaal
app

يرد
yarudd
answer (v)

رسالة جوال
risaalat jawwaal
text (SMS)

رسالة صوتية
risaala sawteeya
voice message

رقم مرور سري
raqam muroor sirree
passcode

مشغل
mushaghghil
operator

مشغول
mashghool
busy

غير موصول
ghayr mawsool
disconnected

هل يمكنك إعطائي رقم...؟
hal yumkinuka iATaa'ee raqm…?
Can you give me the number for...?

ما رمز الاتصال بـ...؟
maa ramz al-ittisaal bi…?
What is the dialling code for...?

ابعث لي رسالة!
ibAth lee risaala!
Text me!

الفندق al-funduq • hotel

ردهة radha • lobby

نزيل
nazeel
guest
مفتاح غرفة
miftaaH ghurfa
room key
رسائل
rasaa'il
messages
صندوق الرسائل
sundooq ar-rasaa'il
pigeonhole
موظف الاستقبال
muwazzaf al-istiqbaal
receptionist
سجل
sijil
register
طاولة
Taawila
counter

استقبال istiqbaal | reception

أمتعة
amtiAa
luggage
حامل بعجل
Haamil bi-Aajal
cart

حمال Hammaal | porter

مصعد misAad | elevator

رقم الغرفة
raqm al-ghurfa
room number

غرف ghuraf • rooms

غرفة لفرد واحد
ghurfa li-fard waaHid
single room

غرفة مزدوجة
ghurfa muzdawija
double room

غرفة لفردين
ghurfa li-fardayn
twin room

حمام خاص
Hammaam khaass
private bathroom

خدمات khidmaat • services

خدمات الخادمة
khidmaat al-khaadima
maid service

خدمات الغسيل
khidmaat al-ghaseel
laundry service

صينية الإفطار
seneeyat al-ifтaar
breakfast tray

خدمة الغرف khidmat al-ghuraf | **room service**

بار مصغر
baar musaghghar
minibar

مطعم
maтAam
restaurant

جمنازيوم
jimnaazyum
gym

حمام سباحة
Hammaam sibaaHa
swimming pool

المفردات al-mufradaat • vocabulary

سرير وإفطار
sareer wa-ifтaar
bed and breakfast

إقامة كاملة
iqaama kaamila
all meals included

نصف إقامة
nisf iqaama
some meals included

هل لديكم غرف خالية؟
hal ladaykum ghuraf khaalya?
Do you have any vacancies?

لدي حجز.
ladayya Hajz.
I have a reservation.

أود غرفة لفرد واحد.
awadd ghurfa li-fard waaHid.
I'd like a single room.

أود غرفة لثلاث ليالي.
awadd ghurfa li-thalaath layaalee.
I'd like a room for three nights.

ما سعر الليلة؟
maa siAr al-layla?
What is the charge per night?

متى على أن أغادر الغرفة؟
mata Aalayya an ughaadir al-ghurfa?
When do I have to check out?

التسوق at-tasawwuq
shopping

مركز التسوق markaz at-tasawwuq • shopping center

ردهة
radha
atrium

لوحة الاسم
lawHat al-ism
sign

مصعد
misAad
elevator

ثاني طابق
thaanee Taabiq
third floor

أول طابق
awwal Taabiq
second floor

درج متحرك
daraj mutaHarrik
escalator

طابق أرضي
Taabiq arDee
ground floor

عميل
Aameel
customer

المفردات al-mufradaat • vocabulary

قسم الأطفال
qism al-aTfaal
children's department

قسم الأمتعة
qism al-amtiAa
luggage department

قسم الأحذية
qism al-aHdhiya
shoe department

دليل المتجر
daleel al-matjar
store directory

بائع
baa'iA
salesclerk

خدمة العملاء
khidmat al-Aumalaa'
customer services

غرف تجربة الملابس
ghuraf tajribat al-malaabis
fitting rooms

منافع تغيير حفاظات
manaafiA taghyeer Hifaazaat
baby changing room

دورات المياه
dawraat al-miyaah
restroom

بكم هذا؟
bikam haadha?
How much is this?

هل يمكنني استبدال هذا؟
hal yumkinunee istibdaal haadha?
May I exchange this?

متجر تجزئة كبير matjar tajzi'a kabeer • **department store**

ملابس الرجال
malaabis ar-rijaal
menswear

ملابس النساء
malaabis an-nisaa'
womenswear

ملابس النساء الداخلية
malaabis an-nisaa'
ad-daakhileeya
lingerie

عطور
AUToor
perfumes

جمال
jamaal
cosmetics

بياضات
bayyaaDaat
linens

تجهيزات المنزل
tajheezaat al-manzil
home furnishings

مستلزمات الملابس
mustalzamaat al-malaabis
notions

أدوات المطبخ
adawaat al-maTbakh
kitchenware

الخزف والصيني
al-khazaf was-seenee
china

أدوات كهربائية
adawaat kahrabaa'eeya
electronics

إضاءة
iDaa'a
lighting

رياضة
riyaaDa
sportswear

لعب
luAab
toys

قرطاسية
qarTaaseeya
stationery

قاعة الغذاء
qaaAat al-ghidhaa'
groceries

سوبر ماركت soobir maarkit • supermarket

ممر
mamarr
aisle

رف
raff
shelf

سير متحرك
sayr mutaHarrik
conveyer belt

صراف
sarraaf
checker

عروض
Aurood
specials

دفع الحساب dafA al-Hisaab | checkout

عميل
Aameel
customer

درج نقود
durj nuqood
cash register

كيس التسوق
kees at-tasawwuq
shopping bag

منتجات البقالة
muntajaat al-baqqaala
groceries

مقبض
miqbaD
handle

780863 185779

شفرة التعرف
shufrat at-taAarruf
bar code

عربة
Aaraba
grocery cart

سلة salla | basket

جهاز مسح
jihaaz masH | scanner

منتجات المخبز
muntajaat al-makhbaz
bakery

منتجات الألبان
muntajaat al-albaan
dairy

حبوب الفطور
Huboob al-fuToor
breakfast cereals

أغذية معلبة
agh-dhiya muAallaba
canned food

حلويات
Halawiyaat
candy

خضروات
khuDrawaat
vegetables

فاكهة
faakiha
fruit

لحوم ودواجن
luHoom wa-dawaajin
meat and poultry

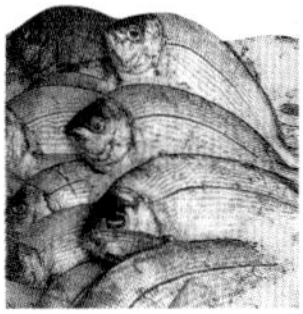

سمك
samak
fish

أغذية مستحضرة
agh-dhiya mustaHDara
deli

أغذية مجمدة
agh-dhiya
mujammada
frozen food

وجبات سريعة
wajbaat sareeAa
prepared food

مشروبات
mashroobaat
drinks

مستلزمات منزلية
mustalzamaat manzileeya
household products

أدوات الحمام
adawaat al-Hammaam
toiletries

مستلزمات الرضع
mustalzamaat ar-ruDDaA
baby products

أدوات كهربائية
adawaat kahrabaa'eeya
electrical goods

أغذية الحيوانات الاليفة
agh-dhiyat
al-Hayawaanaat al-aleefa
pet food

مجلات majallaat | **magazines**

الصيدلية as-saydaleeya • drugstore

رعاية الأسنان
riAaayat al-asnaan
dental care

النظافة الصحية للإناث
an-nazaafa as-siHHeeya lil-inaath
feminine hygiene

مزيل روائح العرق
muzeel rawaa'iH al-Aaraq
deodorants

فيتامينات
fitameenaat
vitamins

مستوصف
mustawsaf
pharmacy

صيدلي
sayDalee
pharmacist

دواء للكحة
dawaa' lil-kuHHa
cough medicine

علاجات عشبية
Ailaajaat Aushbeeya
herbal remedies

رعاية الجلد
riAaayat al-jild
skin care

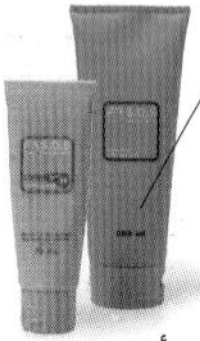

لما بعد التشمس
limaa baAd at-tashammus
aftersun lotion

حاجب أشعة الشمس
Haajib ashiAat ash-shams
sunscreen

مانع أشعة الشمس
maaniA ashiAat ash-shams
sunblock

طارد للحشرات
Taarid lil-Hasharaat
insect repellent

مساحة مبللة
massaaHa muballala
wet wipe

مناديل ورق
manaadeel waraq
tissue

فوطة صحية
fooTa siHHeeya
sanitary napkin

سدادة قطنية
sidaada quTneeya
tampon

فوطة صحية صغيرة
fooTa siHHeeya sagheera
panty liner

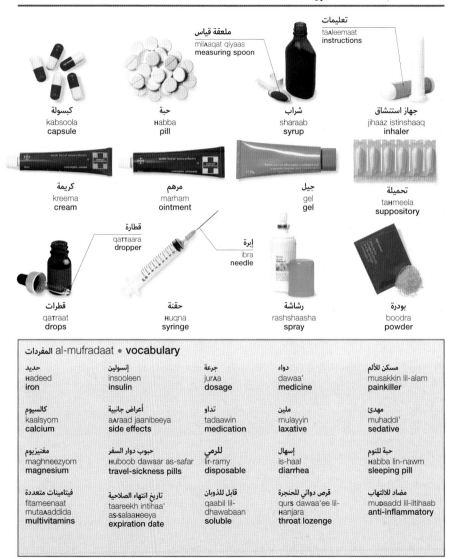

كبسولة
kabsoola
capsule

حبة
Habba
pill

ملعقة قياس
milAaqat qiyaas
measuring spoon

شراب
sharaab
syrup

تعليمات
taAleemaat
instructions

جهاز استنشاق
jihaaz istinshaaq
inhaler

كريمة
kreema
cream

مرهم
marham
ointment

جيل
gel
gel

تحميلة
taHmeela
suppository

قطارة
qaTTaara
dropper

قطرات
qaTraat
drops

إبرة
ibra
needle

حقنة
Huqna
syringe

رشاشة
rashshaasha
spray

بودرة
boodra
powder

المفردات al-mufradaat • **vocabulary**

حديد Hadeed **iron**	إنسولين insooleen **insulin**	جرعة jurAa **dosage**	دواء dawaa' **medicine**	مسكن للألم musakkin lil-alam **painkiller**
كالسيوم kaalsyom **calcium**	أعراض جانبية aAraad jaanibeeya **side effects**	تداو tadaawin **medication**	ملين mulayyin **laxative**	مهدئ muhaddi' **sedative**
مغنيزيوم maghneezyom **magnesium**	حبوب دوار السفر Huboob dawaar as-safar **travel-sickness pills**	للرمي lir-ramy **disposable**	إسهال is-haal **diarrhea**	حبة للنوم Habba lin-nawm **sleeping pill**
فيتامينات متعددة fitameenaat mutaAaddida **multivitamins**	تاريخ انتهاء الصلاحية taareekh intihaa' as-salaaHeeya **expiration date**	قابل للذوبان qaabil lil-dhawabaan **soluble**	قرص دوائي للحنجرة qurs dawaa'ee lil-Hanjara **throat lozenge**	مضاد للالتهاب muDaadd lil-iltihaab **anti-inflammatory**

بائع الزهور baa'iA az-zuhoor • florist

زهور
zuhoor
flowers

زَنبَق
zanbaq
lily

سنط
sanT
acacia

قرنفل
qurunfil
carnation

نبات بأصيص
nabaat bi-asees
potted plant

سيف الغراب
sayf al-ghuraab
gladiolus

سوسن
sawsan
iris

لؤلؤية
lu'lu'eeya
daisy

أقحوان
uqHuwaan
chrysanthemum

جيبصية
jeeseeya
gypsophila

متيولا	جربارة	ورق	وردة	فريزيا
matiyoola	jarbaara	waraq	warda	freezyaa
stocks	**gerbera**	**foliage**	**rose**	**freesia**

زهرية
zuhreeya
vase

زهرة الأركيد
zahrat al-orkeed
orchid

عود الصليب
Aood as-saleeb
peony

باقة
baaqa
bunch

ساق
saaq
stem

نرجس
narjis
daffodil

برعم
burAum
bud

ورق اللف
waraq al-laff
wrapping

تيوليب tyooleeb | **tulip**

التنسيق at-tanseeq • arrangements

شريط
shareeT
ribbon

باقة ورد
baaqat ward
bouquet

زهور مجففة
zuhoor mujaffafa
dried flowers

خَبيصة khabeesa | **potpourri**

إكليل ikleel | **wreath**

رعلة
ruAla
garland

المفردات al-mufradaat • vocabulary

هل يمكن إرسالها إلى...؟
hal yumkin irsaalhaa ila…?
Can you send them to…?

هل يمكنني إرفاق رسالة؟
hal yumkinunee irfaaq risaala?
Can I attach a message?

هل يمكن تغليفها؟
hal yumkin tahgleefhaa?
Can I have them wrapped?

هل هي عطرة؟
hal hiya Aatira?
Are they fragrant?

هل يمكنني أخذ باقة من...؟
hal yumkinunee akhdh baaqa min…?
Can I have a bunch of…?

كم يومًا ستعيش؟
kam yawm sa-taAeesh?
How long will these last?

بائع الجرائد baa'iA al-jaraa'id • **newsstand**

سجائر
sajaa'ir
cigarettes

علبة سجاير
Aulbat sajaa'ir
pack of cigarettes

طوابع
TawaabiA
stamps

بطاقة بريدية
biTaaqa bareedeeya
postcard

مجلة أطفال
majallat aTfaal
comic book

مجلة
majalla
magazine

جريدة
jareeda
newspaper

تدخين tadkheen • **smoking**

تبغ
tabgh
tobacco

ولاعة
wallaaAa
lighter

ساق
saaq
stem

طاسة
Taasa
bowl

غليون
ghalyoon
pipe

سيجار
seejaar
cigar

محل الحلوي maHall al-Halwa • candy store

علبة شوكولاتة
Aulbat shokolaata
box of chocolates

قطعة حلوة
qiTAa Hilwa
snack bar

رقائق البطاطس
raqaa'iq al-baTaaTis
potato chips

محل الحلوى maHall al-Halwa | **candy store**

المفردات al-mufradaat • vocabulary

شوكولاتة بالحليب shookolaata bil-Haleeb **milk chocolate**	كرملة karamella **caramel**
شوكولاتة سادة shookolaata saada **dark chocolate**	كمأ kama' **truffle**
شوكولاتة بيضاء shookolaata bayDaa' **white chocolate**	بسكوت baskoot **cookie**
اختر واخلط ikhtar wakhliT **pick and mix**	

الحلوى al-Halwa • confectionery

شوكولاتة
shookolaata
chocolate

قضيب شوكولاتة
qaDeeb shookolaata
chocolate bar

حلوى
Halwa
hard candy

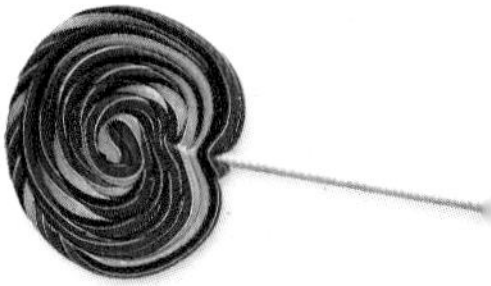

مصاصة
maSSaaSa
lollipop

طوفي Tofee | **toffee**

نوغة noogha | **nougat**

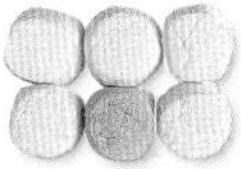

حلوى الخطمي
Halwa al-khiTmee
marshmallow

نعناع
niAnaaA
mint

لبان
lubaan
chewing gum

حلوي مغلفة بالسكر
Hulwa mughallafa bis-sukkar
jellybean

حلوى فواكه
Halwa fawaakih
gumdrop

عرق سوس
Airq soos
licorice

متاجر أخرى mataajir ukhra • **other stores**

مخبز
makhbaz
bakery

حلواني
Halawaanee
pastry shop

جزارة
jazzaara
butcher shop

بائع سمك
baa'iA samak
fish counter

خضري
khuDaree
produce stand

بقالة
baqqaala
grocery store

محل أحذية
maHall aHdhiya
shoe store

خردواتي
khurdawaatee
hardware store

متجر الأنتيكات
matjar al-anteekaat
antique store

متجر هدايا
matjar hadaayaa
gift shop

وكيل سفر
wakeel safar
travel agency

تاجر جواهر
taajir jawaahir
jewelry store

مكتبة
maktaba
bookstore

متجر اسطوانات
matjar usTuwaanaat
record store

متجر الخمور
matjar al-khumoor
liquor store

متجر الحيوانات الأليفة
matjar al-Hayawaanaat
al-aleefa
pet store

متجر أثاث
matjar athaath
furniture store

بوتيك
booteek
boutique

المفردات al-mufradaat • **vocabulary**

مكتب عقارات
maktab Aaqaaraat
real estate office

متجر آلات التصوير
matjar aalaat at-tasweer
camera store

مركز البستنة
markaz al-bastana
garden center

متجر الأغذية الصحية
matjar al-agh-dhiya as-siHHeeya
health food store

التنظيف الجاف
at-tanzeef al-jaaff
dry cleaner

متجر أدوات فنية
matjar adawaat fanneeya
art supply store

مغسلة
maghsala
laundromat

متجر السلع المستعملة
matjar as-silaA al-mustAmala
secondhand store

خياط
khayyaaT
tailor shop

مصفف الشعر
musaffif as-shaAr
salon

سوق sooq | **market**

المأكولات al-ma'koolaat
food

اللحم al-laHm • meat

لحم الضاني
laHm ad-daanee
lamb
جزار
jazzaar
butcher
خطاف اللحم
khuTTaaf al-laHm
meat hook
ميزان
meezaan
scale
مسن السكين
misann as-sikkeen
knife sharpener
خنزير مملح
khinzeer mumallaH
bacon
سجق
sujuqq
sausages
كبدة
kibda
liver

المفردات al-mufradaat • vocabulary

خنزير khinzeer **pork**	غزال ghazaal **venison**	فضلات ذبيحة faDalaat dhabeeHa **variety meat**	طليق Taleeq **free range**	لحم مطبوخ laHm maTbookh **cooked meat**
بقري baqaraa **beef**	أرانب araanib **rabbit**	مدخن mudakhkhan **smoked**	عضوي AUDwee **organic**	لحم أبيض laHm abyaD **white meat**
عجل Aijl **veal**	لسان lisaan **tongue**	مملح ومدخن mumallaH wa-mudakhkhan **cured**	لحم خال من الدهن laHm khaalin min ad-dihn **lean meat**	لحم أحمر laHm AHmar **red meat**

قطع qiTAa • cuts

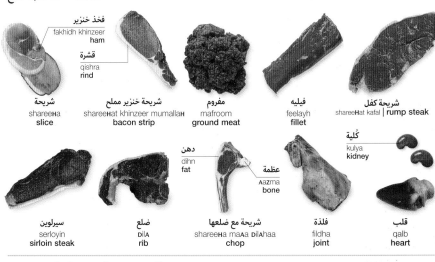

فخذ خنزير
fakhidh khinzeer
ham

قشرة
qishra
rind

شريحة
shareeHa
slice

شريحة خنزير مملح
shareeHat khinzeer mumallaH
bacon strip

مفروم
mafroom
ground meat

فيليه
feelayh
fillet

شريحة كفل
shareeHat kafal | **rump steak**

كُلية
kulya
kidney

دهن
dihn
fat

عظمة
AaZma
bone

سيرلوين
serloyin
sirloin steak

ضلع
DilA
rib

شريحة مع ضلعها
shareeHa maAa DilAhaa
chop

فلذة
fildha
joint

قلب
qalb
heart

الدواجن ad-dawaajin • poultry

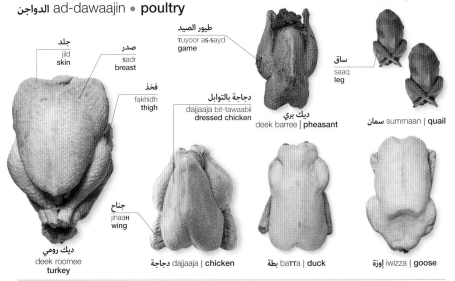

جلد
jild
skin

صدر
sadr
breast

طيور الصيد
Tuyoor as-sayd
game

ساق
saaq
leg

فخذ
fakhidh
thigh

دجاجة بالتوابل
dajjaaja bit-tawaabil
dressed chicken

ديك بري
deek barree | **pheasant**

سمان summaan | **quail**

جناح
jinaaH
wing

ديك رومي
deek roomee
turkey

دجاجة dajjaaja | **chicken**

بطة baTTa | **duck**

إوزة iwizza | **goose**

السمك as-samak • fish

جمبري مقشور
gambaree maqshoor
peeled shrimps

ثلج
thalj
ice

بوري أحمر
booree aHmar
red mullet

شرائح الهلبوت
sharaa'iH al-haliboot
halibut fillets

سلمون مرقط نهري
salmoon muraqqaT nahree
rainbow trout

أجنحة شفنين
ajniHat shifneen
skate wings

بائع سمك
baa'iA samak
fish counter

سمك الضفادع
samak aD-DafaadiA
monkfish

إسقمري
isqamaree
mackerel

سلمون مرقط
salmoon muraqqaT
trout

سمك السيف
samak as-sayf
swordfish

موسى دوفر
moosa dover
Dover sole

موسى ليمون
moosa laymoon
lemon sole

قديد
qadeed
haddock

سردين
sardeen
sardine

شفنين
shifneen
skate

مرلانوس
marlaanoos
whiting

ذئب البحر
dhi'b al-baHr
sea bass

سلمون salmoon | **salmon**

بقلة
baqala
cod

أسبور
asboor
sea bream

طون
Toon
tuna

فواكه البحر fawaakih al-baHr • seafood

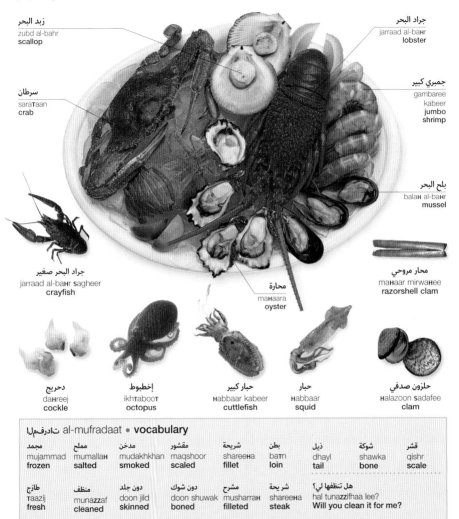

زبد البحر
zubd al-bahr
scallop

سرطان
saraTaan
crab

جراد البحر
jarraad al-baHr
lobster

جمبري كبير
gambaree kabeer
jumbo shrimp

بلح البحر
balaH al-baHr
mussel

محارة
maHaara
oyster

جراد البحر صغير
jarraad al-baHr sagheer
crayfish

محار مروحي
maHaar mirwaHee
razorshell clam

دحريج
daHreej
cockle

إخطبوط
ikhTabooT
octopus

حبار كبير
Habbaar kabeer
cuttlefish

حبار
Habbaar
squid

حلزون صدفي
Halazoon sadafee
clam

المفردات al-mufradaat • vocabulary

مجمد mujammad **frozen**	مملح mumallaH **salted**	مدخن mudakhkhan **smoked**	مقشور maqshoor **scaled**	شريحة shareeHa **fillet**	بطن baTn **loin**	ذيل dhayl **tail**	شوكة shawka **bone**	قشر qishr **scale**
طازج Taazij **fresh**	منظف munazzaf **cleaned**	دون جلد doon jild **skinned**	دون شوك doon shuwak **boned**	مشرح musharraH **filleted**	شريحة shareeHa **steak**	هل تنظفها لي؟ hal tunazzifhaa lee? **Will you clean it for me?**		

الخضراوات al-khuDrawaat • vegetables 1

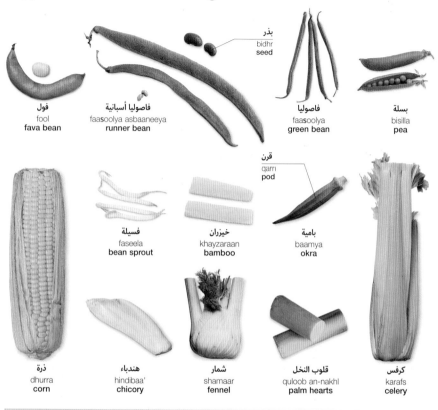

فول
fool
fava bean

بذر
bidhr
seed

فاصوليا أسبانية
faasoolya asbaaneeya
runner bean

فاصوليا
faasoolya
green bean

بسلة
bisilla
pea

ذرة
dhurra
corn

فسيلة
faseela
bean sprout

خيزران
khayzaraan
bamboo

قرن
qarn
pod

بامية
baamya
okra

كرفس
karafs
celery

هندباء
hindibaa'
chicory

شمار
shamaar
fennel

قلوب النخل
quloob an-nakhl
palm hearts

المفردات al-mufradaat • vocabulary

ورقة waraqa **leaf**	زهيرة zuhayra **floret**	طرف Tarf **tip**	عضوي AUDwee **organic**
ساق saaq **stalk**	نواة nawaah **kernel**	قلب qalb **heart**	كيس بلاستيك kees blaasteek **plastic bag**

هل تبيع خضروات عضوية؟
hal tabeeA khuDrawaat AUDweeya?
Do you sell organic vegetables?

هل هذه مزروعة محليًا؟
hal haadhihi mazrooAa maHalleeyan?
Are these grown locally?

جرجير
jarjeer
arugula

جرجير الماء
jarjeer al-maa'
watercress

هندباء إيطالية
hindibaa' eeTaaleeya
radicchio

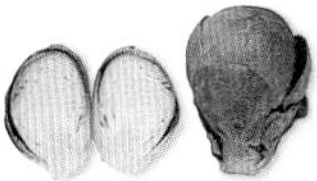

كرنب بروكسل
kurunb brooksel
Brussels sprout

سلق سويسري
salq sweesree
Swiss chard

كرنب لارُؤيسي
kurunb laaru'eesee
kale

حُماض
HumaaD
sorrel

هِندب
hindab
endive

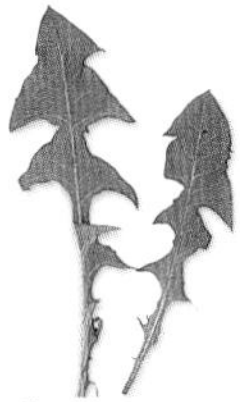

هندباء برية
hindibaa' barreeya
dandelion

سبانخ
sabaanikh
spinach

كرنب ساقي
kurunb saaqee
kohlrabi

كرنب صيني
kurunb Seenee
bok choy

خس
khass
lettuce

قرنبيط لارُؤيسي
qarnabeeT laaru'eesee
broccoli

كرنب ملفوف
kurunb malfoof
cabbage

كرنب بري
kurunb barree
spring greens

الخضراوات ٢ al-khuᴅrawaat ithnaan • vegetables 2

لفت
lift
turnip

خرشوف
kharshoof
artichoke

فجل
fijl
radish

قرنبيط
qarnabeeᴛ
cauliflower

هليون
hilyawn
asparagus

بطاطس
baᴛaaᴛis
potato

كوسة كبيرة
kosa kabeera
squash

بصل
basal
onion

فلفل
filfil
pepper

فلفل حريف
filfil ᴴareef
chili pepper

ذرة حلوة
dhurra ᴴulwa
sweetcorn

المفردات al-mufradaat • vocabulary

طماطم الكرز ᴛamaaᴛim al-karaz **cherry tomato**	كرفس karafs **celeriac**	مجمد mujammad **frozen**	مر murr **bitter**	كيلو بطاطس من فضلك. keelo baᴛaaᴛis min faᴅlak. **A kilo of potatoes, please.**
جزر jazar **carrot**	جذر القلقاس jidhr al-qulqaas **taro root**	نيئ nayy' **raw**	صلب ᴄulb **firm**	ما سعر الكيلو؟ maa siᴀr al-keelo? **What's the price per kilo?**
شجرة الخبز shajarat al-khubz **breadfruit**	كسافا kasaafaa **cassava**	حار ᴴaarr **hot (spicy)**	لب lubb **flesh**	ما اسم هذه؟ maa ism haadhihi? **What are those called?**
بطاطس الموسم baᴛaaᴛis al-mawsim **new potato**	قسطل الماء qasᴛal al-maa' **water chestnut**	حلو ᴴilw **sweet**	جذر jidhr **root**	

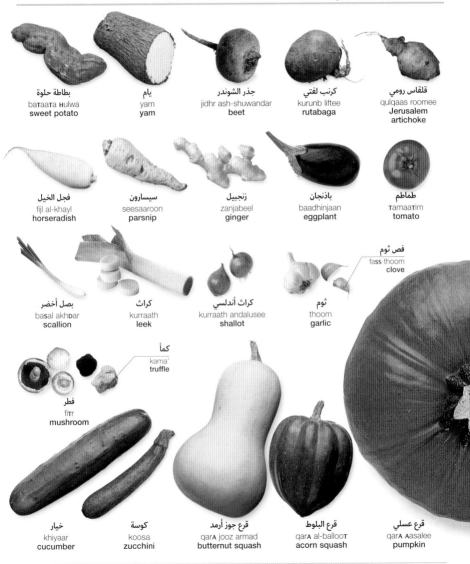

بطاطة حلوة
baTaaTa Hulwa
sweet potato

يام
yam
yam

جذر الشوندر
jidhr ash-shuwandar
beet

كرنب لفتي
kurunb liftee
rutabaga

قلقاس رومي
qulqaas roomee
Jerusalem artichoke

فجل الخيل
fijl al-khayl
horseradish

سيسارون
seesaaroon
parsnip

زنجبيل
zanjabeel
ginger

باذنجان
baadhinjaan
eggplant

طماطم
TamaaTim
tomato

بصل أخضر
basal akhDar
scallion

كراث
kurraath
leek

كراث أندلسي
kurraath andalusee
shallot

فص ثوم
fass thoom
clove

ثوم
thoom
garlic

كمأ
kama'
truffle

فطر
fiTr
mushroom

خيار
khiyaar
cucumber

كوسة
koosa
zucchini

قرع جوز أرمد
qarA jooz armad
butternut squash

قرع البلوط
qarA al-ballooT
acorn squash

قرع عسلي
qarA Aasalee
pumpkin

الفواكه ١ al-fawaakih waaнid • fruit 1

الموالح al-mawaaliн • citrus fruit

برتقال
burtuqaal
orange

كلمانتين
klemanteen
clementine

نرنج
naranj
ugli fruit

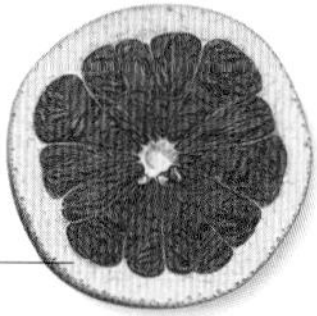

لب
lubb
pith

جريب فروت
greeb froot
grapefruit

يوسفي
yoosufee
tangerine

فص
fass
segment

يوسفي ساتسوما
yoosufee satsooma
satsuma

لحاء
liнaa'
zest

ليمون مالح
laymoon maaliн
lime

ليمون
laymoon
lemon

كوم كوات
kumkwaat
kumquat

الفواكه ذا ت النواة al-fawaakiн dhaat al-nawaah • stone fruit

خوخ
khawkh
peach

خوخ أملس
khawkh amlas
nectarine

مشمش
mishmish
apricot

برقوق
barqooq
plum

كرز
karaz
cherry

تفاح
tuffaaн
apple

كمثرى
kumathra
pear

سلة الفواكه sallat al-fawaakiн | **basket of fruit**

العنبيات والبطيخ al-Aanabeeyaat wal-biTTeekh • berries and melons

فراولة
faraawla
strawberry

توت العليق
toot al-Aulayq
raspberry

بطيخ أصفر
biTTeekh asfar
melon

عنب
Ainab
grapes

توت أسود
toot aswad
blackberry

كشمش
kishmish
red currant

كشمش أسود
kishmish aswad
black currant

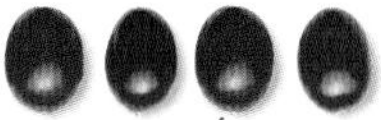

أويسة
aweesa
cranberry

قشرة
qishra
rind

بذور
budhoor
seeds

لب
lubb
flesh

بطيخ أخضر
biTTeekh akhDar
watermelon

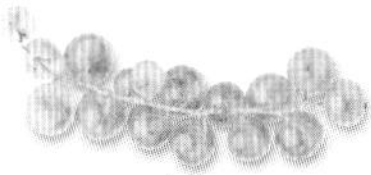

كشمش أبيض
kishmish abyaD
white currant

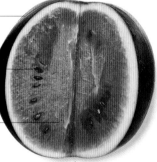

عنب الدب
Ainab ad-dubb
blueberry

توت لوغان
toot looghaan
loganberry

كشمش شائك
kishmish shaa'ik
gooseberry

المفردات al-mufradaat • vocabulary

راوند raawand **rhubarb**	مر murr **sour**	ناضر naaDir **crisp**	عصير Aaseer **juice**	هل هي ناضجة؟ hal hiya naaDija? **Are they ripe?**
ألياف alyaaf **fiber**	طازج Taazij **fresh**	متعفن mutaAaffin **rotten**	قلب qalb **core**	هل يمكنني تذوق واحدة؟ hal yumkinunee tadhawwuq waaHida? **Can I try one?**
حلو Hilw **sweet**	عصيري Aaseeree **juicy**	لباب lubaab **pulp**	بدون بذر bidoon badhr **seedless**	كم يومًا ستحتفظ بنضارتها؟ kam yawm sa-taHtafiz bi-naDaarat-haa? **How long will they keep?**

الفواكه ٢ al-fawaakih ithnaan • fruit 2

مانجو
maango
mango

أفوكادو
afokaado
avocado

أناناس
anaanaas
pineapple

بابايا
babaayaa
papaya

خوخ
khawkh
peach

ليتشية
leetsheeya
lychee

فاكهة كيوي
faakihat keewee
kiwifruit

قرنفش
qununfish
Cape gooseberry

حبة
нabba
seed

جلد
jild
peel

سفرجل
safarjal
quince

ثمرة زهرة الآلام
thamrat zahrat al-aalaam
passion fruit

موز
mawz
banana

جوافة
jawaafa
guava

رمان
rummaan
pomegranate

ديوسبيروس
diyoosbeeroos
persimmon

فيجوا
feejowa
feijoa

تين شوكي
teen shawkee
prickly pear

فاكهة النجمة
fakihat an-najma
star fruit

جوز جندم
jawz jandam
tamarillo

الجوزيات والفواكه الجافة al-jowzeeyaat wal-fawaakiH al-jaaffa • nuts and dried fruit

حب الصنوبر
Habb as-sanoobar
pine nut

فستق
fustuq
pistachio

بلاذر
balaadhir
cashew

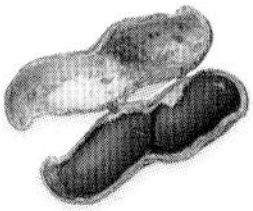

فول سوداني
fool soodaanee
peanut

بندق
bunduq
hazelnut

بندق برازيلي
bunduq braazeelee
Brazil nut

باكانية
baakaneeya
pecan

لوز
lawz
almond

جوز
jawz
walnut

كستنا
kastana
chestnut

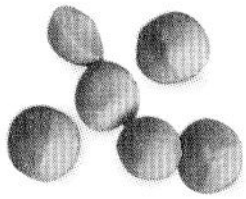

بندق كوينزلندة
bunduq kweenzlanda
macadamia

تين
teen
fig

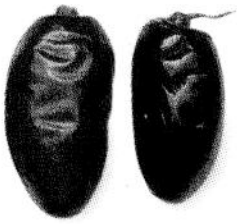

بلح
balaH
date

برقوق مجفف
barqooq mujaffaf
prune

كشمش
kishmish
sultana

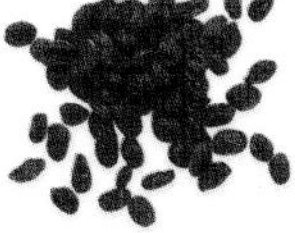

زبيب
zabeeb
raisin

سماق
samaaq
currant

قشرة
qishra
shell
لب
lubb
flesh

جوز الهند
jawz al-hind
coconut

المفردات al-mufradaat • vocabulary

أخضر akhDar **green**	صلب sulb **hard**	نواة nawaah **kernel**	مملح mumallaH **salted**	محمر muHammar **roasted**	مقشر muqashshar **shelled**	فاكهة مسكرة faakiha musakkara **candied fruit**
ناضج naaDij **ripe**	طري Taree **soft**	مجفف mujaffaf **desiccated**	نيئ nayy' **raw**	موسمي mawsimee **seasonal**	كامل kaamil **whole**	فاكهة استوائية faakiha istiwaa'eeya **tropical fruit**

الحبوب والبقول al-Huboob wal-buqool • grains and legumes

الحبوب al-Huboob • grains

قمح
qamH
wheat

شوفان
shoofaan
oats

شعير
shaAeer
barley

دخن
dukhn
millet

ذرة
dhura
corn

كينوا
keenwa
quinoa

المفردات al-mufradaat • vocabulary

بذور badhoor **seed**	معطر muAaTTar **fragranced**	حبوب كاملة Huboob kaamila **whole-grain**
عصافة Ausaafa **husk**	غلال ghilaal **cereal**	حبوب طويلة Huboob Taweela **long-grain**
نواة nawaah **kernel**	ينقع yanqaA **soak (v)**	حبوب قصيرة Huboob qaseera **short-grain**
جاف jaaff **dry**	سهل الطبخ sahl aT-Tabkh **quick cooking**	
طازج Taazaj **fresh**		

الأرز al-aruzz • rice

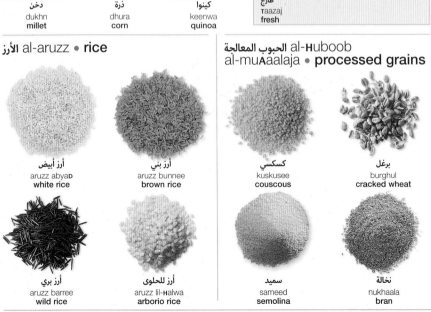

أرز أبيض
aruzz abyaD
white rice

أرز بني
aruzz bunnee
brown rice

أرز بري
aruzz barree
wild rice

أرز للحلوى
aruzz lil-Halwa
arborio rice

الحبوب المعالجة al-Huboob al-muAaalaja • processed grains

كسكسي
kuskusee
couscous

برغل
burghul
cracked wheat

سميد
sameed
semolina

نخالة
nukhaala
bran

البقول al-buqool • beans and peas

فاصوليا الزبد
fasoolya az-zubd
butter beans

فازول
faazool
haricot beans

فاصوليا حمراء
fasoolya Hamraa'
red kidney beans

حبوب أدزوكي
Huboob adookee
adzuki beans

باقلاء
baaqilaa'
fava beans

فول الصويا
fool as-soyaa
soybeans

لوبيا
loobya
black-eyed peas

حبوب بنتو
Huboob binto
pinto beans

حبوب مونج
Huboob munj
mung beans

فاصوليا فرنسية
fasoolya faranseeya
flageolet beans

عدس بني
Aads bunnee
brown lentils

عدس أحمر
Aads aHmar
red lentils

بسلة خضراء
bisilla khaDraa'
green peas

حمص
Hummus
chickpeas

بسلة مشقوقة
bisilla mashqooqa
split peas

البذور al-budhoor • seeds

بذور القرع
budhoor al-qarA
pumpkin seed

بذور الخردل
budhoor al-khardal
mustard seed

كراويا
karawiya
caraway

بذور السمسم
budhoor as-simsim
sesame seed

بذور عباد الشمس
budhoor Aabbaad ash-shams
sunflower seed

الأعشاب والتوابل al-aAshaab wat-tawaabil • herbs and spices

التوابل at-tawaabil • spices

faneelaa | فانيلا vanilla

جوز الطيب
jawz aT-Teeb
nutmeg

قشرة جوز الطيب
qishrat jawz aT-Teeb
mace

كركم
kurkum
turmeric

كمون
kammoon
cumin

باقة أعشاب
baaqat aAshaab
bouquet garni

حب البهار
Habb al-buhaar
allspice

بذور الفلفل الأسود
budhoor al-filfil al-aswad
peppercorn

حلبة
Hulba
fenugreek

فلفل حريف
filfil Hareef
chili powder

كامل
kaamil
whole

مسحوق خشناً
masHooq
khashinan
crushed

زعفران
zaAfaraan
saffron

حب الهال
Habb al-haal
cardamom

كاري
kaaree
curry powder

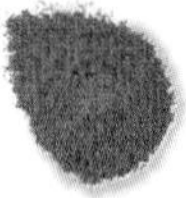

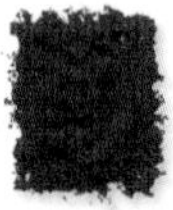

مسحوق
masHooq
ground

فلفل حلو
filfil Hulw
paprika

قشيرات
qushayraat
flakes

ثوم
thoom
garlic

عربي Aarabee • english

الأعشاب al-aAshaab • herbs

عيدان
Aeedaan
sticks

قرفة
qirfa
cinnamon

بذور الشمار
budhoor
ash-shamaar
fennel seeds

شمار
shamaar
fennel

ورق الغار
waraq al-ghaar
bay leaf

بقدونس
baqdoonis
parsley

حشيشة الليمون
Hasheeshat al-laymoon
lemon grass

ثوم معمر
thoom muAammar
chives

نعناع
niAnaaA
mint

زعتر
zaAtar
thyme

مريمية
maryameeya
sage

قرنفل
qurunfil
cloves

أنيسون
aneesoon
star anise

طرخون
Tarakhoon
tarragon

مردقوش
mardaqoosh
marjoram

ريحان
rayHaan
basil

زنجبيل
zanjabeel
ginger

أوريجانو
oreejaano
oregano

كسبرة
kusbara
cilantro

شبت
shibitt
dill

حصى البان
Hasaa albaan
rosemary

الأغذية في زجاجات al-agh-dhiya fee zujaajaat •
bottled foods

زيت الجوز
zayt al-jawz
walnut oil

زيت بذور العنب
zayt budhoor al-Ainab
grapeseed oil

سدادة
sidaada
cork

زيت عباد الشمس
zayt Aabbaad ash-shams
sunflower oil

زيت اللوز
zayt al-lawz
almond oil

زيت بذور السمسم
zayt budhoor as-simsim
sesame seed oil

زيت البندق
zayt al-bunduq
hazelnut oil

زيت الزيتون
zayt az-zaytoon
olive oil

أعشاب
aAshaab
herbs

زيت منكه
zayt munakkah
flavored oil

زيوت
zuyoot
oils

بسطات حلوة basaTaat Hulwa • sweet spreads

إناء
inaa'
jar

قرص عسل النحل
qurs Aasal al-naHl
honeycomb

عسل جامد
Aasal jaamid
set honey

خثارة الليمون
khuthaarat al-laymoon
lemon curd

مربى العليق
murabba al-Aullayq
raspberry jam

مربى النرنج
murabba an-naranj
marmalade

عسل رائق
Aasal raa'iq
clear honey

شراب القبقب
sharaab al-qabqab
maple syrup

الصلصات والمنكهات as-salsaat wal-munakkihaat •
sauces and condiments

زجاجة
zujaaja
bottle

خل التفاح المخمر
khall at-tuffaaн
al-mukhammar
cider vinegar

خل بلسمي
khall balsamee
balsamic vinegar

مايونيز
mayonayz
mayonnaise

خردل إنجليزي
khardal injileezee
English mustard

كتشب
katshab
ketchup

خردل فرنسي
khardal faransee
French mustard

شطني
shuтnee
chutney

خل المولت
khall al-molt
malt vinegar

خل النبيذ
khall an-nabeedh
wine vinegar

خل
khall
vinegar

صوص
saws
sauce

خردل الحبوب الكاملة
khardal al-huboob
al-kaamila
whole-grain mustard

إناء حفظ الطعام
inaa' нifz
aт-тaaaam
canning jar

زبد الفول السوداني
zubd al-fool
as-soodaanee
peanut butter

بسطة شوكولاتة
basтat shokolaata
chocolate spread

فاكهه محفوظة
faakiha maнfooza
preserved fruit

المفردات al-mufradaat • vocabulary

زيت الذرة zayt adh-dhura **corn oil**	زيت اللفت zayt al-lift **canola oil**
زيت فستق العبيد zayt fustuq al-Aabeed **peanut oil**	زيت عصرة باردة zayt Asra baarida **cold-pressed oil**
زيت نباتي zayt nabaatee **vegetable oil**	

منتجات الألبان muntajaat al-albaan • dairy products

جبن jubn • cheese

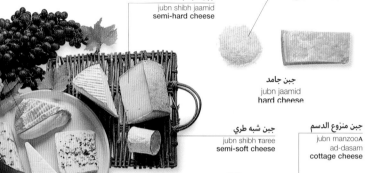

جبن مبشور
jubn mabshoor
grated cheese

قشرة
qishra
rind

جبن شبه جامد
jubn shibh jaamid
semi-hard cheese

جبن جامد
jubn jaamid
hard cheese

جبن شبه طري
jubn shibh Taree
semi-soft cheese

جبن منزوع الدسم
jubn manzooA
ad-dasam
cottage cheese

جبن قشدي
jubn qishdee
cream cheese

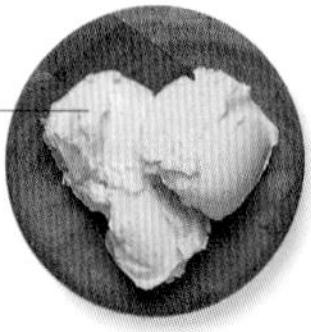

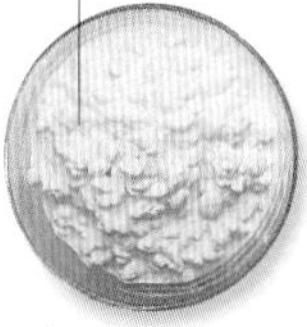

جبن أزرق
jubn azraq
blue cheese

جبن طري
jubn Taree
soft cheese

جبن طازج jubn Taazij | fresh cheese

الحليب al-Haleeb • milk

حليب كامل
Haleeb kaamil
whole milk

حليب منزوع نصف الدسم
Haleeb manzooA nisf ad-dasam
reduced-fat milk

حليب منزوع الدسم
Haleeb manzooA
ad-dasam
skim milk

علبة حليب
Aulbat Haleeb
milk carton

حليب الماعز
Haleeb maaAiz
goat's milk

حليب مكثف
Haleeb mukaththaf
condensed milk

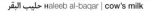

حليب البقر Haleeb al-baqar | cow's milk

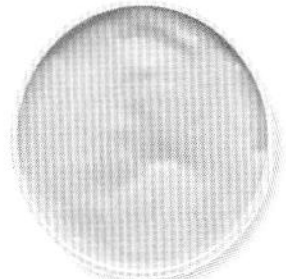

زبد
zubd
butter

مرجرين
marjareen
margarine

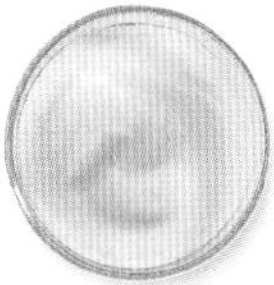

قشدة
qishda
cream

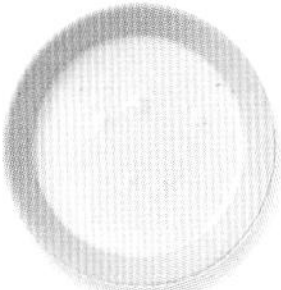

قشدة سائلة
qishda saa'ila
half-and-half

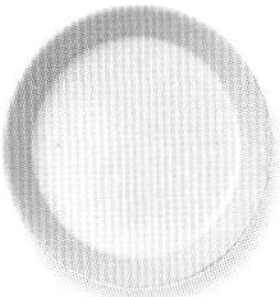

قشدة كثيفة
qishda katheefa
heavy cream

قشدة مخفوقة
qishda makhfooqa
whipped cream

قشدة حامضة
qishda HaamiDa
sour cream

لبن رائب
laban raa'ib
yogurt

آيس كريم
aays kreem
ice cream

البيض al-bayD • eggs

صفار
safaar
yolk

بياض
bayaaD
egg white

قشر
qishr
shell

كوب البيض
koob al-bayD
eggcup

بيضة مسلوقة bayDa maslooqa | **soft-boiled egg**

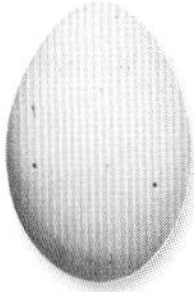

بيضة دجاجة
bayDat dajaaja
hen's egg

بيضة بطة
bayDat baTTa
duck egg

بيضة إوزة
bayDat iwizza
goose egg

بيضة سمان
bayDat summaan
quail egg

المفردات al-mufradaat • vocabulary

مبستر mubastar **pasteurized**	شراب حليب مخفوق sharaab Haleeb makhfooq **milk shake**	مملح mumallaH **salted**	حليب الغنم Haleeb al-ghanam **sheep's milk**	لاكتوز laktooz **lactose**	متجانس mutajaanas **homogenized**
غير مبستر ghayr mubastar **unpasteurized**	لبن رائب مجمد laban raa'ib mujammad **frozen yogurt**	غير مملح ghayr mumallaH **unsalted**	لبن خض laban khaDD **buttermilk**	خالية الدسم khaaliyat ad-dasam **fat-free**	مسحوق الحليب masHooq al-Haleeb **powdered milk**

الخبز والدقيق al-khubz wad-daqeeq • breads and flours

خبز مخرط
khubz mukharraT
sliced bread

بذور الخشخاش
budhoor al-khashkhaash
poppy seeds

خبز الشيلم
khubz ash-shaylam
rye bread

خبز فرنسي
khubz faransee
baguette

مخبز makhbaz | **bakery**

صناعة الخبز sinaaAat al-khubz • making bread

دقيق أبيض
daqeeq abyaD
white flour

دقيق بني
daqeeq bunnee
brown flour

دقيق من حبوب كاملة
daqeeq min Huboob kaamila
whole-wheat flour

خميرة
khameera
yeast

يغربل yugharbil | **sift (v)**

يخلط yukhalliT | **mix (v)**

عجين
Aajeen
dough

يعجن yuAajjin | **knead (v)**

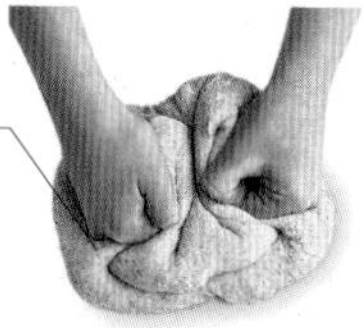

يخبز yakhbiz | **bake (v)**

قشرة
qishra
crust

رغيف
ragheef
loaf

شريحة
shareeHa
slice

خبز أبيض
khubz abyaD
white bread

خبز بني
khubz bunnee
brown bread

خبز من حبوب كاملة
khubz min Huboob kaamila
whole-wheat bread

خبز بحبوب
khubz bi-Huboob
multigrain bread

خبز الذرة
khubz adh-dhurra
corn bread

خبز الصودا
khubz as-soda
soda bread

خبز من عجينة محمضة
khubz min Aajeena
muHammaDa
sourdough bread

خبز مفلطح
khubz mufalTaH
flat bread

خبز عبري
khubz Aibree
bagel

رول كبير
roll kabeer | **bun**

رول
roll | **roll**

خبز فواكه
khubz fawaakih
fruit bread

خبز مضاف له بذور
khubz muDaaf lahu budhoor
seeded bread

خبز نان
khubz naan
naan bread

خبز بيتا
khubz bita
pita bread

بقسماط
buqsumaaT
crispbread

المفردات al-mufradaat • vocabulary

دقيق قوي daqeeq qawee **bread flour**	ينفخ yanfakh **rise (v)**	يريح yureeH **prove (v)**	فتات الخبز fataat al-khubz **breadcrumbs**	مخرطة خبز mikhraTat khubz **slicer**
دقيق ذاتي النفخ daqeeq dhaatee an-nafkh **self-rising flour**	دقيق عادي daqeeq Aaadee **all-purpose flour**	يكسو yaksoo **glaze (v)**	رغيف على شكل مزمار ragheef Aala shakl mizmaar **flute**	خباز khabbaaz **baker**

الكعك والحلويات al-kaak wal-Halaweeyaat • cakes and desserts

إكلير
iklayr
éclair
كريم
kreem
cream
حشو
Hashw
filling
عجين شو
Aajeen shoo
choux pastry
عجين بوف
Aajeen buff
puff pastry
عجين فيلو
Aajeen feelo
phyllo dough

كعك بالفواكه
kaAk bil-fawaakih
fruitcake
تارت بالفواكه
tart bil-fawaakih
fruit tart
مرينج
mareeng
meringue
مكسو بالشوكولاتة
maksoo bish-shokolaata
chocolate-covered
موفينة
mofeena
muffin
كعك إسفنجي
kaAk isfinjee
sponge cake

كعك kaAk | cakes

المفردات al-mufradaat • vocabulary

كريم باتيسيري kreem batisayree **crème pâtissière**	قرص qurs **bun**	معجنات muAajjanaat **pastry**	أرز بالحليب aruzz bil-Haleeb **rice pudding**	ممكن شريحة من فضلك؟ mumkin shareeHa min faDlak? **May I have a slice, please?**
كعك شوكولاتة kaAk shokolaata **chocolate cake**	كسترد kustard **custard**	شريحة shareeHa **slice**	احتفال iHtifaal **celebration**	

زر شوكولاتة
zirr shokolaata
chocolate chip

بسكوت فلورينتين
baskoot filoorinteen
Florentine

بسكوت baskoot | **cookies**

أصابع إسفنجية
asaabiA isfinjeeya
ladyfinger

ترفيل
tarifeel
trifle

موسية
mooseeya
mousse

سوربية
sorbayh
sherbet

فطيرة القشدة
faTeerat al-qishda
cream pie

كريم كراملة
krem karamela
crème caramel

كعك الاحتفالات kaAk al-iHtifaalaat • celebration cakes

طبقة علوية
Tabaqa Aulweeya
top tier

شريط
shareeT
ribbon

طبقة سفلية
Tabaqa sufleeya
bottom tier

كسوة
kiswa
frosting

مرزبان
marzibaan
marzipan

كعكة الزفاف kaAkat al-zifaaf | **wedding cake**

زخارف
zakhaarif
decoration

شموع عيد ميلاد
shumooA Aeed meelaad
birthday candles

يطفئ بالنفخ
yuTfi' bin-nafkh
blow out (v)

كعكة عيد ميلاد kaAkat Aeed meelaad | **birthday cake**

محل الأطعمة الخاصة maHall al-aTAima al-khaaSSa • delicatessen

سجق متبل
sujuq mutabbal
spicy sausage

زيت
zayt
oil

خل
khall
vinegar

سلامي
salaamee
salami

ببروني
beberoonee
pepperoni

قرص محشو
qurS maHshoo
quiche

لحم غير مطبوخ
laHm ghayr maTbookh
uncooked meat

طاولة
Taawila
counter

باتيه
baateh
pâté

موتزاريللا
motzarella
mozzarella

بري
bree
Brie

جبن الماعز
jubn al-maaAiz
goat cheese

شيدر
sheedar
cheddar

جبن رومي
jubn roomee
Parmesan

كاميمبير
kamembayr
Camembert

قشرة
qishra
rind

إيدام
eedam
Edam

مانشيجو
manshego
Manchego

فطائر
faTaa'ir
potpie

لحم مطبوخ
laHm maTbookh
cooked meat

فخد خنزير
fakhidh khinzeer
ham

زيتون أسود
zaytoon aswad
black olive

فلفل حريف
filfil Hareef
chili pepper

صلصة
salsa
sauce

رول
roll
bread roll

زيتون أخضر
zaytoon akhDar
green olive

طاولة السندوتشات Taawilat as-sandawitshaat | **sandwich counter**

سمك مدخن
samak mudakhkhan
smoked fish

ثمر الكبوسين
thamr al-kabbooseen
capers

كاريزو
kareezo
chorizo

لحم خنزير مجفف
laHm khinzeer mujaffaf
prosciutto

زيتون محشو
zaytoon maHshoo
stuffed olive

المفردات al-mufradaat • vocabulary

في الزيت fiz-zayt **in oil**	متبل mutabbal **marinated**	مدخن mudakhkhan **smoked**
في محلول ملحي fee maHlool milHee **in brine**	مملح mumallaH **salted**	مجفف mujaffaf **cured**

خذ رقم من فضلك
khudh raqam min faDlak
Take a number, please.

ممكن أجرب هذا؟
mumkin ujarrib haadha?
May I try some of that?

ممكن ست شرائح من هذا؟
mumkin sitt sharaa'iH min haadha?
May I have six slices of that?

المشروبات mashroobaat • drinks

الماء al-maa' • water

ماء معبأ
maa' muAabba'
bottled water

فائر مكربن
faa'ir mukarban
sparkling

ساكن
saakin
still

مياه معدنية
miyaah maAdineeya
mineral water

ماء من صنبور
maa' min sunboor
tap water

ماء التونك
maa' al-tonik
tonic water

ماء الصودا
maa' as-soda
soda water

المشروبات الساخنة al-mashroobaat as-saakhina • hot drinks

كيس شاي
kees shaay
teabag

أوراق شاي
awraaq shaay
loose-leaf tea

شاي
shaay
tea

بن
bunn
beans

بن مطحون
bunn maTHoon
ground coffee

قهوة
qahwa
coffee

شوكولاتة ساخنة
shokolaata saakhina
hot chocolate

مشروب مولت
mashroob molt
malted drink

مشروب خفيف mashroob khafeef • soft drinks

عصير الطماطم
Aaseer aT-TamaaTim
tomato juice

مصاصة
massaasa
straw

عصير العنب
Aaseer al-Ainab
grape juice

شراب الليمون
sharaab al-laymoon
lemonade

شراب البرتقال
sharaab al-burTuqaal
orangeade

كولا
kola
cola

المشروبات الكحولية al-mashroobaat al-kuHooleeya • alcoholic drinks

علبة
Aulba
can

بيرة
beera
beer

سيدر
sidar
hard cider

بيرة بيتير
beera beetir
bitter

بيرة سوداء
beera sawdaa'
stout

جن
jin | **gin**

فودكا
vodka | **vodka**

وسكي
wiskee | **whiskey**

عرق السكر
Aaraq as-sukkar
rum

براندي
barandee
brandy

جاف
jaaff
dry

بورت
bort
port

شري
sheree
sherry

كمباري
kambaree
Campari

(نبيذ) وردي
(nabeedh)
wardee
rosé

(نبيذ) أبيض
(nabeedh) abyaD
white

(نبيذ) أحمر
(nabeedh)
aHmar
red

مسكر
musakkar
liqueur

تيكيلا
tekeela
tequila

شمبانيا
shambanya
champagne

نبيذ nabeedh | **wine**

الأكل خارج المنزل al-akl khaarij al-manzil
eating out

المقهى al-maqha • café

ظُلة
zulla
awning

قائمة
qaa'ima
menu

مِظلة
mizalla
umbrella

مقهى على شرفة
maqhan Aala shurfa
patio café

نادل
naadil
server

جهاز إعداد القهوة
jihaaz iAdaad
al-qahwa
coffee machine

مائدة
maa'ida
table

مقهى على الرصيف maqhan Aalar-raseef | **sidewalk café**

مطعم وجبات خفيفة maTAam wajabaat khafeefa | **snack bar**

القهوة al-qahwa • coffee

قهوة بالحليب
qahwa bil-Haleeb
coffee with milk

قهوة سادة
qahwa saada
black coffee

بودرة الكاكاو
boodrat
al-kakaw
cocoa powder

رغوة
raghwa
froth

قهوة أمريكية
qahwa amreekeeya
filter coffee

إسبرسو
isbreso
espresso

كابتشينو
kabatsheeno
cappuccino

قهوة مثلجة
qahwa muthallaja
iced coffee

الشاي ash-shaay • **tea**

شاي عشبي
shaay Aushbee
herbal tea

شاي بالحليب
shaay bil-Haleeb
tea with milk

شاي سادة
shaay saada
black tea

شاي بالبابونج
shaay bil-baboonj | **chamomile tea**

شاي أخضر
shaay akhDar | **green tea**

شاي بالليمون
shaay bil-laymoon
tea with lemon

شاي بالنعناع
shaay bin-niAnaaA
mint tea

شاي مثلج
shaay muthallaj
iced tea

العصائر والحليب المخفوق al-Aasaa'ir wal-Haleeb al-makhfooq • **juices and milkshakes**

عصير البرتقال
Aaseer
al-burtuqaal
orange juice

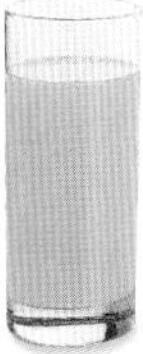

عصير التفاح
Aaseer
at-tuffaaH
apple juice

عصير الأناناس
Aaseer
al-anaanaas
pineapple juice

عصير الطماطم
Aaseer
aT-TamaaTim
tomato juice

شوكولاتة بالحليب المخفوق
shokolaata bil-Haleeb
al-makhfooq
chocolate milkshake

فراولة بالحليب
المخفوق
faraawla bil-Haleeb
al-makhfooq
strawberry milkshake

قهوة بالحليب المخفوق
qahwa bil-Haleeb
al-makhfooq
coffee milkshake

المأكولات al-ma'koolaat • **food**

خبز بني
khubz bunnee
whole-wheat bread

سندوتش محمص
sandawitsh muHammas
toasted sandwich

سلاطة
salaaTa
salad

كرة
kura
scoop

آيس كريم
aayis kreem
ice cream

المخبوزات
al-makhboozaat
pastry

البار al-baar • bar

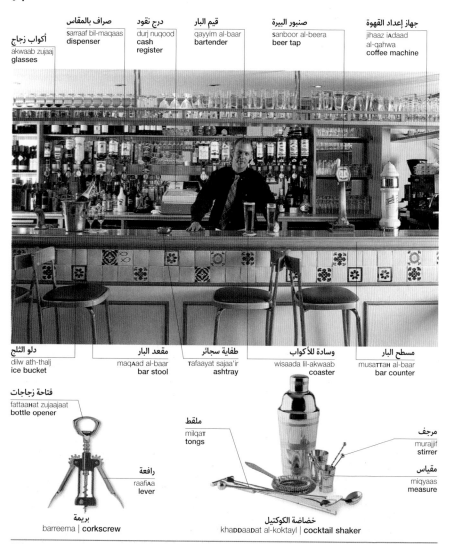

أكواب زجاج
akwaab zujaaj
glasses

صراف بالمقاس
Sarraaf bil-maqaas
dispenser

درج نقود
durj nuqood
cash register

قيم البار
qayyim al-baar
bartender

صنبور البيرة
Sanboor al-beera
beer tap

جهاز إعداد القهوة
jihaaz iAdaad al-qahwa
coffee machine

دلو الثلج
dilw ath-thalj
ice bucket

مقعد البار
maqAad al-baar
bar stool

طفاية سجائر
Tafaayat sajaa'ir
ashtray

وسادة للأكواب
wisaada lil-akwaab
coaster

مسطح البار
musaTTaH al-baar
bar counter

فتاحة زجاجات
fattaaHat zujaajaat
bottle opener

رافعة
raafiAa
lever

بريمة
barreema | **corkscrew**

ملقط
milqaT
tongs

مرجف
murajjif
stirrer

مقياس
miqyaas
measure

خضاضة الكوكتيل
khaDDaaDat al-koktayl | **cocktail shaker**

جن وتونك
jin wa-tonik
gin and tonic

دورق
dawraq
pitcher

ويسكي سكوتش وماء
weeskee skotsh wa-maa'
scotch and water

مكعب ثلج
mukaAAab thalj
ice cube

رم وكولا
rum wa-kola
rum and cola

فودكا وبرتقال
vodka wa-butuqaal
screwdriver

مرتيني
marteenee
martini

كوكتيل
koktayl
cocktail

نبيذ
nabeedh
wine

بيرة
beera
beer

قدر بسيط
qadr baseeT
shot

قدر واحد
qadr
waaHid
single
قدران
qadraan
double

مقياس
miqyaas
measure

بدون ثلج
bidoon thalj
without ice

ثلج وليمون
talj wa-laymoon
ice and lemon

بالثلج
bith-thalj
with ice

مزات بار mazzaat baar as-sareeA • **bar snacks**

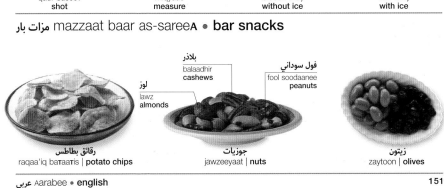

رقائق بطاطس
raqaa'iq baTaaTis | **potato chips**

بلاذر
balaadhir
cashews
لوز
lawz
almonds
فول سوداني
fool soodaanee
peanuts

جوزيات
jawzeeyaat | **nuts**

زيتون
zaytoon | **olives**

المطعم al-maTAam • restaurant

إعداد المائدة
iAdaad
al-maa'ida
table setting

طباخ مساعد
Tabbaakh
musaaAid
sous chef

طباخ رئيسي
Tabbaakh ra'eesee
chef

مطبخ maTbakh | **kitchen**

كأس
ka's
glass

صينية
seneeya
tray

نادل naadil | **server**

المفردات al-mufradaat • vocabulary

قائمة المساء qaa'imat al-masaa' **dinner menu**	أطباق خاصة aTbaaq khaassa **specials**	سعر siAr **price**	بقشيش baqsheesh **tip**	لا تتضمن الخدمة laa tataDamman al-khidma **service charge not included**	ملح milH **salt**
قائمة نبيذ qaa'imat nabeedh **wine list**	أطباق من القائمة aTbaaq min al-qaa'ima **à la carte**	حساب Hisaab **check**	تتضمن الخدمة tataDamman al-khidma **service charge included**		زبون zaboon **customer**
قائمة غداء qaa'imat ghadaa' **lunch menu**	عربة الحلويات Aarabat al-Halawiyaat **dessert cart**	إيصال eesaal **receipt**		بوفيه boofeh **buffet** بار baar **bar**	فلفل filfil **pepper**

قائمة
qaa'ima
menu

وجبة طفل
wajbat Tifl
child's meal

يطلب yaTlub | **order (v)**

يدفع yadfaA | **pay (v)**

أطباق الطعام aTbaaq aT-TaAaam • courses

بادئة
baadi'a
apéritif

مُقبّل
muqabbil
appetizer

حساء
Hisaa'
soup

طبق رئيسي
Tabaq ra'eesee
entrée

طبق جانبي
Tabaq jaanibee
side order

حلو Hulw | **dessert**

قهوة qahwa | **coffee**

مائدة لاثنين من فضلك.
maa'ida li-ithnayn, min faDlak
A table for two, please.

هل يمكنني الإطلاع على قائمة الطعام/ قائمة النبيذ؟
hal yumkinunee al-iTTilaaA Aala qaa'imat aT-TaAaam/ qaa'imat an-nabeedh?
May I see the menu/wine list?

هل هناك قائمة طعام بسعر ثابت؟
hal hunaaka qaa'imat TaAaam bi-siAr thaabit?
Is there a fixed-price menu?

هل لديكم أي أطباق للنباتيين؟
hal ladaykum ayy aTbaaq lin-nabaateeyeen?
Do you have any vegetarian dishes?

ممكن الحساب/ إيصال؟
mumkin al-Hisaab/eesaal?
May I have the bill/a receipt?

هل يمكننا الدفع كل على حدة؟
hal yumkinuna ad-dafA kull Aala Hida?
Can we pay separately?

أين دورات المياه، من فضلك؟
ayna dawraat al-miyaah, min faDlak?
Where is the restroom, please?

المأكولات السريعة al-ma'koolaat as-sareeAa • fast food

مصاصة
massaasa
straw

برغر
burghur
burger

مشروب خفيف
mashroob khafeef
soft drink

بطاطس محمرة
baTaaTis muHammara
French fries

منديل ورق
mandeel waraq
paper napkin

صينية
seeneyya
tray

وجبة برغر wajbat burghur | **burger meal**

بيتزا
beetza
pizza

قائمة أسعار
qaa'imat asAaar
price list

مشروب معلب
mashroob muAallab
canned drink

توصيل للمنزل
tawseel lil-manzil | **home delivery**

عربة أطعمة بالشارع
Aarabat aTAima bish-shaariA | **street vendor**

المفردات al-mufradaat • vocabulary

مطعم بيتزا
maTAam beetza
pizzeria

مطعم البرغر
maTAam al-burghur
burger bar

قائمة
qaa'ima
menu

الأكل داخل المطعم
al-akl daakhil al-maTAam
eat-in

الاصطحاب للمنزل
al-isTiHaab lil-manzil
to go

يُعيد التسخين
yuAeed at-taskheen
reheat (v)

صلصة طماطم
salsat Tamaatim
ketchup

هل يمكنني أخذ هذا للمنزل؟
hal yumkinunee akhdh haadha lil-manzil?
Can I have that to go?

هل توصلون للمنازل؟
hal tuwassiloon lil-manaazil?
Do you deliver?

برغر
burghur
hamburger

قرص
qurs
bun

برغر دواجن
burghur dawaajin
chicken burger

برغر نباتي
burghur nabaatee
veggie burger

خردل
khardal
mustard
سجق
sujuq
sausage

سندوتش سجق
sandawitsh sujuq | **hot dog**

سندوتش
sandawitsh
sandwich

سندوتش متعدد الطبقات
sandawitsh mutaAaddid aT-Tabaqaat
club sandwich

سندوتش مكشوف
sandawitsh makshoof
open-faced sandwich

حشو
hashw
filling

لفافة محشوة
laffaafa maHshoowa
wrap

كباب
kabaab
kebab

صلصة
salsa
sauce

قطع دجاج مقلية
qiTaA dajaaj maqleyya
chicken nuggets

فاتح للشهية
faatiH lish-shaheyya
savory
حلو
sweet

فطيرة faTeera | **crêpes**

سمك وبطاطس محمرة
samak wa-baTaaTis muHammara
fish and chips

ضلوع
dulooA
ribs

دجاج مقلي
dajjaaj maqlee
fried chicken

طبقة علوية
Tabaqa Aulweeeya
topping

بيتزا
beetza
pizza

الفطور al-fuTOOr • breakfast

حليب
Haleeb
milk

حبوب
Huboob
cereal

مربى
murabba
jam

فواكه جافة
fawaakih jaaffa
dried fruit

فخد خنزير
fakhidh khinzeer
ham

جبن
jubn
cheese

بقسماط
buqsumaaT
crispbread

بوفيه فطور
boofeh fuTOOr
breakfast buffet

مربى النرنج
murabba an-narang
marmalade

باتيه
bateh
pâté

زبد
zubd
butter

عصير فواكه
Aaseer fawaakih
fruit juice

قهوة
qahwa
coffee

كرواسون
karawsaan
croissant

مائدة فطور maa'idat fuTOOr | **breakfast table**

شوكولاتة ساخنة
shokolaata saakhina
hot chocolate

شاي
shaay
tea

مشروبات mashroobaat | **drinks**

بريوش
breeyosh
brioche

خبز
khubz
bread

طماطم
Tamaatim
tomato

سجق الدم
sujuq ad-dam
black pudding

خبز محمص
khubz muHammas
toast

سجق
sujuq
sausage

بيضة مقلية
bayDa maqleeya
fried egg

خنزير مملح
khinzeer mumallaH
bacon

فطور إنجليزي
futoor injileezee
English breakfast

رنكة مدخنة
ranka mudakhkhana
kippers

خبز محمص ومقلي
khubz muHammas
wa-maqlee
French toast

صفار
safaar
yolk

بيضة مسلوقة
bayDa maslooqa
soft-boiled egg

بيض مضروب
bayD maDroob
scrambled eggs

لبن رائب بالفواكه
laban raa'ib bil-fawaakih
fruit yogurt

قشدة
qishda
whipped cream

فطائر
faTaa'ir
crepes

وفل
waffal
waffles

شوفان مطبوخ
shoofaan maTbookh
oatmeal

فواكه طازجة
fawaakih Taazija
fresh fruit

العشاء al-Aashaa' • dinner

حساء Hisaa' | **soup**

حساء خفيف
Hisaa' khafeef | **broth**

يخني yakhnee | **stew**

كاري kaaree | **curry**

مطبوخ في الفرن
maTbookh fil-furn
roast

فطيرة
faTeera
potpie

سوفليه
soofleh
soufflé

كباب
kabaab
kebab

كفتة بالصلصة
kofta bis-salsa | **meatballs**

عجة
Aijja | **omelet**

نودلز
noodalz
noodles

مقلي سريعًا
maqlee sareeAan | **stir-fry**

باستا basta | **pasta**

أرز
aruzz | **rice**

سلاطة مخلوطة
salaTa makhlooTa
tossed salad

سلاطة خضراء
salaTa khaDraa'
green salad

تتبيلة
tatbeela | **dressing**

الأساليب al-asaaleeb • techniques

محشو maHshoo | **stuffed**

بالصوص bil-saws | **in sauce**

مشوي mashwee | **grilled**

متبل mutabbal | **marinated**

مطبوخ بالماء
maTbookh bil-maa'
poached

مهروس mahroos | **mashed**

في الفرن fil-furn | **baked**

مقلي في مقلاة
maqlee fee miqlaah
pan fried

مقلي maqlee | **fried**

مخلل mukhallal | **pickled**

مدخن mudukhkhan
smoked

مقلي في إناء عميق maqlee
fee inaa' Aameeq
deep-fried

في شراب fee sharaab
in syrup

معامل بالتوابل والخل
muAaamal bit-tawaabil
wal-khall | **dressed**

معامل بالبخار
muAaamal bil-bukhaar
steamed

مجفف ومملح
mujaffaf wa-mumallaH
cured

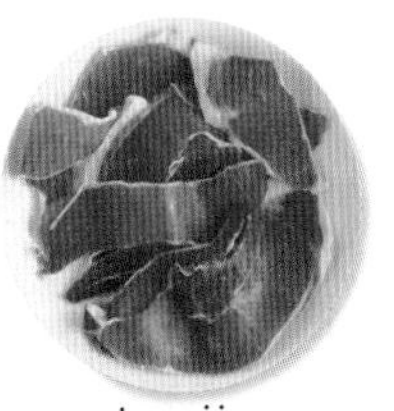

الدراسة ad-diraasa
study

المدرسة al-madrasa • **school**

سبورة بيضاء
sabboora baydaa'
whiteboard

مدرس
mudarris
teacher

تلميذ
tilmeedh
student

تخت
takht
desk

فصل fasl | **classroom**

حقيبة مدرسية
Haqeeba madraseeya
schoolbag

تلميذة
tilmeedha
schoolgirl

تلميذ
tilmeedh
schoolboy

المفردات al-mufradaat • **vocabulary**

تاريخ taareekh **history**	علوم Auloom **science**	طبيعة TabeeAa **physics**
لغات lughaat **languages**	فن fann **art**	كيمياء keemyaa' **chemistry**
آداب aadaab **literature**	موسيقى mooseeqa **music**	علم الأحياء Ailm al-aHyaa' **biology**
جغرافيا jughraafiya **geography**	رياضيات riyaaDiyaat **math**	تربية بدنية tarbeeya badaneeya **physical education**

الأنشطة al-anshiTa • **activities**

يقرأ yaqra' | **read (v)**

يكتب yaktub | **write (v)**

يتهجى yatahajja | **spell (v)**

يرسم yarsim | **draw (v)**

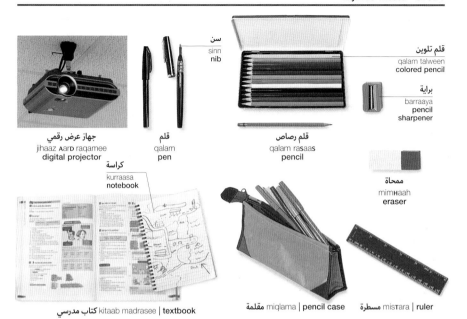

جهاز عرض رقمي
jihaaz AarD raqamee
digital projector

سن
sinn
nib

قلم
qalam
pen

قلم تلوين
qalam talween
colored pencil

قلم رصاص
qalam rasaas
pencil

براية
barraaya
pencil sharpener

ممحاة
mimHaah
eraser

كراسة
kurraasa
notebook

كتاب مدرسي kitaab madrasee | **textbook**

مقلمة miqlama | **pencil case**

مسطرة misTara | **ruler**

يسأل yas'al | **question (v)**

يجيب yujeeb | **answer (v)**

يناقش yunaaqish | **discuss (v)**

يتعلم yataAallam | **learn (v)**

المفردات al-mufradaat • vocabulary

ناظر naazir **principal**	إجابة ijaaba **answer**	صف saff **grade**
درس dars **lesson**	واجب منزلي waajib manzilee **homework**	عام Aaam **year**
سؤال su'aal **question**	امتحان imtiHaan **test**	قاموس qaamoos **dictionary**
يدون ملاحظات yudawwin mulaaHazaat **take notes (v)**	مقالة maqaala **essay**	موسوعة mawsooAa **encyclopedia**

الرياضيات ar-riyaaDiyaat • math

أشكال askhkaal • shapes

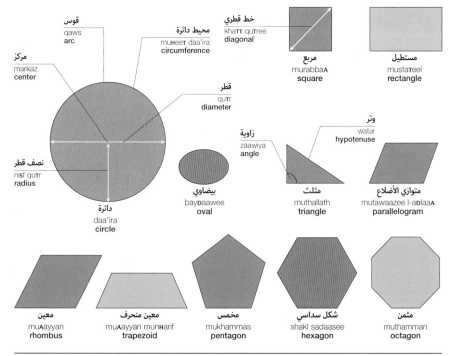

قوس
qaws
arc

محيط دائرة
muHeeT daa'ira
circumference

خط قطري
khaTT quTree
diagonal

مربع
murabbaA
square

مستطيل
mustaTeel
rectangle

مركز
markaz
center

قطر
quTr
diameter

وتر
watar
hypotenuse

زاوية
zaawiya
angle

نصف قطر
nisf quTr
radius

بيضاوي
bayDaawee
oval

مثلث
muthallath
triangle

متوازي الأضلاع
mutawaazee l-aDlaaA
parallelogram

دائرة
daa'ira
circle

معين
muAayyan
rhombus

معين منحرف
muAayyan munHarif
trapezoid

مخمس
mukhammas
pentagon

شكل سداسي
shakl sadaasee
hexagon

مثمن
muthamman
octagon

الأشكال المصمتة al-ashkaal al-musammata • solids

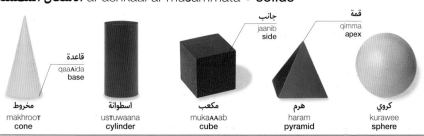

قاعدة
qaaAida
base

جانب
jaanib
side

قمة
qimma
apex

مخروط
makhrooT
cone

اسطوانة
usTuwaana
cylinder

مكعب
mukaAAab
cube

هرم
haram
pyramid

كروي
kurawee
sphere

الخطوط al-khuTooT • lines

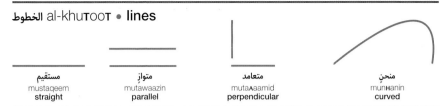

مستقيم
mustaqeem
straight

متوازٍ
mutawaazin
parallel

متعامد
mutaAaamid
perpendicular

منحنٍ
munHanin
curved

القياسات al-qiyaasat • measurements

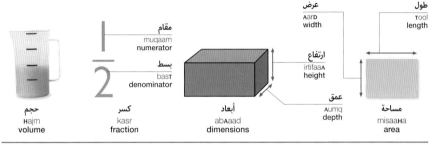

مقام
muqaam
numerator

بسط
basT
denominator

عرض
AarD
width

طول
Tool
length

ارتفاع
irtifaaA
height

عمق
Aumq
depth

حجم
Hajm
volume

كسر
kasr
fraction

أبعاد
abAaad
dimensions

مساحة
misaaHa
area

المعدات al-muAaddaat • equipment

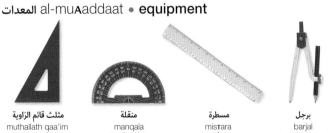

مثلث قائم الزاوية
muthallath qaa'im
az-zaawiya
triangle

منقلة
manqala
protractor

مسطرة
misTara
ruler

برجل
barjal
compass

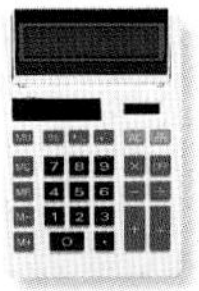

آلة حاسبة
aala Haasiba
calculator

المفردات al-mufradaat • vocabulary

هندسة handasa **geometry**	زائد zaa'id **plus**	مضروب في maDroob fee **times**	يساوي yusaawee **equals**	يضيف yuDeef **add (v)**	يضرب yaDrib **multiply (v)**	معادلة muAaadala **equation**
رياضيات riyaaDiyaat **arithmetic**	ناقص naaqis **minus**	مقسوم على maqsoom Aala **divided by**	يعد yaAidd **count (v)**	يطرح yaTraH **subtract (v)**	يقسم yaqsim **divide (v)**	نسبة مئوية nisba mi'aweeya **percentage**

العلوم al-Auloom • science

معمل
maAmal
laboratory

ميزان
meezaan
scale

وزن
wazn
weight

ميزان بزنبرك
meezaan bi-zunburuk
spring balance

بوتقة
bootaqa
crucible

مصباح بنزن
misbaaн bunzun
bunsen burner

حامل
нaamil
tripod

قارورة زجاج
qaaroora zujaaj
glass bottle

قمع
qumA
funnel

قارورة
qaaroora
flask

ماسك
maasik
clamp

سدادة
sidaada
stopper

تجربة tajriba | **experiment**

أنبوبة اختبار
anboobat ikhtibaar
test tube

حامل
нaamil
rack

ساعة توقيت
saaAat tawqeet
timer

طبق بتري
тabaq betree
petri dish

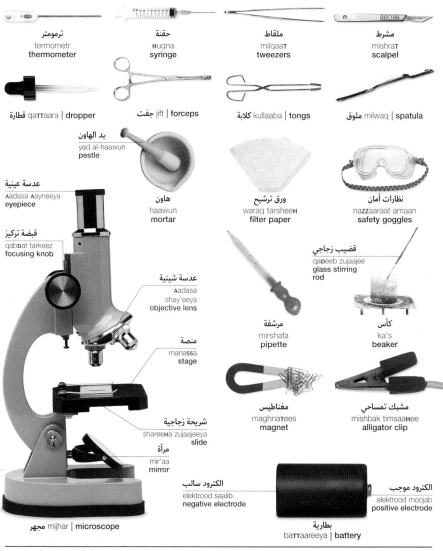

ترمومتر
termometr
thermometer

حقنة
Huqna
syringe

ملقاط
milqaaT
tweezers

مشرط
mishraT
scalpel

قطارة qaTTaara | **dropper**

جفت jift | **forceps**

كلابة kullaaba | **tongs**

ملوق milwaq | **spatula**

يد الهاون
yad al-haawun
pestle

هاون
haawun
mortar

ورق ترشيح
waraq tarsheeH
filter paper

نظارات أمان
naZZaaraat amaan
safety goggles

عدسة عينية
Aadasa Aayneeya
eyepiece

قبضة تركيز
qabDat tarkeez
focusing knob

عدسة شيئية
Aadasa shay'eeya
objective lens

منصة
manaSSa
stage

شريحة زجاجية
shareeHa zujaajeeya
slide

مرآة
mir'aa
mirror

مجهر mijhar | **microscope**

مرشفة
mirshafa
pipette

قضيب زجاجي
qaDeeb zujaajee
glass stirring rod

كأس
ka's
beaker

مغناطيس
maghnaTees
magnet

مشبك تمساحي
mishbak timsaaHee
alligator clip

الكترود سالب
elektrood saalib
negative electrode

الكترود موجب
elektrood moojab
positive electrode

بطارية
baTTaareeya | **battery**

الجامعة al-jaamiAa • college

مكتب القبول
maktab
al-qubool
**admissions
office**

قاعة طعام
qaaAat taAaam
cafeteria

مركز صحي
markaz siHHee
health center

ساحة رياضة
saaHat
riyaaDa
playing field

مبنى نوم الطلاب
mabna nawm
aT-Tullaab
residence hall

باحة baaHa | **campus**

المفردات al-mufradaat • vocabulary

بطاقة مكتبة biTaaqat maktaba **library card**	استعلامات istiAlaamaat **help desk**	استعارة istiAaara **loan**
غرفة القراءة ghurfat al-qiraa'a **reading room**	يستعير yastaAeer **borrow (v)**	كتاب kitaab **book**
قائمة القراءة qaa'imat al-qiraa'a **reading list**	يحجز yaHjiz **reserve (v)**	عنوان Aunwaan **title**
تاريخ الإرجاع taareekh al-irjaaA **due date**	يجدد yujaddid **renew (v)**	ممر mamarr **aisle**

أمين مكتبة
ameen maktaba
librarian

مكتب استعارة الكتب
maktab istiAaarat
al-kutub
**circulation
desk**

رف للكتب
raff lil-kutub
bookshelf

مطبوعة دورية
maTbooAa
dawreeya
periodical

مجلة
majalla
journal

مكتبة maktaba | **library**

طالب لم يتخرج بعد
Taalib lam yatakharraj baAd
undergraduate

محاضر
muHaaDir
professor

خريج
khareej
graduate

رداء
ridaa'
gown

قاعة محاضرات
qaaAat muHaaDaraat | **lecture hall**

احتفالية تخرج
iHtifaaleeyat takharruj | **graduation ceremony**

الكليات al-kulliyaat • schools

موديل
modeel
model

كلية الفنون
kulliyat al-funoon | **art school**

قسم الموسيقى
qism al-mooseeqa | **music school**

معهد الرقص
maAhad ar-raqs | **dance school**

المفردات al-mufradaat • vocabulary

منحة دراسية minHa diraaseeya **scholarship**	أبحاث abHaath **research**	بحث baHth **dissertation**	طب Tibb **medicine**	فلسفة falsafa **philosophy**
دبلوم dibloom **diploma**	ماجستير majisteer **master's**	قسم qism **department**	علم الحيوان Ailm al-Hayawaan **zoology**	آداب aadaab **literature**
درجة جامعية daraja jaamiAeeya **degree**	دكتوراة doktooraah **doctorate**	الحقوق al-Huqooq **law**	طبيعة TabeeAa **physics**	تاريخ الفنون taareekh al-funoon **art history**
دراسات عليا diraasaat Aulyaa **postgraduate**	أطروحة بحثية uTrooHa baHtheeya **thesis**	هندسة handasa **engineering**	سياسة siyaasa **political science**	اقتصاد iqtisaad **economics**

العمل al-Aamal
work

المكتب ١ al-maktab waaHid • office 1

شاشة
shaasha
monitor

منظم المكتب
munazzim al-maktab
desktop organizer

دفتر
daftar
notebook

كمبيوتر محمول
kombyootir mahmool
laptop

سلة الصادر
sallat as-saadir
out-tray

سلة الوارد
sallat al-waarid
in-tray

درج
durj
drawer

مكتب
maktab
desk

مقعد دوار
maqAad dawwaar
swivel chair

سلة نفايات
sallat nifaayaat
wastebasket

خزانة حفظ ملفات
kizaanat Hifz milaffaat
filing cabinet

معدات المكتب muAaddaat al-maktab • office equipment

صينية الورق
seneeyat al-waraq
paper tray

طابعة TaabiAa | **printer**

جهاز تمزيق الورق jihaaz tamzeeq al-waraq | **shredder**

المفردات al-mufradaat • vocabulary

يطبع
yaTbaA
print (v)

يُكبر
yukabbir
enlarge (v)

ينسخ
yansakh
copy (v)

يُصغر
yusaghghir
reduce (v)

أحتاج عمل بعض النسخ.
aHtaaj Aamal baAd an-nusakh
I need to make some copies.

مستلزمات المكاتب mustalzamaat al-maktab • office supplies

بطاقة مجاملة
biTaaqat mujaamala
compliments slip

أوراق خطابات معنونة
awraaq khiTaabaat muAanwana
letterhead

مظروف
maZroof
envelope

صندوق ملفات
sundooq milaffaat
box file

ملف بالرافعة
milaff bir-raafiAa
binder

لوح كتابة
lawH kitaaba
clipboard

نوتة ملاحظات
notat mulaaHaZaat
notepad

لسان
lisaan
tab

ملف يعلق
milaff yuAallaq
hanging file

فاصل
faasil
divider

ملف يفتح كالاكورديون
milaff yuftaH kal-akordiyon
expanding file

منسق شخصي
munassiq shakhsee
personal organizer

دبابيس ورق
dabaabees waraq
staples

دباسة
dabbaasa
stapler

شريط لاصق
shareeT laasiq
tape

موزع شريط
muwaaziA shareeT
tape dispenser

خرامة
kharraama
hole punch

وسادة حبر
wisaadat Hibr
ink pad

ختامة
khattaama
rubber stamp

بندة مطاط
banda maTaaT
rubber band

مشبك قوي
mishbak qawee
bulldog clip

مشبك ورق
mishbak waraq
paper clip

دبابيس رسم
dabaabees rasm
thumbtack

لوحة إعلانات
lawHat iAlaanaat | **bulletin board**

المكتب ٢ al-maktab ithnaan • office 2

سبورة ورق
sabboora waraq
flip chart

حامل
Haamil
easel

عرض
AarD
proposal

وقائع
waqaa'iA
minutes

تقرير
taqreer
report

مدير
mudeer
manager

موظف تنفيذي
muwazzaf tanfeedhee
executive

اجتماع ijtimaaA | meeting

المفردات al-mufradaat • vocabulary

غرفة اجتماعات ghurfat ijtimaaAaat **meeting room**	يحضر yaHDur **attend (v)**
جدول أعمال jadwal aAmaal **agenda**	يترأس yatara''as **chair (v)**

ما موعد عقد الاجتماع؟
maa mawAid Aaqd al-ijtimaaA?
What time is the meeting?

ما ساعات عمل مكتبك؟
maa saaAaat Aamal maktabak?
What are your office hours?

متحدث
mutaHaddith
speaker

عرض AarD | presentation

الأعمال al-Amaal • business

سيدة أعمال
sayyidat aAmaal
businesswoman

رجل أعمال
rajul aAmaal
businessman

غداء عمل ghadaa' Aamal | **business lunch**

مهمة عمل muhammat Aamal | **business trip**

موعد
mawAid
appointment

مفكرة mufakkira | **day planner**

المدير العام
al-mudeer al-Aaamm
CEO

عميل
Aameel
client

صفقة safqa | **business deal**

المفردات al-mufradaat • vocabulary

شركة sharika **company**	العاملون al-Aaamiloon **staff**	قسم الحسابات qism al-Hisaabaat **accounting department**	قسم الشؤون القانونية qism ash-shu'oon al-qaanooneeya **legal department**
مركز رئيسي markaz ra'eesee **head office**	مرتب murattab **salary**	قسم التسويق qism at-tasweeq **marketing department**	قسم خدمة العملاء qism khidmat al-Aumalaa' **customer service department**
فرع farA **regional office**	جدول رواتب jadwal rawaatib **payroll**	قسم المبيعات qism al-mabeeAaat **sales department**	قسم شؤون الأفراد qism shu'oon al-afraad **human resources department**

الكومبيوتر al-kompyootir • computer

طابعة
TaabiAa
printer

ماسحة
maasiHa
scanner

شاشة
shaasha
screen

مفتاح
miftaaH
key

لوحة مفاتيح
lawHat mafaateeH
keyboard

فأرة
fa'ra
mouse

مكونات صلبة
mukawwanaat salba
hardware

كمبيوتر محمول
kombyootir maHmool
laptop

سماعة
sammaaAa
speaker

عصا ذاكرة
Aasaa dhaakira
memory stick

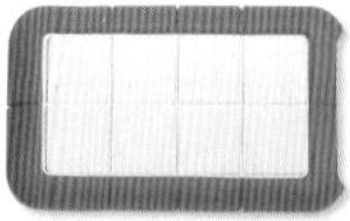

قرص صلب خارجي
qurs sulb khaarijee
external hard drive

المفردات al-mufradaat • vocabulary

ذاكرة dhaakira **memory**	مجموعة برامج majmooAat baraamij **software**	خادم khaadim **server**
بايتات baaytaat **bytes**	برنامج تطبيق barnaamaj taTbeeq **application**	منفذ manfadh **port**
نظام nizaam **system**	برنامج barnaamaj **program**	معالج muAaalij **processor**
ذاكرة التوصل العشوائي dhaakirat at-tawassul al-Aashwaanee **RAM**	شبكة shabaka **network**	كبل تيار كهربائي kabl tayyaar kahrabaa'ee **power cord**

لوح
lawH
tablet

هاتف ذكي
haatif dhakeyy
smartphone

سطح المكتب sat-H al-maktab • desktop

بنط/خط
bunT/khaTT
font

شريط القائمة
shareeT al-qaa'ima
menubar

شريط الأدوات
shareeT al-adawaat
toolbar

أيقونة
ayqoona
icon

شريط تمرير
shareeT tamreer
scrollbar

نافذة
naafidha
window

ورق حائط
waraq Haa'iT
wallpaper

ملف
milaff
file

ضبارة
Dubaara
folder

نفايات
nifaayaat
trash

الإنترنت al-internet • internet

مستعرض
mustaAriD
browser

موقع الوارد
mawqiA
al-waarid
inbox

موقع بالإنترنت
mawqiA bil-internet
website

يستعرض yastaArid | browse (v)

رسالة إليكترونية risaala iliktrooneeya • email

عنوان البريد الإلكتروني
Aunwaan al-bareed al-iliktroonee
email address

المفردات al-mufradaat • vocabulary

يتصل yattasil **connect (v)**	مقدم خدمة muqaddim khidma **service provider**	يُسجل الدخول yusajjil ad-dukhool **log on (v)**	يُحمل yuHammil **download (v)**	يُرسل yursil **send (v)**	يحفظ yaHfaz **save (v)**
يُركب yurakkib **install (v)**	حساب بريد إليكتروني Hisaab bareed ileektronee **email account**	متصل بالانترنت mutassal bil-internet **online**	ملحق mulHaq **attachment**	يستقبل yastaqbil **receive (v)**	يبحث yabHath **search (v)**

الوسائط الإعلامية al-wasaa'iT al-iAlaameeya • media

أستوديو تليفزيون istoodiyo tileefizyon • television studio

تصميم إستوديو
tasmeem istoodiyo
set
مقدم
muqaddim
host
إضاءة
iDaa'a
light
آلة تصوير
aalat tasweer
camera
حامل آلة التصوير
Haamil aalat tasweer
camera crane
فني آلة تصوير
fannee aalat tasweer
cameraman

المفردات al-mufradaat • vocabulary

قناة qanaat **channel**	أخبار akhbaar **news**	صحافة saHaafa **press**	مسلسل تليفزيوني musalsal tileefizyoni **soap opera**	رسوم متحركة rusoom mutaHarrika **cartoon**	حي Hayy **live**
برمجة barmaja **programming**	وثائقي wathaa'iqee **documentary**	سلسلة برامج silsilat baraamij **television series**	برنامج ألعاب barnaarmij alAaab **game show**	سبق تسجيله sabaqa tasjeeluhu **prerecorded**	يذيع yudheeA **broadcast (v)**

محاور muHaawir
interviewer

مراسل muraasil | **reporter**

جهاز تلقين آلي
jihaaz talqeen aalee
teleprompter

قارئ الأخبار
qaari' al-akhbaar
anchor

ممثلون
mumaththiloon
actors

حامل الميكروفون
Haamil al-mikrofoon
sound boom

لوح الكلابير
lawH al-clapper
clapper board

تصميم مناظر
tasmeem manaazir
movie set

الراديو ar-raadyo • **radio**

فني صوت
fannee sawT
sound technician

مكتب الخلط
maktab al-khalT
mixing desk

ميكروفون
mikrofoon
microphone

أستوديو التسجيل
istoodiyo at-tasjeel | **recording studio**

المفردات al-mufradaat • **vocabulary**

محطة إذاعة
mahaTTat idhaaAa
radio station

تردد
taraddud
frequency

بث
bathth
broadcast

حجم الصوت
Hajm as-sawT
volume

طول موجي
Tool mawjee
wavelength

يضبط
yaDbuT
tune (v)

موجة طويلة
mawja Taweela
long wave

مقدم برنامج موسيقي
muqaddim barnaamij mooseeqee
DJ

موجة قصيرة
mawja qaseera
short wave

تماثلي
tamaathulee
analog

موجة متوسطة
mawja mutawassiTa
medium wave

رقمي
raqmee
digital

القانون al-qaanoon • law

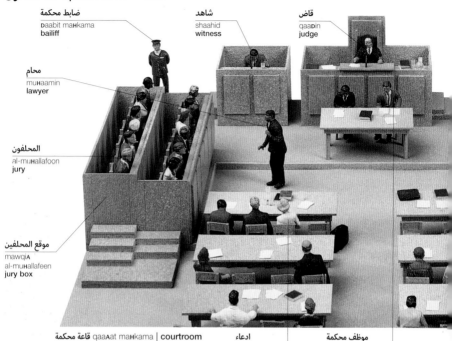

ضابط محكمة
Daabit maHkama
bailiff
شاهد
shaahid
witness
قاض
qaaDin
judge
محام
muHaamin
lawyer
المحلفون
al-muHallafoon
jury
موقع المحلفين
mawqiA
al-muHallafeen
jury box
قاعة محكمة qaaAat maHkama | courtroom
ادعاء
iddiAaa'
prosecution
موظف محكمة
muwazzaf maHkama
court clerk

المفردات al-mufradaat • vocabulary

مكتب محام maktab muHaamin **lawyer's office**	استدعاء istidAaa' **summons**	أمر محكمة amr maHkama **writ**	قضية محكمة qaDeeyat maHkama **court case**
مشورة قانونية mashoora qaanooneeya **legal advice**	بيان bayaan **statement**	تاريخ أمام محكمة taareekh amaam maHkama **court date**	تهمة tuhma **charge**
موكل muwakkil **client**	إذن idhn **warrant**	دفع dafA **plea**	متهم mutahham **accused**

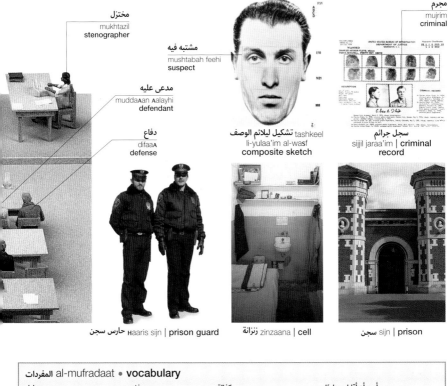

مختزل
mukhtazil
stenographer

مشتبه فيه
mushtabah feehi
suspect

مدعى عليه
muddaAan Aalayhi
defendant

دفاع
difaaA
defense

مجرم
mujrim
criminal

تشكيل ليلائم الوصف tashkeel
li-yulaa'im al-wasf
composite sketch

سجل جرائم
sijjil jaraa'im | criminal
record

حارس سجن Haaris sijn | prison guard

زنزانة zinzaana | cell

سجن sijn | prison

المفردات al-mufradaat • vocabulary

دليل daleel evidence	مذنب mudhnib guilty	كفالة kafaala bail	أريد أن أقابل محاميًا ureed an uqaabil muHaamiyan I want to see a lawyer.
قرار محلفين qaraar muHallafeen verdict	بُرِئ burri' acquitted	استئناف isti'naaf appeal	أين المحكمة؟ ayna l-maHkama? Where is the courthouse?
بَرِئ baree' innocent	حكم Hukm sentence	إفراج مشروط ifraaj mashrooT parole	هل يمكنني تقديم ضمان مالي؟ hal yumkinunee taqdeem Damaan maalee? Can I post bail?

المزرعة ١ al-mazraAa waaHid • farm 1

أرض زراعية
arD ziraaAeeya
farmland

فناء مزرعة
finaa' mazraAa
farmyard

مبنى على الأطراف
mabna Aalal-aTraaf
outbuilding

منزل المزارع
manzil
al-muzaariA
farmhouse

حقل
Haql
field

حظيرة
HaZeera
barn

مزارع
muzaariA
farmer

رقعة خضروات
riqA'at khuDrawaat
vegetable garden

سياج
siyaaj
hedge

بوابة
bawaaba
gate

سور
soor
fence

مرعى
marAa
pasture

مواش
muwaashin
livestock

مسلفة
mislafa
cultivator

جرار jarraar | **tractor**

حصادة دراسة Hassaada darraasa
combine

أنواع المزارع anwaaA al-mazaariA • types of farms

محصول
maHSool
crop

مزرعة زراعية
mazraAa ziraaAeeya
crop farm

مزرعة ألبان
mazraAat albaan
dairy farm

قطيع
qaTeeA
flock

مزرعة أغنام
mazraAat aghnaam
sheep farm

مزرعة دواجن
mazraAat dawaajin
poultry farm

مزرعة خنازير
mazraAat khanaazeer
pig farm

مزرعة سمكية
mazraAa samakeeya
fish farm

مزرعة فواكه
mazraAat fawaakih
fruit farm

كرم
karm
vine

مزرعة عنب
mazraAat Ainab
vineyard

العمليات al-Aamaleeyaat • actions

شق
shaqq
furrow

يحرث
yaHrith
plow (v)

يبذر
yabdhur
sow (v)

يحلب
yaHlib
milk (v)

يطعم
yuTAim
feed (v)

يسقي yasqee | **water (v)**

يحصد yaHSud | **harvest (v)**

المفردات al-mufradaat • vocabulary

مبيد أعشاب mubeed aAshaab **herbicide**	قطيع qateeA **herd**	معلف miAlaf **trough**
مبيد آفات mubeed aafaat **pesticide**	صومعة sawmaAa **silo**	يغرز yaghriz **plant (v)**

المزرعة ٢ al-mazraAa ithnaan • **farm 2**

محاصيل maHaaseel • **crops**

قمح
qamH
wheat

ذرة
dhurra
corn

شعير
shaAeer
barley

لفت
lift
rapeseed

بالة
baala
bale

عباد الشمس
Aabbaad ash-shams
sunflower

تبن
tibn
hay

برسيم حجازي
barseem Hijaazee
alfalfa

تبغ
tabgh
tobacco

أرز
aruzz
rice

شاي
shaay
tea

بن
bunn
coffee

كتان
kattaan
flax

قصب السكر
qasab as-sukkar
sugarcane

قطن
quTn
cotton

نُطّار
nuTTaar
scarecrow

المواشي al-mawaashee • livestock

ولد الخنزير
wild al-khinzeer
piglet

خنزير
khinzeer
pig

عجل
Aijl
calf

بقرة
baqara
cow

ثور
thawr
bull

خروف
kharoof
sheep

حمل
Hamal
lamb

جدي
jady
kid

معزة
maAza
goat

مُهر
muhr
foal

حصان
HiSaan
horse

حمار
Himaar
donkey

كتكوت
katkoot
chick

دجاجة
dajaaja
chicken

ديك
deek
rooster

ديك رومي
deek roomee
turkey

بطبطة
baTbaTa
duckling

بطة
baTTa
duck

إسطبل
isTabl
stable

حظيرة
HaZeera
pen

حظيرة دواجن
HaZeerat dawaajin
chicken coop

زريبة خنازير
zareebat khanaazeer
pigsty

البناء al-binaa' • construction

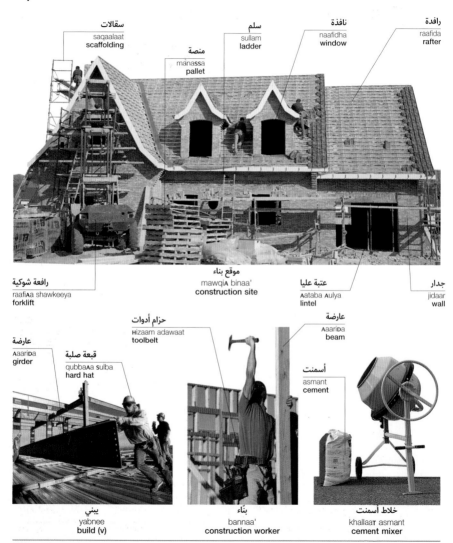

سقالات
saqaalaat
scaffolding

منصة
manassa
pallet

سلم
sullam
ladder

نافذة
naafidha
window

رافدة
raafida
rafter

رافعة شوكية
raafiAa shawkeeya
forklift

موقع بناء
mawqiA binaa'
construction site

عتبة عليا
Aataba Aulya
lintel

جدار
jidaar
wall

عارضة
AariDa
girder

قبعة صلبة
qubbaAa sulba
hard hat

حزام أدوات
Hizaam adawaat
toolbelt

عارضة
AariDa
beam

أسمنت
asmant
cement

يبني
yabnee
build (v)

بنّاء
bannaa'
construction worker

خلاط أسمنت
khallaaT asmant
cement mixer

الخامات al-khaamaat • materials

طوب
Toob
brick

خشب
khashab
lumber

قرميد السقف
qarmeed as-saqf
roof tile

كتلة خرسانة السقاط
kutlat kharasaanat as-saqaaT
cinder block

الأدوات al-adawaat • tools

ملاط
milaaT
mortar

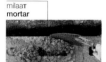

مالج
maalij
trowel

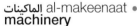

ميزان تسوية
meezaan taswiya
level

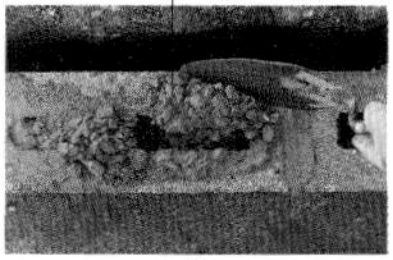

مطرقة ثقيلة
miTraqa thaqeela
sledgehammer

مقبض
miqbaD
handle

حدأة
Hada'a
pickax

مجرفة
mijrafa
shovel

الماكينات al-makeenaat • machinery

هراسة
harraasa
road roller

عربة الإلقاء
Aarabat al-ilqaa'
dump truck

دعم
daAm
support

خطاف
khuTTaaf
hook

ونش winsh | **crane**

أعمال الطرق Aamaal aT-Turuq • roadwork

أسفلت
asfalt
asphalt

مخروط
makhrooT
cone

مثقاب ضغط هوائي
mithqaab DaghT hawaa'ee
jackhammer

إعادة رصف
iAaadat rasf
resurfacing

حفار ميكانيكي
Haffaar meekaneekee
excavator

المهن ١ al-mihan waaHid • occupations 1

نجار
najjaar
carpenter

كهربائي
kahrabaa'ee
electrician

سباك
sabbaak
plumber

بناء
bannaa'
construction worker

بستاني
bustaanee
gardener

مكنسة كهربائية
miknasa
kahrabaa'eeya
vacuum cleaner

منظف
munaZZif
cleaner

ميكانيكي
mekaneekee
mechanic

جزار
jazzaar
butcher

بائع سمك
baa'iA samak
fish seller

خضري
khuDaree
produce seller

بائع زهور
baa'iA zuhoor
florist

مزين
muzayyin
hairdresser

حلاق
Hallaaq
barber

تاجر جواهر
taajir jawaahir
jeweler

بائع
baa'iA
salesperson

سمسار عقارات
simsaar Aaqaaraat
realtor

نظاراتي
naZZaaraatee
optometrist

قناع
qinaaA
mask

طبيب أسنان
Tabeeb asnaan
dentist

طبيب
Tabeeb
doctor

صيدلي
sayDalee
pharmacist

ممرضة
mumarriDa
nurse

طبيب بيطري
Tabeeb bayTaree
veterinarian

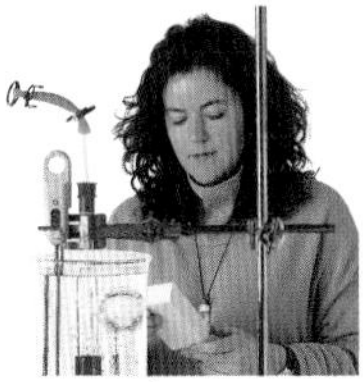

مزارع
muzaariA
farmer

صياد سمك
Sayyaad samak
fisherman

مدفع رشاش
madfaA
rashshaash
machine gun

جندي
jundee
soldier

شرطي
shurTee
police officer

زي رسمي
ziyy rasmee
uniform

شارة هوية
shaarat huweeya
badge

حارس أمن
Haaris amn
security guard

بحار
baHHaar
sailor

رجل الإطفاء
rajul al-iTfaa'
firefighter

المهن ٢ al-mihan ithnaan • occupations 2

محام
muHaamin
lawyer

محاسب
muHaasib
accountant

نموذج
namoodhaj
model

مهندس معماري muhandis miAmaaree | **architect**

عالِم
Aaalim
scientist

مدرس
mudarris
teacher

أمين مكتبة
ameen maktaba
librarian

موظف استقبال
muwazzaf istiqbaal
receptionist

حقيبة بريد
HaQeebat
bareed
mailbag

ساعي بريد
saaAee bareed
mail carrier

سائق حافلة
saa'iq Haafila
bus driver

سائق شاحنة
saa'iq shaaHina
truck driver

سائق تاكسي
saa'iq taksee
taxi driver

طيار
Tayyaar
pilot

مضيفة طائرة
muDeefat Taa'ira
flight attendant

وكيل سفر
wakeel safar
travel agent

قبعة طباخ
qubbaAat
Tabbaakh
chef's hat

طباخ
Tabbaakh
chef

موسيقار
mooseeqaar
musician

زي الباليه
ziyy al-baaleh
tutu

راقصة
raaqisa
dancer

ممثلة
mumaththila
actress

مغن
mughghanin
singer

نادلة
naadila
waitress

قيم البار
qayyim al-baar
bartender

رياضي
riyaaDee
sportsman

نحات
naHHaat
sculptor

رسام
rassaam
painter

مصور
musawwir
photographer

قارئ الأخبار
qaari' akhbaar
anchor

ملاحظات
mulaaHaZaat
notes

صحفي
saHafee
journalist

محرر
muharrir
editor

مصمم
musammim
designer

خياطة
khayyaaTa
seamstress

خياط
khayyaaT
tailor

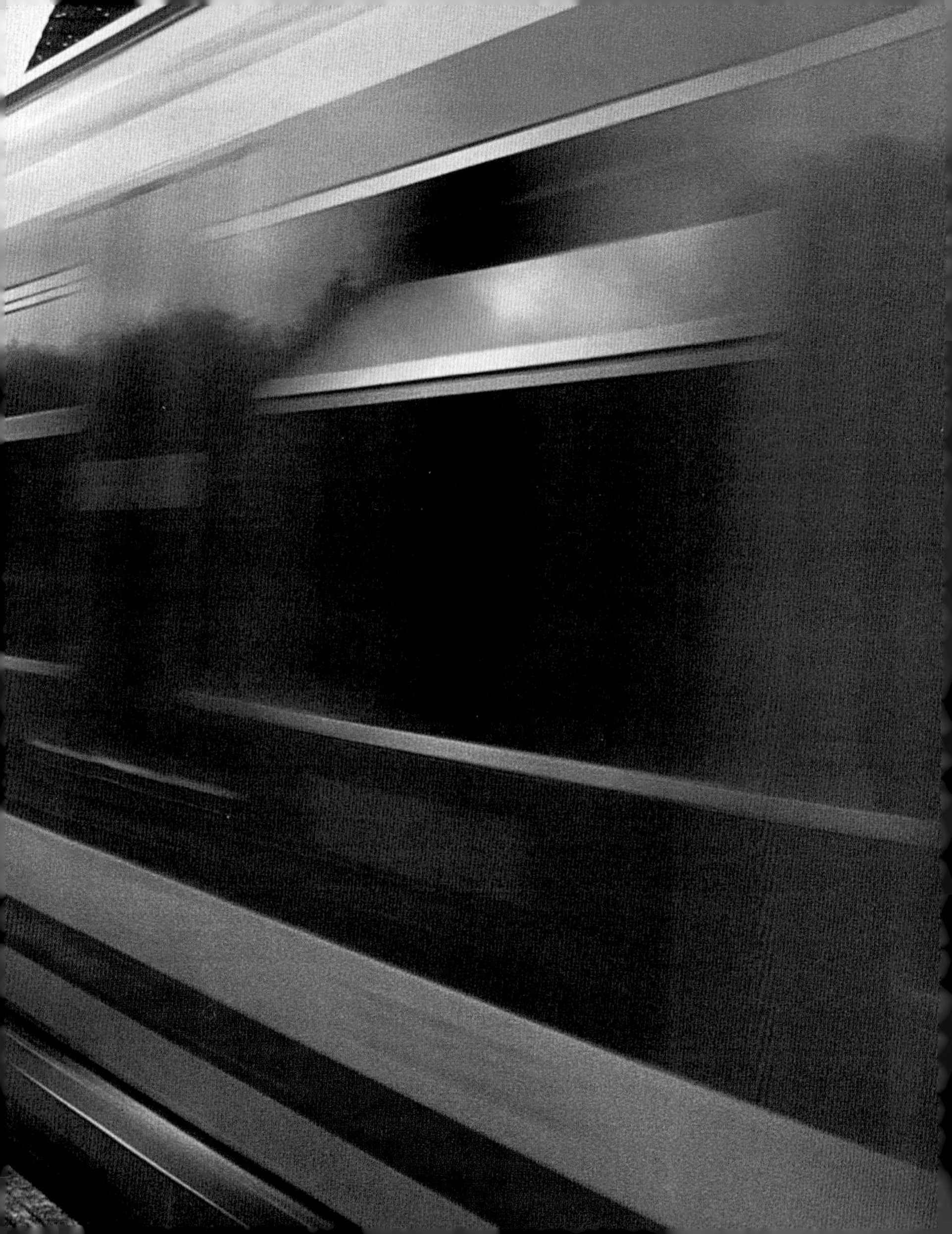

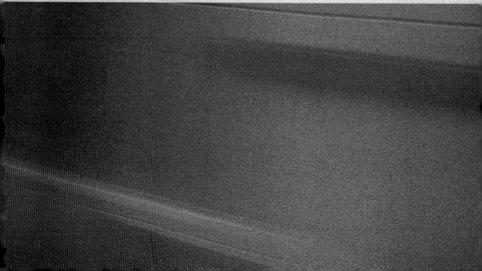

المواصلات al-muwaasalaat
transportation

الطرق aT-Turuq • roads

طريق سريع
Tareeq sareeA
freeway

بوابات الرسوم
bawwaabaat
ar-rusoom
toll booth

علامات الطريق
Aalaamaat aT-Tareeq
road markings

مدخل
madkhal
on-ramp

اتجاه واحد
ittijaah waaHid
one-way

فاصل
faasil
divider

مفترق طرق
muftaraq Turuq
interchange

إشارة مرور
ishaarat muroor
traffic light

حارة داخلية
Haara daakhileeya
right lane

حارة وسطى
Haara wusTa
middle lane

حارة خارجية
Haara khaarijeeya
left lane

منحدر خروج
munHadar khurooj
off-ramp

مرور
muroor
traffic

طريق علوي
Tareeq Aulwee
overpass

حافة طريق
Haaffat Tareeq
shoulder

شاحنة
shaaHina
truck

شريط بالوسط
shareet bil-wasaT
median strip

ممر سفلي
mamarr suflee
underpass

هاتف طوارئ
haatif tawaari'
emergency phone

موقف معاقين
mawqaf muAaaqeen
disabled parking

معبر مشاة
maAbar mushaah
crosswalk

تكدس مرور
takaddus muroor
traffic jam

جهاز توجيه إليكتروني
jihaaz tawjeeh iliktroonee
satnav

عداد موقف
Aaddaad mawqaf
parking meter

شرطي مرور
shurTee muroor
traffic policeman

المفردات al-mufradaat • vocabulary

دوار dawwaar **roundabout**	طريق ثنائي الاتجاه Tareeq thunaa'ee al-ittijaah **divided highway**	يتعدى yataAadda **pass (v)**
تحويل taHweel **detour**	يصف yasuff **park (v)**	يجر yajurr **tow away (v)**
أعمال طرق Aamaal Turuq **roadwork**	يقود yaqood **drive (v)**	هل هذا هو الطريق إلى...؟ hal haadha huwa aT-Tareeq ila...? **Is this the road to...?**
حاجز تصادم Haajiz tasaadum **guardrail**	يرتد للخلف yartadd lil-khalf **reverse (v)**	أين أصف سيارتي؟ ayna asuff sayyaaratee? **Where can I park?**

إشارات طريق ishaaraat Tareeq • road signs

ممنوع الدخول
mamnooA ad-dukhool
do not enter

حد السرعة
Hadd as-surAa
speed limit

خطر
khaTar
hazard

ممنوع التوقف
mamnooA at-tawaqquf
no stopping

ممنوع الدوران لليمين
mamnooA ad-dawaraan lil-yameen
no right turn

الحافلة al-Haafila • bus

مقعد السائق
maqAad as-saa'iq
driver's seat

درابزين
darabzeen
handrail

باب أوتوماتيكي
baab otomateekee
automatic door

عجلة أمامية
Aajala amaameeya
front wheel

مخزن الأمتعة
makhzan al-amtiAa
luggage hold

باب baab | door

مركبة markaba | long-distance bus

أنواع الحافلات Anwaaa al-Haafilaat • types of buses

رقم الخط
raqm al-khaTT
route number

سائق
saa'iq
driver

حافلة كهربائية
Haafila kahrabaa'eeya
streetcar

حافلة من طابقين
Haafila min Taabiqayn
double-decker bus

ترام
tiraam
tram

حافلة مدرسة Haafilat madrasa | school bus

عجلة خلفية
Aajala khalfeeya
rear wheel

نافذة
naafidha
window

زر توقف
zirr tawaqquf
stop button

تذكرة حافلة
tadhkarat Haafila
bus ticket

جرس
jaras
bell

محطة حافلات
maHaTTat Haafilaat
bus station

موقف حافلات
mawqaf Haafilaat
bus stop

المفردات al-mufradaat • vocabulary

أجرة ujra **fare**	إتاحة كرسي بعجل itaaHat kursee bi-Aajal **wheelchair access**
جدول المواعيد jadwal al-mawaaAeed **schedule**	مأوى حافلات ma'waa Haafilaat **bus shelter**
هل تتوقف عند...؟ hal tatawaqqaf Ainda...? **Do you stop at...?**	أية حافلة تذهب إلى...؟ ayya Haafila tadh-hab ila...? **Which bus goes to...?**

حافلة صغيرة
Haafila sagheera
minibus

حافلة سياح Haafilat suyyaaH | **tour bus**

حافلة مكوكية Haafila makkookeeya | **shuttle bus**

السيارة ١ as-sayyaara waaHid • car 1

من الخارج min al-khaarij • exterior

مرآة جانبية
mir'aah jaanibeeya
side mirror

شباك أمامي
shubbaak
amaamee
windshield

مرآة رؤية خلفية
mir'aah ru'ya khalfeeya
rearview mirror

مساحة شباك أمامي
massaaHat shubbaak
amaamee
windshield wiper

باب
baab
door

غطاء محرك
ghiTaa'
muHarrik
hood

صندوق خلفي
sandooq
khalfee
trunk

مؤشر
mua'shshir
turn signal

لوحة رقم السيارة
lawHat raqm as-sayyaara
license plate

مصدم
masdam
bumper

كشافات أمامية
kashshaafaat
amaameeya
headlight

عجلة
Aajala
wheel

إطار
iTaar
tire

أمتعة
amtiAa
luggage

حامل علوي
Haamil Aulawee
roof rack

باب خلفي
baab khalfee
tailgate

حزام أمان
Hizaam amaan
seat belt

مقعد طفل
maqAad Tifl
car seat

الأنواع al-anwaaA • types

سيارة كهربائية
sayaara kahrabaa'eeya
electric car

هاتشباك
hatshbaak
hatchback

صالون
saloon
sedan

إستيت
istayt
station wagon

مكشوفة
makshoofa
convertible

سيارة رياضية
sayyaara riyaaDeeya
sports car

حاملة ركاب
Haamilat rukkaab
minivan

رباعية الدفع
rubaaAeeyat ad-dafA
four-wheel drive

عتيقة
Aateeqa
vintage

ليموزين
limoozeen
limousine

محطة بنزين maHaTTat benzeen • gas station

مضخة بنزين
miDakhkhat benzeen
gas pump

سعر
siAr
price

ساحة أمامية
saaHa amaameeya
forecourt

المفردات al-mufradaat • vocabulary

زيت
zayt
oil

برصاص
bi-rasaas
leaded

غسيل سيارة
ghaseel sayyaara
car wash

بنزين
benzeen
gasoline

ديزل
deezil
diesel

جراج
garaaj
garage

خال من الرصاص
khaalin min ar-rasaas
unleaded

مضاد التجمد
muDaadd at-tajammud
antifreeze

غسيل الشباك الأمامي
ghasl ash-shubbaak al-amaamee
windshield washer fluid

املأ الخزان، من فضلك.
imla' al-khizaan, min faDlak.
Fill it up, please.

السيارة ٢ as-sayyaara ithnaan • car 2

من الداخل min ad-daakhil • interior

مقعد خلفي
maqAad khalfee
backseat
مسند للذراع
masnad lidh-dhiraaA
armrest
مسند للرأس
masnad lir-ra's
headrest
قفل الباب
qufl al-baab
door lock
مقبض
miqbaD
handle

المفردات al-mufradaat • vocabulary

ذات بابين
dhaat baabayn
two-door

أربعة أبواب
arbaAat abwaab
four-door

أوتوماتيكي
otomateekee
automatic

فرملة
farmala
brake

دواسة تسريع
dawwaasat tasreeA
accelerator

ذات ثلاثة أبواب
dhaat thalaathat abwaab
hatchback

يدوي
yadawee
manual

إدارة المحرك
idaarat al-muHarrik
ignition

دبرياج
dibriyaaj
clutch

تكييف هواء
takyeef hawaa'
air-conditioning

كيف أصل إلى....؟
kayfa asil ila…?
Can you tell me the way to…?

أين موقف السيارات؟
ayna mawqaf as-sayyaaraat?
Where is the parking lot?

هل بإمكاني التوقف هنا؟
hal bi-imkaanee at-tawaqquf huna?
How do I get to…?

أدوات التحكم adawaat at-taHakkum • controls

عجلة قيادة
Aajalat qiyaada
steering wheel

بوق
booq
horn

لوحة أجهزة
lawHat ajhiza
dashboard

أضواء تحذير
aDwaa' taHdheer
hazard lights

الملاحة بالأقمار الصناعية
al-milaaHa bil-aqmaar as-sinaaAeeya
satellite navigation

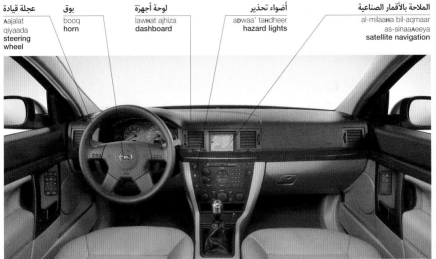

قيادة من اليسار qiyaada min al-yasaar | **left-hand drive**

مقياس درجة الحرارة
miqyaas darajat al-Haraara
temperature gauge

عداد دورات
Aaddaad dawraat
tachometer

عداد سرعة
Aaddaad surAa
speedometer

مقياس الوقود
miqyaas al-wuqood
fuel gauge

ستريو السيارة
stereo as-sayyaara
car stereo

مفتاح المصابيح
miftaaH al-maSaabeeH
light switch

مقياس مسافة رحلة
miqyaas masaafat riHla
odometer

أداة التحكم في السخان
adaat at-taHakkum fis-sakhkhaan
heater controls

كيس هواء
kees hawaa'
air bag

ذراع التعشيق
dhiraaA at-taAsheeq
gearshift

قيادة من اليمين qiyaada min al-yameen | **right-hand drive**

السيارة ٣ as-sayyaara thalaatha • car 3

الميكانيكا al-meekaaneeka • mechanics

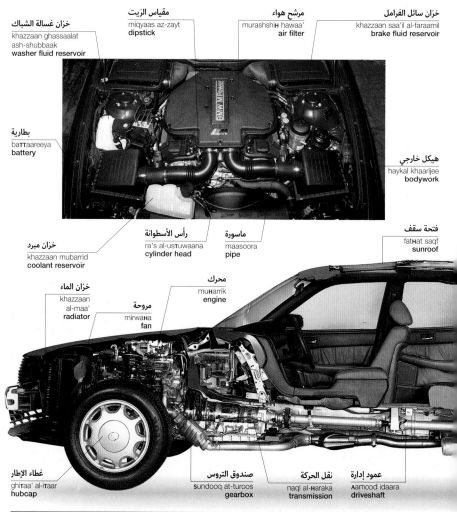

خزان غسالة الشباك
khazzaan ghassaalat
ash-shubbaak
washer fluid reservoir

مقياس الزيت
miqyaas az-zayt
dipstick

مرشح هواء
murashshih hawaa'
air filter

خزان سائل الفرامل
khazzaan saa'il al-faraamil
brake fluid reservoir

بطارية
battaareeya
battery

هيكل خارجي
haykal khaarijee
bodywork

خزان مبرد
khazzaan mubarrid
coolant reservoir

رأس الأسطوانة
ra's al-ustuwaana
cylinder head

ماسورة
maasoora
pipe

فتحة سقف
fathat saqf
sunroof

خزان الماء
khazzaan
al-maa'
radiator

مروحة
mirwaha
fan

محرك
muharrik
engine

غطاء الإطار
ghitaa' al-itaar
hubcap

صندوق التروس
sundooq at-turoos
gearbox

نقل الحركة
naql al-haraka
transmission

عمود إدارة
Aamood idaara
driveshaft

الثقب ath-thuqb • flat tire

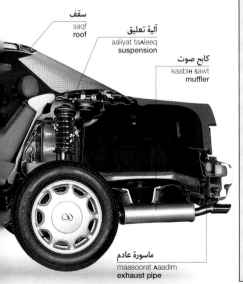

إطار إضافي
iTaar iDaafee
spare tire
مفتاح إنكليزي
miftaaH inkileezee
tire iron
صواميل عجلة
sawaameel Aajala
lug nuts
رافعة
raafiAa
jack

يغير عجلة
yughayyir Aajala
change a tire (v)

سقف
saqf
roof
آلية تعليق
aaliyat taAleeq
suspension
كابح صوت
kaabiH sawt
muffler
ماسورة عادم
maasoorat Aaadim
exhaust pipe

المفردات al-mufradaat • vocabulary

حادث سيارة
Haadith sayyaara
car accident

عطل
AUTl
breakdown

تأمين
ta'meen
insurance

مركبة جر
markabat jarr
tow truck

ميكانيكي
meekaneekee
mechanic

ضغط الإطار
daghT al-iTaar
tire pressure

صندوق مصاهر
sundooq masaahir
fuse box

شمعة إشعال
shamAat ishAaal
spark plug

سير مروحة
sayr mirwaHa
fan belt

خزان بنزين
khazzaan benzeen
gas tank

توقيت
tawqeet
timing

شاحن تربيني
shaaHin turbeenee
turbocharger

موزع
muwazziA
distributor

هيكل
haykal
chassis

فرملة يد
farmalat yad
parking brake

مولد تيار متناوب
muwallid tayyaar mutanaawib
alternator

سير كامة
sayr kaama
cam belt

حدث عطل لسيارتي.
Hadath AUTl li-sayyaaratee
My car has broken down.

محرك سيارتي لا يعمل.
muHarrik sayyaaratee laa yaAmal
My car won't start.

الدراجة البخارية ad-darraaja al-bukhaareeya •
motorcycle

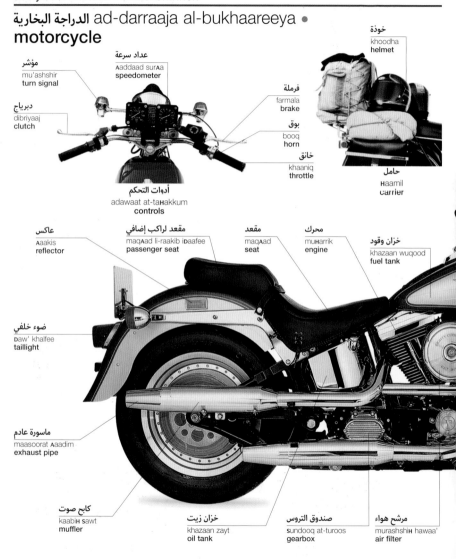

خوذة
khoodha
helmet

مؤشر
mu'ashshir
turn signal

عداد سرعة
Aaddaad surAa
speedometer

فرملة
farmala
brake

دبرياج
dibriyaaj
clutch

بوق
booq
horn

خانق
khaaniq
throttle

أدوات التحكم
adawaat at-taHakkum
controls

حامل
Haamil
carrier

عاكس
Aaakis
reflector

مقعد لراكب إضافي
maqAad li-raakib iDaafee
passenger seat

مقعد
maqAad
seat

محرك
muHarrik
engine

خزان وقود
khazaan wuqood
fuel tank

ضوء خلفي
Daw' khalfee
taillight

ماسورة عادم
maasoorat Aaadim
exhaust pipe

كابح صوت
kaabiH Sawt
muffler

خزان زيت
khazaan zayt
oil tank

صندوق التروس
sundooq at-turoos
gearbox

مرشح هواء
murashshiH hawaa'
air filter

قناع
qinaaA
visor

حزام عاكس
Hizaam Aaakis
reflector strap

جلود
julood
leathers

وسادة الركبة
wisaada lir-rukba
knee pad

زي ziyy | clothing

كشافات أمامية
kashshaafaat amaameeya
headlight

آلية تعليق
aaliyat taAleeq
suspension

واق من الطين
waaqin min aT-Teen
mudguard

دواسة فرامل
dawwaasat faraamil
brake pedal

محور
miHwar
axle

إطار
iTaar
tire

الأنواع al-anwaaA • types

دراجة سباق darraajat sibaaq | racing bike

حاجز هواء
Haajiz hawaa'
windshield

جوالة jawwaala | tourer

دراجة للطرق الوعرة
darraaja liT-Turuq al-waAra | dirt bike

مسند
masnad
stand

سكوتر sikootir | scooter

الدراجة ad-darraaja • bicycle

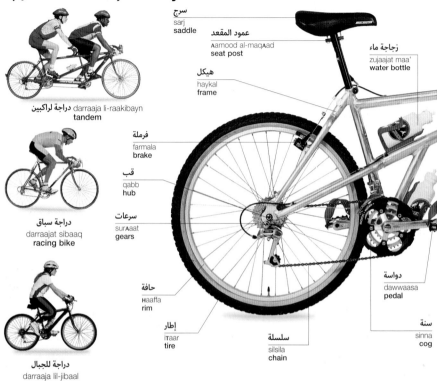

سرج
sarj
saddle

عمود المقعد
ᴀamood al-maqᴀad
seat post

زجاجة ماء
zujaajat maa'
water bottle

هيكل
haykal
frame

فرملة
farmala
brake

قب
qabb
hub

سرعات
surᴀaat
gears

حافة
ʜaaffa
rim

إطار
iᴛaar
tire

دواسة
dawwaasa
pedal

سنة
sinna
cog

سلسلة
silsila
chain

دراجة لراكبين darraaja li-raakibayn
tandem

دراجة سباق
darraajat sibaaq
racing bike

دراجة للجبال
darraaja lil-jibaal
mountain bike

دراجة تجوال
darraajat tijwaal
touring bike

دراجة للشوارع
darrajja lish-shawaariᴀ
road bike

خوذة
khoodha
helmet

حارة الدراجات ʜaarat ad-darraajaat | bike lane

عارضة
AaariDa
crossbar

عارضة قيادة
AaariDat qiyaada
handlebar

منظم السرعة
munazzim as-surAa
gear lever

مقبض الفرامل
miqbaD al-faraamil
brake lever

مفتاح الإطارات
miftaaH al-iTaaraat
tire lever

عدة الإصلاح Aiddat al-islaaH
repair kit

رقعة
ruqAa
patch

قضيب عجلة
qaDeeb Aajala
fork

مفتاح
miftaaH
key

شعاع
shuAaaA
spoke

منفاخ
minfaakh
pump

قفل
qufl
lock

عجلة
Aajala
wheel

صمام
simaam
valve

دوس
daws
tread

إطار داخلي
iTaar dakhilee
inner tube

مقعد طفل
maqAad Tifl
child seat

المفردات al-mufradaat • vocabulary

مصباح misbaaH headlight	مسند دراجة masnad darraaja kickstand	وسادة فرملة wisaadat farmala brake block	سلة salla basket	ماسك القدم maasik al-qadam toe clip	يُفرمل yufarmil brake (v)
مصباح خلفي misbaaH khalfee rear light	موقف ركن mawqaf rukn bike rack	كبل kabl cable	ثقب thuqb flat tire	مولد كهربائي muwallid kahrabaa'ee dynamo	يقود الدراجة yaqood darraaja cycle (v)
عاكس Aaakis reflector	موازين muwaazin training wheels	سن ترس sinn turs sprocket	حزام القدم Hizaam al-qadam toe strap	يدوس الدواسة yadoos ad-dawwaasa pedal (v)	يغير السرعة yughayyir as-surAa change gears (v)

القطار al-qiTaar • train

عربة
Aaraba
railcar

رصيف
raseef
platform

عربة حقائب
Aarabat
haqaa'ib
cart

رقم رصيف
raqam raseef
platform number

مسافر يومي
musaafir yawmee
commuter

محطة قطار maHaTTat qiTaar | train station

أنواع القطارات anwaaA al-qiTaaraat • types of train

قطار بخاري
qiTaar bukhaaree
steam train

محرك
muHarrik
engine

كابينة سائق
kabeenat saa'iq
engineer's cab

قضبان
quDbaan
rail

قطار ديزل qiTaar deezil | diesel train

قطار كهربائي
qiTaar kahrabaa'ee
electric train

قطار عالي السرعة
qiTaar Aaalee as-suraA
high-speed train

خط أحادي
khaTT uHaadee
monorail

قطار أنفاق
qiTaar anfaaq
subway

ترام
tiraam
tram

قطار بضائع
qiTaar baDaa'iA
freight train

رف أُمتعة
raff amtiAa
luggage rack

نافذة
naafidha
window

خط قضبان
khaTT quDbaan
track

باب
baab
door

مقعد
maqAad
seat

مقصورة maqSoora
compartment

حاجز فحص التذاكر
HAajiz faHS at-tadhaakir | **ticket gates**

نظام مخاطبة الجمهور
niZaam mukhaaTabat
al-jumhoor
public address system

جدول مواعيد
jadwal mawaaAeed
schedule

تذكرة
tadhkara
ticket

عربة المطعم Aarabat al-maTAam | **dining car**

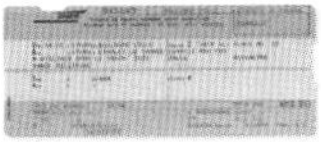

ساحة saaHa | **concourse**

مقصورة نوم
maqSoorat nawm
sleeping compartment

المفردات al-mufradaat • vocabulary

شبكة خطوط قطارات	خريطة قطارات الأنفاق	مكتب تذاكر	قضيب مكهرب
shabakat khuTooT qiTaaraat	khareeTat qiTaaraat al-anfaaq	maktab tadhaakir	qaDeeb mukahrab
railroad network	**subway map**	**ticket office**	**live rail**
قطار بين المدن	تأخر	مفتش تذاكر	إشارة
qiTaar bayna l-mudun	ta'akhkhur	mufattish tadhaakir	ishaara
express train	**delay**	**ticket inspector**	**signal**
الذروة	أُجرة	يُغيّر	مقبض طوارئ
adh-dhurwa	ujra	yughayyir	miqbaD Tawaari'
rush hour	**fare**	**transfer (v)**	**emergency lever**

الطائرات aT-Taa'iraat • aircraft

الطائرة aT-Taa'ira • airliner

مقدمة	قمرة القيادة	محرك	بدن طائرة	جناح	ذيل
muqaddima	qamarat al-qiyaada	muHarrik	badan Taa'ira	jinaaH	dhayl
nose	**cockpit**	**engine**	**fuselage**	**wing**	**tail**

دفة
daffa
rudder

مخرج
makhraj
exit

عجلة المقدمة	أجهزة هبوط	رانفة أفقية	زعنفة	رفراف جناح
Aajalat al-muqaddima	ajhizat huboot	raanifa ufqeeya	ziAnifa	rifraaf jinaaH
nosewheel	**landing gear**	**aileron**	**fin**	**tailplane**

المقصورة al-maqSoora • cabin

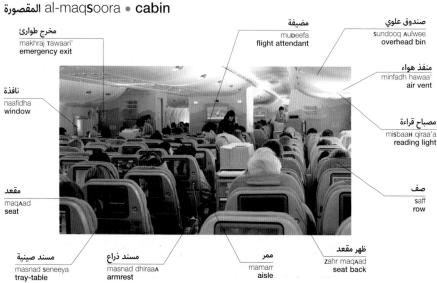

مخرج طوارئ
makhraj Tawaari'
emergency exit

مضيفة
muDeefa
flight attendant

صندوق علوي
sundooq Aulwee
overhead bin

نافذة
naafidha
window

منفذ هواء
minfadh hawaa'
air vent

مصباح قراءة
misbaaH qiraa'a
reading light

مقعد
maqAad
seat

صف
saff
row

مسند صينية
masnad Seneeya
tray-table

مسند ذراع
masnad dhiraaA
armrest

ممر
mamarr
aisle

ظهر مقعد
zahr maqAad
seat back

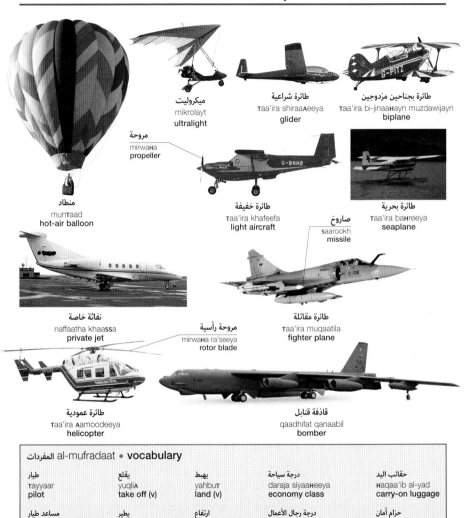

منطاد
munTaad
hot-air balloon

ميكروليت
mikrolayt
ultralight

طائرة شراعية
Taa'ira shiraaAeeya
glider

طائرة بجناحين مزدوجين
Taa'ira bi-jinaaHayn muzdawijayn
biplane

مروحة
mirwaHa
propeller

طائرة خفيفة
Taa'ira khafeefa
light aircraft

طائرة بحرية
Taa'ira baHreeya
seaplane

نفاثة خاصة
naffaatha khaassa
private jet

صاروخ
saarookh
missile

طائرة مقاتلة
Taa'ira muqaatila
fighter plane

مروحة رأسية
mirwaHa ra'seeya
rotor blade

طائرة عمودية
Taa'ira Aamoodeeya
helicopter

قاذفة قنابل
qaadhifat qanaabil
bomber

المفردات al-mufradaat • **vocabulary**

طيار Tayyaar **pilot**	يقلع yuqliA **take off (v)**	يهبط yahbuT **land (v)**	درجة سياحة daraja siyaaHeeya **economy class**	حقائب اليد Haqaa'ib al-yad **carry-on luggage**
مساعد طيار musaaAid Tayyaar **copilot**	يطير yaTeer **fly (v)**	ارتفاع irtifaaA **altitude**	درجة رجال الأعمال darajat rijaal al-Aamaal **business class**	حزام أمان hizaam amaan **seat belt**

المطار al-maтaar • airport

ساحة المطار
saaнa al-maтaar
apron
مقطورة أمتعة
maqтoorat amtiAa
baggage trailer
محطة
maнaттa
terminal
مركبة خدمات
markabat khidmaat
service vehicle
ممر الطائرات
mamarr aт-тaa'iraat
jetway
طائرة тaa'ira | airliner

المفردات al-mufradaat • vocabulary

مدرج madraj **runway**	رقم رحلة raqam riнla **flight number**	سير الأمتعة sayr al-amtiAa **baggage carousel**	عطلة AUтla **vacation**
رحلة دولية riнla duwaleeya **international flight**	فحص الجوازات faнs al-jawaazaat **immigration**	أمن amn **security**	يسجل yusajjil **check in (v)**
رحلة داخلية riнla daakhileeya **domestic flight**	جمارك jamaarik **customs**	جهاز أشعة اكس jihaaz ashiAAat aks **X-ray machine**	برج التحكم burj at-taнakkum **control tower**
وصلة wasla **connection**	تجاوز وزن الأمتعة tajaawuz wazn al-amtiAa **excess baggage**	كتالوج عطلات kataalog AUтlaat **travel brochure**	يحجز رحلة yaнjiz riнla **book a flight (v)**

حقائب اليد
Haqaa'ib al-yad
carry-on luggage

أمتعة
amtiAa
luggage

عربة
Aaraba
cart

مكتب التسجيل
maktab at-tasjeel
check-in desk

تأشيرة
ta'sheera
visa

جواز سفر jawaaz safar | **passport**

مراقبة الجوازات
muraaqabat al-jawaazaat
passport control

تصريح ركوب
tasreeH rukoob
boarding pass

تذكرة
tadhkara
ticket

قاعة مغادرة
qaaAat mughaadara
departure lounge

رقم بوابة
raqam bawwaaba
gate number

مغادرة
mughaadara
departures

شاشة معلومات
shaashat maAloomaat
information screen

الجهة المقصودة
al-jiha
al-maqsooda
destination

وصول
wusool
arrivals

متجر سوق حرة
matjar sooq Hurra
duty-free shop

استعادة الأمتعة
istiAaadat al-amtiAa
baggage claim

موقف تاكسيات
mawqaf taksiyaat
taxi stand

تاجير سيارة
ta'jeer sayyaara
car rental

الباخرة al-baakhira • ship

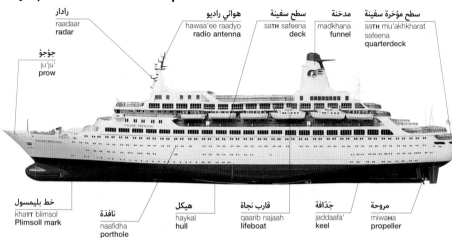

رادار
raadaar
radar

هوائي راديو
hawaa'ee raadyo
radio antenna

سطح سفينة
saTH safeena
deck

مدخنة
madkhana
funnel

سطح مؤخرة سفينة
saTH mu'akhkharat safeena
quarterdeck

جؤجؤ
ju'ju'
prow

خط بليمسول
khaTT blimsol
Plimsoll mark

نافذة
naafidha
porthole

هيكل
haykal
hull

قارب نجاة
qaarib najaah
lifeboat

جدّافة
jaddaafa'
keel

مروحة
miwaHa
propeller

عابرة محيطات Aabirat muHeeTaat | **ocean liner**

برج قيادة
burj qiyaada
bridge

غرفة المحرك
ghurfat al-muHarrik
engine room

قمرة
qamara
cabin

مطبخ
maTbakh
galley

المفردات al-mufradaat • vocabulary

حوض
HawD
dock

ميناء
meenaa'
port

ممر
mamarr
gangway

مِرساة
mirsaah
anchor

مربط حبال
marbaT Hibaal
bollard

مرفاع
mirfaaA
windlass

قبطان
qubTaan
captain

زورق بخاري
zawraq bukhaaree
speedboat

قارب تجديف
qaarib tajdeef
rowboat

قارب تجديف صغير
qaarib tajdeef sagheer
canoe

البواخر الأخري al-bawaakhir al-ukhra • other ships

معدية
muAaddeeya
ferry

محرك قابل للفصل
muHarrik qaabil lil-fasl
outboard motor

زورق مطاطي قابل للنفخ
zawraq maTaaTee qaabil lin-nafkh
inflatable dinghy

هيدروفويل
hidrofoyil
hydrofoil

يخت
yakht
yacht

كاتامران
katamaraan
catamaran

عَوّافة
Aawwaafa
tugboat

حوامة
Hawwaama
hovercraft

سفينة حاويات
safeenat Haawiyaat
container ship

حبال تثبيت
Hibaal tathbeet
rigging

مركبة شراعية
markaba shiraaAeeya
sailboat

مخزن بضائع
makhzan baDaa'iA
hold

ناقلة بضائع
naaqilat baDaa'iA
freighter

ناقلة بترول
naaqilat betrool
oil tanker

حاملة طائرات
Haamilat Taa'iraat
aircraft carrier

سفينة حربية
safeena Harbeeya
battleship

برج مراقبة
burj muraaqaba
conning tower

غواصة
ghawwaasa
submarine

الميناء al-meenaa' • port

مستودع
mustawdaA
warehouse

ونش
winsh
crane

رافعة شوكية
raafiAa shawkeeya
forklift

شارع يتيح الدخول
shaariA yuteeH ad-dukhool
access road

دار الجمارك
daar al-jamaarik
customs house

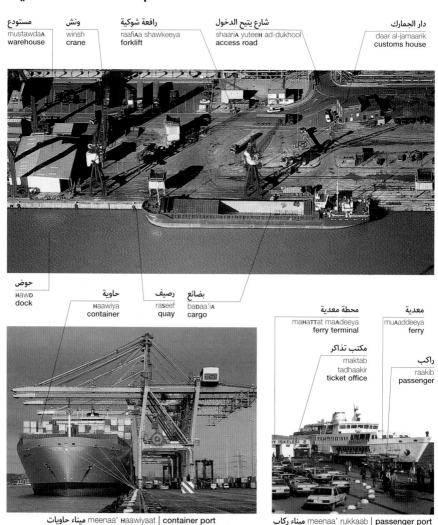

حوض
HawD
dock

حاوية
Haawiya
container

رصيف
raseef
quay

بضائع
baDaa'iA
cargo

محطة معدية
maHaTTat maAdeeya
ferry terminal

معدية
muAaddeeya
ferry

مكتب تذاكر
maktab
tadhaakir
ticket office

راكب
raakib
passenger

ميناء حاويات meenaa' Haawiyaat | container port

ميناء ركاب meenaa' rukkaab | passenger port

شبك
shabak
net

مركب صيد
markab sayd
fishing boat

مربط بالمرسى
marbaT bil-marsa
mooring

مرسى marsaa | **marina**

ميناء صيد
meenaa' sayd | **fishing port**

ميناء meenaa' | **harbor**

جسر داخل البحر
jisr daakhil al-baHr | **pier**

لسان داخل البحر
lisaan daakhil al-baHr
jetty

حوض بناء السفن
Hawd binaa' as-sufun
shipyard

مصباح
misbaaH
lamp

منارة
manaara
lighthouse

عوامة
Aawwaama
buoy

المفردات al-mufradaat • vocabulary

حرس سواحل Haras sawaaHil **coast guard**	حوض جاف HawD jaaff **dry dock**	يصعد yasAad **board (v)**
مدير الميناء mudeer al-meenaa' **harbor master**	يرسي yursee **moor (v)**	ينزل yanzil **disembark (v)**
يسقط المرساة yusqiT al-mirsaah **drop anchor (v)**	يحاذي الرصيف yuHaadhee ar-raseef **dock (v)**	يبحر yubHir **set sail (v)**

ULTRA 3
DUNLOP DDH III 4
DUNLOP
MOLITOR
TOUR EDITION 1
ProStaff DISTANCE 4
GOLF CLUB
TOP-FLITE HOT XL 4
ProStaff 4
RAM TOUR 1
MAXFLI
TOP-FLITE STRATA 3
DISTANCE

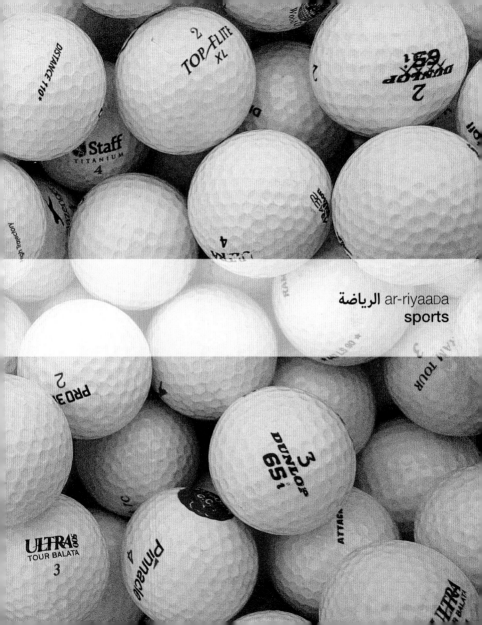

الرياضة ar-riyaaDa
sports

كرة القدم الأمريكية kurat al-qadam al-amreekeeya • Football

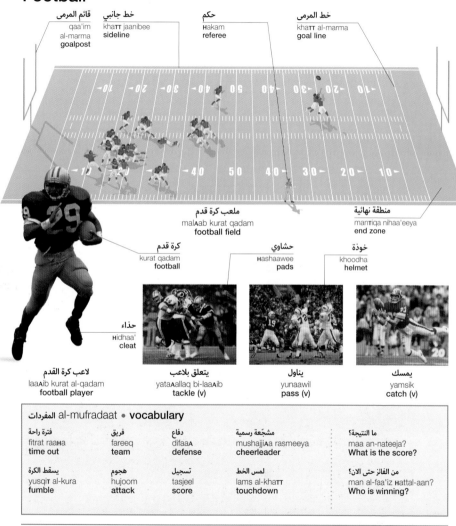

قائم المرمى
qaa'im al-marma
goalpost

خط جانبي
khaᴛᴛ jaanibee
sideline

حكم
ʜakam
referee

خط المرمى
khaᴛᴛ al-marma
goal line

ملعب كرة قدم
malᴀab kurat qadam
football field

منطقة نهائية
manᴛiqa nihaa'eeya
end zone

كرة قدم
kurat qadam
football

حشاوي
ʜashaawee
pads

خوذة
khoodha
helmet

حذاء
ʜidhaa'
cleat

لاعب كرة القدم
laaᴀib kurat al-qadam
football player

يتعلق بلاعب
yataᴀallaq bi-laaᴀib
tackle (v)

يناول
yunaawil
pass (v)

يمسك
yamsik
catch (v)

المفردات al-mufradaat • vocabulary

فترة راحة fitrat raaʜa **time out**	فريق fareeq **team**	دفاع difaaᴀ **defense**	مشجّعة رسمية mushajjiᴀa rasmeeya **cheerleader**	ما النتيجة؟ maa an-nateeja? **What is the score?**
يسقط الكرة yusqiᴛ al-kura **fumble**	هجوم hujoom **attack**	تسجيل tasjeel **score**	لمس الخط lams al-khaᴛᴛ **touchdown**	من الفائز حتى الان؟ man al-faa'iz ʜattal-aan? **Who is winning?**

الرجبي ar-rugbee • rugby

مرمى
marma
goal

منطقة المرمي
manTiqat al-marma
in-goal area

خط اللمس
khaTT al-lams
touch line

علم
Aalam
flag

خط وراء المرمى
khaTT waraa' al-marma
dead ball line

ملعب رجبي malAab rugbee | rugby field

يرمي
yarmee
throw (v)

كرة
kura
ball

زي رجبي
ziyy rugbee
rugby uniform

يركل
yarkul
kick (v)

يناول
yunaawil
pass (v)

يتعلق بلاعب
yataAallaq bi-laaAib
tackle (v)

تجاوز خط مرمى بالكرة
tajaawuz khaTT marma bil-kura
try

لاعب
laaAib
player

تجمهر مهاجمين صغير tajamhur muhaajimeen Sagheer | ruck

تجمهر مهاجمين tajamhur muhaajimeen | scrum

لعبة كرة القدم laAbat kurat al-qadam • soccer

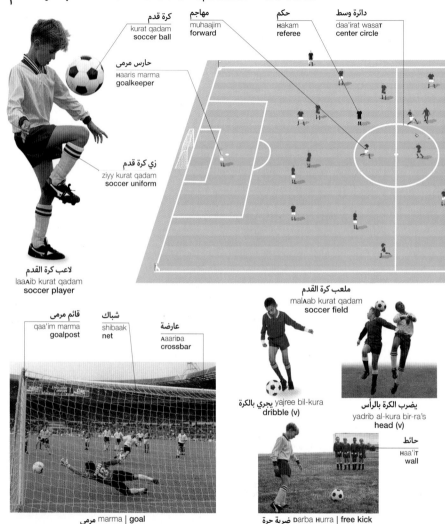

كرة قدم
kurat qadam
soccer ball

زي كرة قدم
ziyy kurat qadam
soccer uniform

لاعب كرة القدم
laaAib kurat qadam
soccer player

مهاجم
muhaajim
forward

حكم
Hakam
referee

دائرة وسط
daa'irat wasaT
center circle

حارس مرمى
Haaris marma
goalkeeper

ملعب كرة القدم
malAab kurat qadam
soccer field

قائم مرمى
qaa'im marma
goalpost

شباك
shibaak
net

عارضة
AaariDa
crossbar

مرمى marma | **goal**

يجري بالكرة yajree bil-kura
dribble (v)

يضرب الكرة بالرأس
yadrib al-kura bir-ra's
head (v)

حائط
Haa'iT
wall

ضربة حرة Darba Hurra | **free kick**

منطقة الجزاء
manTiqat al-jazaa'
penalty area

خط المرمى
khaTT al-marma
goal line

منطقة المرمى
manTiqat al-marma
goal area

هدف
hadaf
goal

مدافع
mudaafiA
defender

مراقب خط
muraaqib khaTT
linesman

علم ركن
Aalam rukn
corner flag

رمية تماس ramyat tamaass
throw-in

يركل yarkul | **kick (v)**

حذاء
Hidhaa'
cleat

يمرر
yumarrir
pass (v)

يسدد
yusaddid
shoot (v)

ينقذ
yanqidh
save (v)

يراوغ
yuraawigh
tackle (v)

المفردات al-mufradaat • **vocabulary**

استاد istaad **stadium**	فاول faawil **foul**	بطاقة صفراء biTaaqa safraa' **yellow card**	دوري dawree **league**	وقت إضافي waqt iDaafee **extra time**
يسجل هدف yusajjil hadaf **score a goal (v)**	ضربة ركنية Darba rukneeya **corner**	متسلل mutasallil **offside**	تعادل taAaadul **tie**	لاعب احتياطي laaAib iHtiyaaTee **substitute**
ضربة جزاء Darbat jazaa' **penalty**	بطاقة حمراء biTaaqa Hamraa' **red card**	طرد Tard **send off**	فترة ما بين الشوطين fitra maa bayn ash-shooTayn **halftime**	استبدال istibdaal **substitution**

لعبة الهوكي laAbat al-hokee • hockey

هوكي جليد hokee jaleed • ice hockey

خط المرمى
khaTT al-marma
goal line

منطقة هجوم
minTaqat hujoom
attack zone

منطقة محايدة
minTaqa muHaayida
neutral zone

منطقة دفاع
minTaqat difaaA
defending zone

حارس مرمى
Haaris marma
goalkeeper

مرمى
marma
goal

دائرة تنافسية
daa'ira tanaafuseeya
face-off circle

دائرة وسط
daa'irat wasaT
center circle

حلقة هوكي الجليد
Halqat hokee al-jaleed
ice hockey rink

قفاز
quffaaz
glove

وسادة
wisaada
pad

عصا
Aasaa
stick

حذاء تزلج
Hidhaa' tazalluj
ice skate

قرص
qurs
puck

لاعب هوكي جليد aaAib hokee jaleed
ice hockey player

يتزلج
yatazallaj
skate (v)

يسدد
yusaddid
hit (v)

هوكي hokee • field hockey

عصا هوكي
Aasaa hokee
hockey stick

كرة
kura
ball

لعبة الكريكيت laaʌbat al-kreeket • cricket

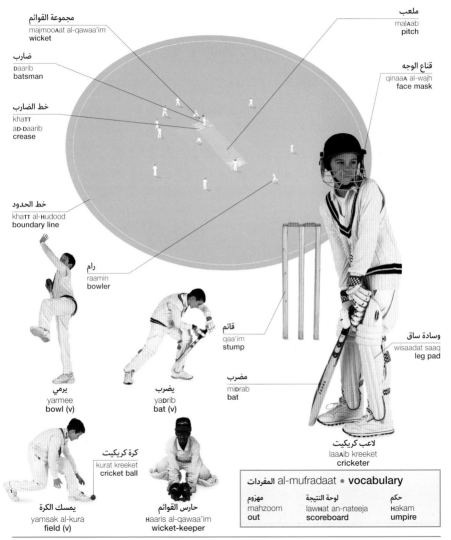

مجموعة القوائم
majmooʌat al-qawaa'im
wicket

ملعب
malaʌab
pitch

ضارب
ɒaarib
batsman

قناع الوجه
qinaaʌ al-wajh
face mask

خط الضارب
khaтт
aɒ-ɒaarib
crease

خط الحدود
khaтт al-нudood
boundary line

رام
raamin
bowler

قائم
qaa'im
stump

وسادة ساق
wisaadat saaq
leg pad

يرمي
yarmee
bowl (v)

يضرب
yaɒrib
bat (v)

مضرب
miɒrab
bat

كرة كريكيت
kurat kreeket
cricket ball

لاعب كريكيت
laaʌib kreeket
cricketer

يمسك الكرة
yamsak al-kura
field (v)

حارس القوائم
нaaris al-qawaa'im
wicket-keeper

المفردات al-mufradaat • vocabulary

مهزوم	لوحة النتيجة	حكم
mahzoom	lawнat an-nateeja	нakam
out	scoreboard	umpire

لعبة كرة السلة laAbat kurat as-salla • **basketball**

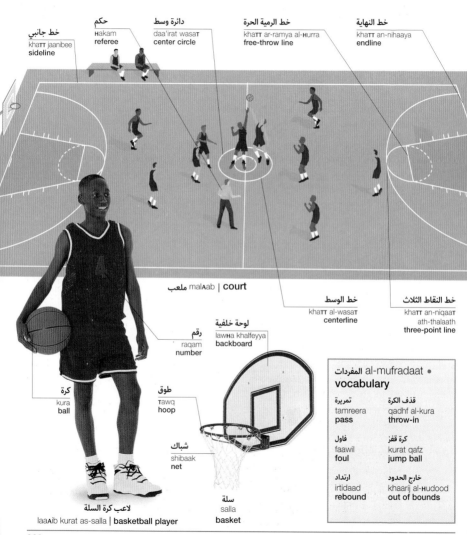

خط جانبي
khaTT jaanibee
sideline

حكم
Hakam
referee

دائرة وسط
daa'irat wasaT
center circle

خط الرمية الحرة
khaTT ar-ramya al-Hurra
free-throw line

خط النهاية
khaTT an-nihaaya
endline

ملعب malAab | **court**

خط الوسط
khaTT al-wasaT
centerline

خط النقاط الثلاث
khaTT an-niqaaT ath-thalaath
three-point line

رقم
raqam
number

كرة
kura
ball

لاعب كرة السلة
laaAib kurat as-salla | **basketball player**

لوحة خلفية
lawHa khalfeyya
backboard

طوق
Tawq
hoop

شباك
shibaak
net

سلة
salla
basket

المفردات al-mufradaat • vocabulary

تمريرة tamreera **pass**	قذف الكرة qadhf al-kura **throw-in**
فاول faawil **foul**	كرة قفز kurat qafz **jump ball**
ارتداد irtidaad **rebound**	خارج الحدود khaarij al-Hudood **out of bounds**

الحركات al-Harakaat • **actions**

يرمي
yarmee
throw (v)

يمسك
yumsik
catch (v)

يصوب
yasawwib
shoot (v)

يقفز
yaqfiz
jump (v)

يلاصق
yulaasiq
mark (v)

يعترض
yaAtariD
block (v)

ينطط
yunaTTiT
dribble (v)

يدفع من أعلى
yadfaA min aAla
dunk (v)

لعبة الكرة الطائرة laAbat al-kura aT-Taa'ira • **volleyball**

يعترض
yaAtariD
block (v)

شباك
shibaak
net

حكم
Hakam
referee

يرفع الكرة لأعلى
yarfaA al-kura
li-aAla
dig (v)

دعامة ركبة
diAaamat rukba
knee support

ملعب malAab | **court**

لعبة البيسبول laAbat al-baysbool • **baseball**

الملعب al-malAab • **field**

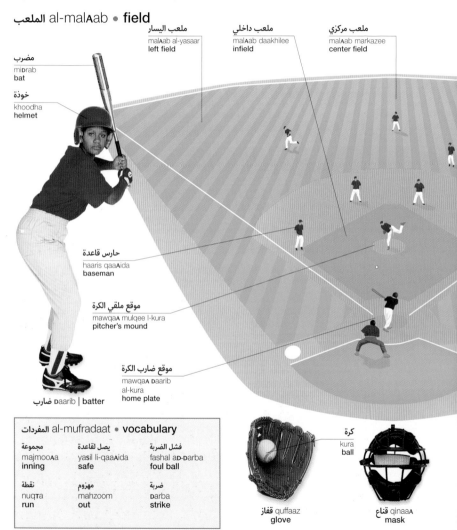

ملعب اليسار
malAab al-yasaar
left field

ملعب داخلي
malAab daakhilee
infield

ملعب مركزي
malAab markazee
center field

مضرب
miDrab
bat

خوذة
khoodha
helmet

حارس قاعدة
haaris qaaAida
baseman

موقع ملقي الكرة
mawqaA mulqee l-kura
pitcher's mound

موقع ضارب الكرة
mawqaA Daarib
al-kura
home plate

ضارب Daarib | **batter**

المفردات al-mufradaat • **vocabulary**

مجموعة majmooAa **inning**	يصل لقاعدة yaSil li-qaaAida **safe**	فشل الضربة fashal aD-Darba **foul ball**
نقطة nuqTa **run**	مهزوم mahzoom **out**	ضربة Darba **strike**

كرة
kura
ball

قفاز quffaaz
glove

قناع qinaaA
mask

ملعب خارجي
malAab
khaarijee
outfield

ملعب أيمن
malAab ayman
right field

خط الفاول
khaTT al-faawil
foul line

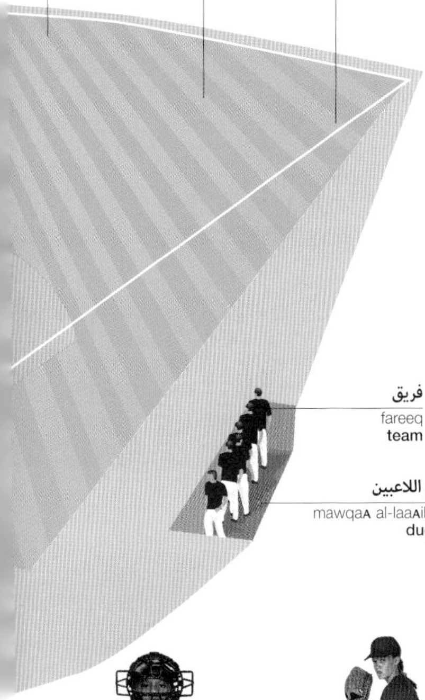

فريق
fareeq
team

موقع اللاعبين
mawqaA al-laaAibeen
dugout

ماسك maasik | **catcher**

مُلق mulqin | **pitcher**

الحركات al-Harakaat • **actions**

يرمي yarmee | **throw (v)**

يُمسك yumsik | **catch (v)**

يركض
yarkuD
run (v)

يمسك الكرة
yumsik al-kura | **field (v)**

ينزلق
yanzaliq
slide (v)

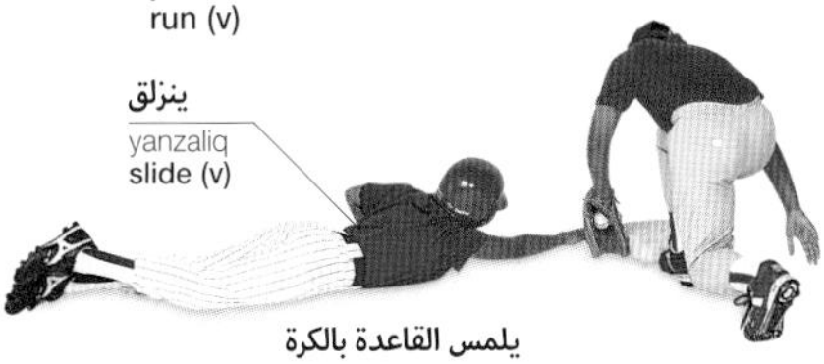

يلمس القاعدة بالكرة
yalmas al-qaaAida bil-kura
tag (v)

يُلقي
yulqee
pitch (v)

يصد
yasudd
bat (v)

حكم
Hakam
umpire

يلعب yalAab | **play (v)**

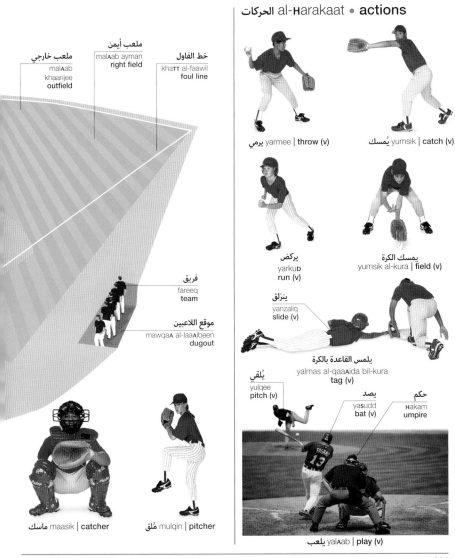

لعبة التنس laAbat at-tenis • tennis

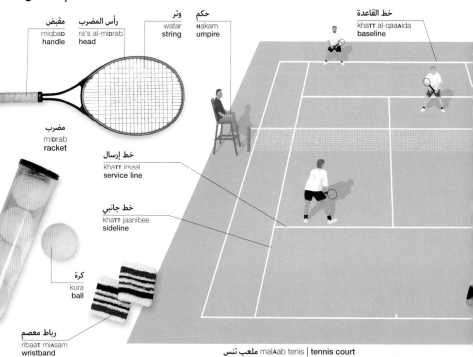

مقبض
miqbaD
handle

رأس المضرب
ra's al-miDrab
head

وتر
watar
string

حكم
Hakam
umpire

مضرب
miDrab
racket

كرة
kura
ball

رباط معصم
ribaaT miAsam
wristband

خط القاعدة
khaTT al-qaaAida
baseline

خط إرسال
khaTT irsaal
service line

خط جانبي
khaTT jaanibee
sideline

ملعب تنس malAab tenis | **tennis court**

المفردات al-mufradaat • vocabulary

مباراة فردية
mubaaraah fardeeya
singles

مباراة زوجية
mubaaraah zawjeeya
doubles

شوط
shawT
game

مجموعة
majmooAa
set

مباراة
mubaaraah
match

بطولة
buTоola
championship

صفر
sifr
love

تعادل
taAaadul
deuce

متقدم
mutaqaddim
advantage

خطأ
khaTaa'
fault

كرة إرسال فائزة
kurat irsaal faa'iza
ace

كرة ساقطة
kura saaqiTa
dropshot

ضربة بزاوية
Darba bi-zaawiya
slice

ضربة لا تحتسب
Darba laa tuHtasab
let!

تبادل عدة ضربات
tabaadul Aiddat Darabaat
rally

مراقب خط
muraaqib khaTT
linesman

شوط التعادل
shawT at-taAaadul
tiebreaker

لف
laff
spin

شبكة
shabaka
net

ضربة قوية
Darba qawiya
smash

صبي جمع الكرات
Sabiyy jamA al-kuraat
ball boy

يرسل
yursil
serve (v)

حذاء تنس
Hidhaa' tenis
tennis shoes

لاعب laaAib | **player**

الضربات aD-Darabaat • strokes

إرسال
irsaal
serve

ضربة مباشرة
Darba mubaashira
volley

صد
Sadd
return

ضربة في قوس علوي
Darba fee qaws Aulwee
lob

ضربة أمامية
Darba amaameeya
forehand

ضربة خلفية
Darba khalfeeya
backhand

ألعاب المضرب alAaab al-miDrab • racket games

ريشة
reesha
shuttlecock

تنس الريشة
tenis ar-reesha
badminton

مضرب
miDrab
paddle

تنس الطاولة
tenis aT-Taawila
table tennis

سكواش
skwaash
squash

لعبة الراكيت
laAbat ar-raaket
racquetball

الجولف al-golf • golf

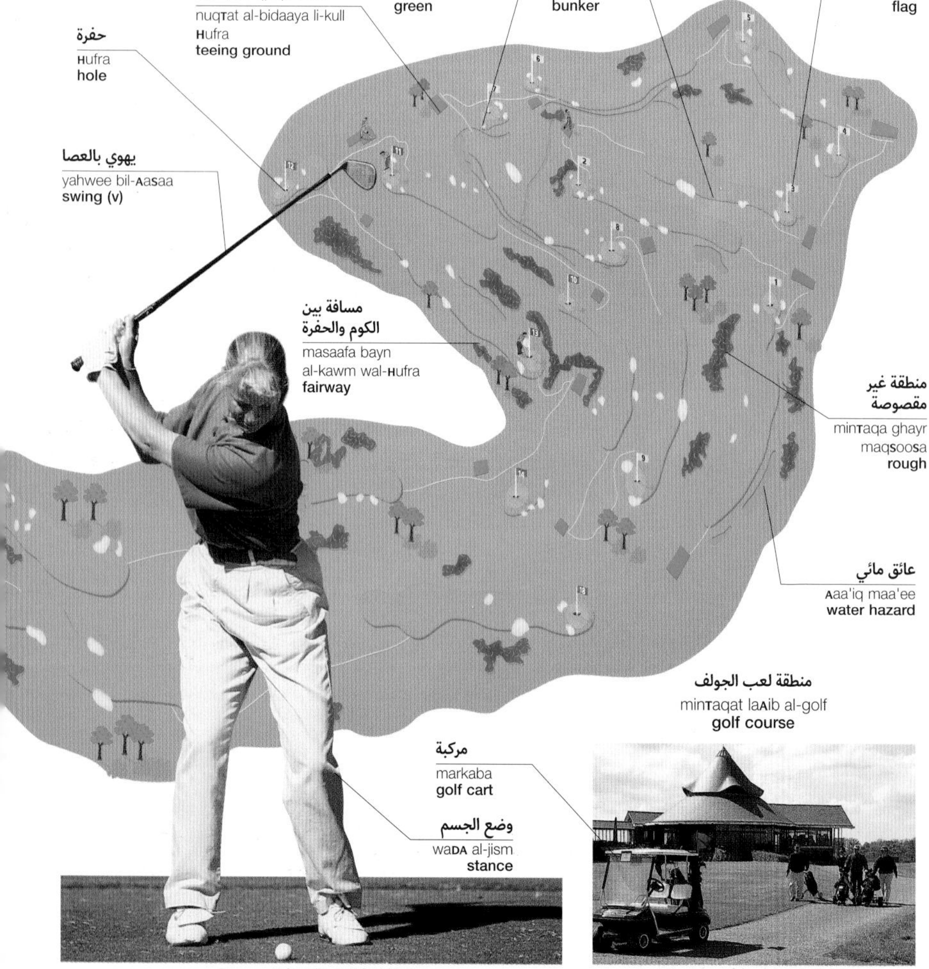

نقطة البداية لكل حفرة
nuqTat al-bidaaya li-kull Hufra
teeing ground

نجيل حول حفرة
najeel Hawla Hufra
green

عائق رملي
Aaa'iq ramlee
bunker

علم
Aalam
flag

حفرة
Hufra
hole

يهوي بالعصا
yahwee bil-AaSaa
swing (v)

مسافة بين الكوم والحفرة
masaafa bayn al-kawm wal-Hufra
fairway

منطقة غير مقصوصة
minTaqa ghayr maqSooSa
rough

عائق مائي
Aaa'iq maa'ee
water hazard

منطقة لعب الجولف
minTaqat laAib al-golf
golf course

مركبة
markaba
golf cart

وضع الجسم
waDA al-jism
stance

لاعب جولف laaAib golf | **golfer**

دار النادي daar an-naadee | **clubhouse**

المعدات al-muAiddaat • equipment

كرة الجولف
kurat al-golf
golf ball

قمزة
qamza
tee

قفاز
quffaaz
glove

حقيبة الجولف
Haqeebat al-golf
golf bag

مسامير
masaameer
spikes

حامل معدات
Haamil muAiddaat
bag cart

حذاء جولف
Hidhaa' golf
golf shoe

عصي الجولف
AuSee al-golf •
golf clubs

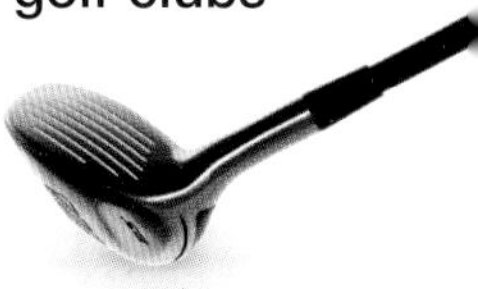

خشب
khashab
wood

مُسقط
musqiT
putter

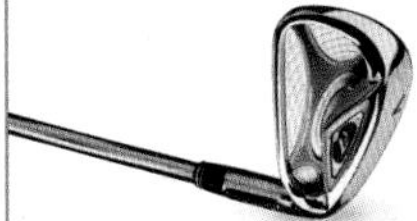

حديد
Hadeed
iron

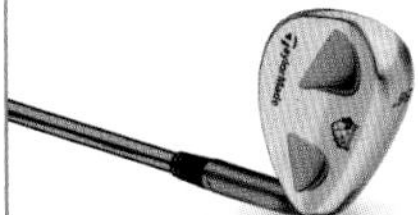

إسفين
isfeen
wedge

الأوضاع al-awDaaA • actions

يُسدد من قمزة
yusaddid min qamza
tee-off (v)

يدفع
yadfaA
drive (v)

يُسقط في حفرة
yusqiT fee Hufra
putt (v)

يُسقط عن قرب
yusqiT Aan qurb
chip (v)

المفردات al-mufradaat • vocabulary

سوية sawiya **par**	فوق السوية fawq as-sawiya **over par**	معادلة muAaadala **handicap**	حمال الجولف Hammaal al-golf **caddy**	ضربة تدريب Darbat tadreeb **practice swing**	ضربة Darba **stroke**
دون السوية doon as-sawiya **under par**	إسقاط بضربة واحدة isqaaT bi-darba waaHida **hole in one**	مسابقة musaabaqa **tournament**	متفرجون mutafarrijoon **spectators**	ضربة طويلة من الخلف Darba Taweela min al-khalf **backswing**	اتجاه مقصود ittijaah maqsood **line of play**

ألعاب القوى alAaab al-quwa • **track and field**

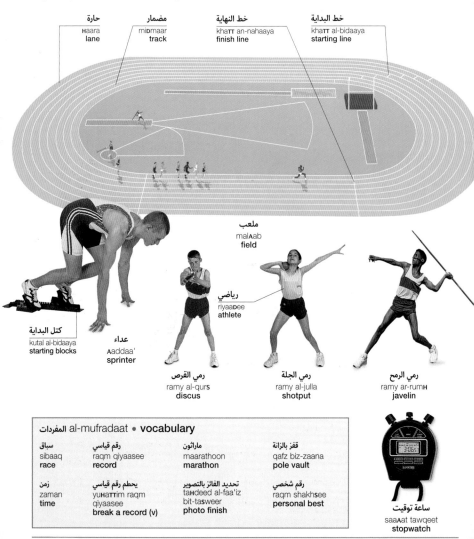

حارة
Haara
lane

مضمار
miDmaar
track

خط النهاية
khaTT an-nahaaya
finish line

خط البداية
khaTT al-bidaaya
starting line

ملعب
malAab
field

كتل البداية
kutal al-bidaaya
starting blocks

عداء
Aaddaa'
sprinter

رمي القرص
ramy al-qurs
discus

رياضي
riyaaDee
athlete

رمي الجلة
ramy al-julla
shotput

رمي الرمح
ramy ar-rumH
javelin

المفردات al-mufradaat • **vocabulary**

سباق
sibaaq
race

رقم قياسي
raqm qiyaasee
record

ماراثون
maarathoon
marathon

قفز بالزانة
qafz biz-zaana
pole vault

زمن
zaman
time

يحطم رقم قياسي
yuHaTTim raqm qiyaasee
break a record (v)

تحديد الفائز بالتصوير
taHdeed al-faa'iz bit-tasweer
photo finish

رقم شخصي
raqm shakhsee
personal best

ساعة توقيت
saaAat tawqeet
stopwatch

عصا
Aasaa
baton

سباق تتابع
sibaaq tataabuA
relay race

عارضة
AaariDa
crossbar

الوثب العالي
al-wathb al-Aaalee
high jump

الوثب الطويل
al-wathb aT-Taweel
long jump

حواجز
Hawaajiz
hurdles

جمباز jumbaaz • gymnastics

حصان
Hisaan
horse

أداء على حصان
adaa' Aala Hisaan
vault

مقفز
maqfaz
springboard

رأسًا على عقب
ra'san Aala Auqb
somersault

لاعب جمباز
laaAib jumbaaz
gymnast

عارضة AaariDa | **beam**

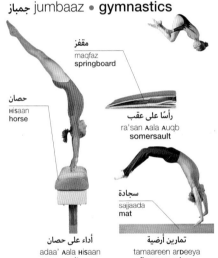

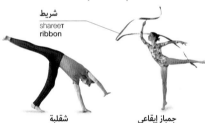

سجادة
sajjaada
mat

تمارين أرضية
tamaareen arDeeya
floor exercises

شقلبة
shaqlaba
cartwheel

شريط
shareeT
ribbon

جمباز إيقاعي
jumbaaz eeqaaAee
rhythmic gymnastics

المفردات al-mufradaat • vocabulary

عارضة أفقية
AaariDa ufuqeeya
horizontal bar

حصان توازن
Hisaan tawaazun
pommel horse

أطواق
aTwaaq
rings

ميداليات
meedaalyaat
medals

فضة
fiDDa
silver

عارضتان موازيتان
AaariDataan muwaaziyataan
parallel bars

عوارض غير متناظرة
AawaariD ghayr mutanaazira
asymmetric bars

منصة
minassa
podium

ذهب
dhahab
gold

برونز
bironz
bronze

ألعاب النزال alAaab an-nizaal • combat sports

خصم
khism
opponent
واق
waaqin
guard
قفاز
quffaaz
glove
حزام
Hizaam
belt

تي كوندو tai kwondo | tae kwon do

كاراتيه karaateh | karate

جودو joodo | judo

أيكيدو aykeedo | aikido

قناع
qinaaA
mask
سيف
sayf
sword

كيندو kendo | kendo

كونفو kunfoo | kung fu

ملاكمة بالأرجل
mulaakama bil-arjul
kickboxing

مصارعة musaaraAa | wrestling

ملاكمة mulaakama | boxing

الحركات al-ᴴarakaat • actions

وقوع wuqooᴀ | fall

مسك mask | hold

رمي ramy | throw

تثبيت tathbeet | pin

ركل rakl | kick

لكم lakm | punch

ضرب ᴅarb | strike

قفز qafz | jump

صد sadd | block

ضربة قاطعة
ᴅarba qaatiᴀa | chop

المفردات al-mufradaat • vocabulary

حلقة ملاكمة ᴴalqat mulaakama **boxing ring**	جولة jawla **round**	قبضة يد qabᴅat yad **fist**	حزام أسود ᴴizaam aswad **black belt**	كابورا kaboora **capoeira**
واقي الفم waaqee l-fam **mouth guard**	مباراة mubaaraah **bout**	ضربة قاضية ᴅarba qaaᴅiya **knockout**	دفاع عن النفس difaaᴀ ᴀan an-nafs **self-defense**	تي شي tai shee **tai chi**
قفازات ملاكمة quffaazaat mulaakama **boxing gloves**	تدريب الملاكم tadreeb al-mulaakim **sparring**	كيس معلق للتدريب kees muᴀallaq lit-tadreeb **punching bag**	فنون القتال funoon al-qitaal **martial arts**	مصارعة يابانية musaaraᴀa yaabaaneeya **sumo wrestling**

السباحة as-sibaaHa • swimming
المعدات al-muAiddaat • equipment

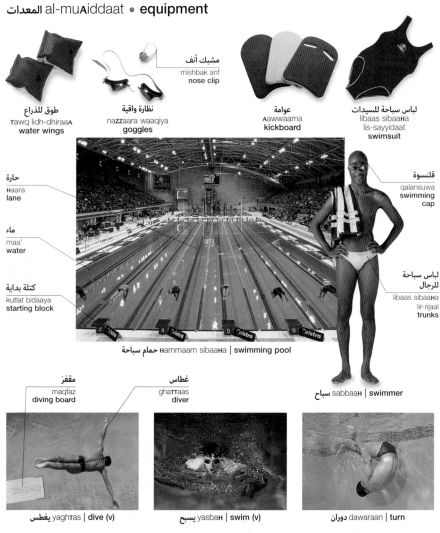

مشبك أنف
mishbak anf
nose clip

طوق للذراع
Tawq lidh-dhiraaA
water wings

نظارة واقية
naZZaara waaqiya
goggles

عوامة
Aawwaama
kickboard

لباس سباحة للسيدات
libaas sibaaHa
lis-sayyidaat
swimsuit

حارة
Haara
lane

ماء
maa'
water

كتلة بداية
kutlat bidaaya
starting block

قلنسوة
qalansuwa
swimming cap

لباس سباحة
للرجال
libaas sibaaHa
lir-rijaal
trunks

حمام سباحة Hammaam sibaaHa | **swimming pool**

مقفز
maqfaz
diving board

غطاس
ghaTTaas
diver

سباح sabbaaH | **swimmer**

يغطس yaghTas | **dive (v)**

يسبح yasbaH | **swim (v)**

دوران dawaraan | **turn**

الأساليب al-asaaleeb • styles

سباحة حرة sibaaHa Hurra | front crawl

سباحة صدر sibaaHat sadr | breaststroke

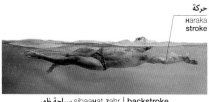

حركة
Haraka
stroke

سباحة ظهر sibaaHat zahr | backstroke

ركلة
rakla
kick

سباحة فراشة sibaaHat faraasha | butterfly

الغطس al-ghaTs • scuba diving

حلة من المطاط
Hulla min
al-maTTaaT
wetsuit

زعنفة
ziAnifa
fin

حزام أثقال
Hizaam athqaal
weight belt

اسطوانة هواء
usTawaanat hawaa'
air cylinder

قناع
qinaaA
mask

منظم
munaZZim
regulator

أنبوب الهواء
unboob al-hawaa'
snorkel

المفردات al-mufradaat • vocabulary

غطس ghaTs dive	سباق غوص sibaaq ghaws racing dive	خزانة بقفل khizaana bi-qufl lockers	كرة الماء kurat al-maa' water polo	جانب ضحل jaanib DaHl shallow end	شد عضلي shadd AaDalee cramp
غطس عال ghaTs Aaalin high dive	يطفو فوق الماء بالركل yaTfoo fawq al-maa' bir-rakl tread water (v)	سباح الإنقاذ sabbaaH al-inqaadh lifeguard	جانب عميق jaanib Aameeq deep end	السباحة التوقيعية as-sibaaHa at-tawqeeAeeya synchronized swimming	يغرق yaghriq drown (v)

الإبحار al-ibHaar • sailing

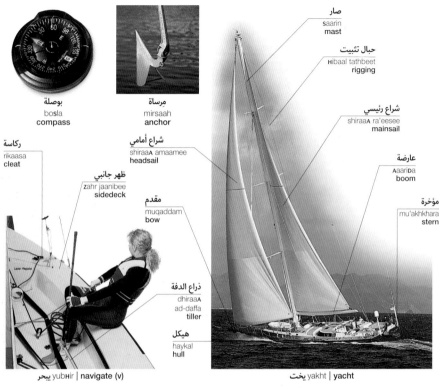

بوصلة
bosla
compass

مِرساة
mirsaah
anchor

ركاسة
rikaasa
cleat

ظهر جانبي
zahr jaanibee
sidedeck

ذراع الدفة
dhiraaA
ad-daffa
tiller

يبحر yubHir | **navigate (v)**

صار
saarin
mast

حبال تثبيت
Hibaal tathbeet
rigging

شراع رئيسي
shiraaA ra'eesee
mainsail

شراع أمامي
shiraaA amaamee
headsail

عارضة
AaariDa
boom

مقدم
muqaddam
bow

مؤخرة
mu'akhkhara
stern

هيكل
haykal
hull

يخت yakht | **yacht**

سلامة salaama • safety

شهاب
shihaab
flare

عوامة إنقاذ
Aawaamat inqaadh
life buoy

سترة إنقاذ
sutrat inqaadh
life jacket

رمث نجاة
ramath najaah
life raft

الرياضات المائية al-riyaaDaat al-maa'eeya • watersports

جداف
jaddaaf
rower

مجداف
mijdaaf
oar

كاياك
kaayaak
kayak

مجداف
mijdaaf
paddle

يجدف yujaddif | **row (v)**

ركوب كاياك
rukoob kaayaak
kayaking

شراع
shiraaA
sail

لوحة ركوب الأمواج
lawHat rukoob al-amwaaj
surfboard

زحلوقة
zaHlooqa
ski

راكب لوح
raakib lawH
windsurfer

ركوب الأمواج
rukoob al-amwaaj
surfing

تزحلق على الماء
tazaHluq Aalal-maa'
waterskiing

ركوب مراكب السرعة
rukoob maraakib as-surAa
speedboating

لوح
lawH
board

حزام القدم
Hizaam al-qadam
footstrap

ركوب الرياح rukoob ar-riyaaH | **windsurfing**

ركوب رمث
rukoob ramath
rafting

تزحلق نفاث
tazaHluq naffaath
jet skiing

المفردات al-mufradaat • vocabulary

متزحلق على الماء	ملاحون	هواء	أمواج	شراع	لوحة وسطية
mutazaHliq Aalal-maa'	mallaaHoon	hawaa'	amwaaj	shiraaA	lawHa wasaTeeya
waterskier	**crew**	**wind**	**surf**	**sheet**	**centerboard**
راكب الأمواج	يتعرج في إبحاره	موجة	خرخار	دفة	ينقلب
raakib al-amwaaj	yataAarraj fee ibHaarihi	mawja	kharkhaar	daffa	yanqalib
surfer	**tack (v)**	**wave**	**rapids**	**rudder**	**capsize (v)**

ركوب الخيل rukoob al-khayl • **horseback riding**

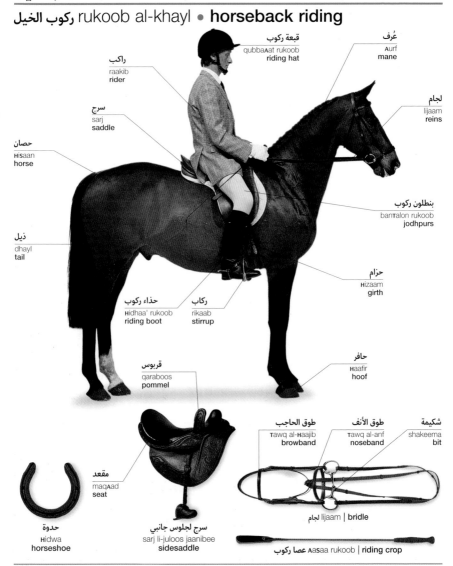

قبعة ركوب
qubbaAat rukoob
riding hat

عُرف
Aurf
mane

راكب
raakib
rider

لجام
lijaam
reins

سرج
sarj
saddle

حصان
Hisaan
horse

بنطلون ركوب
banTalon rukoob
jodhpurs

ذيل
dhayl
tail

حزام
Hizaam
girth

حذاء ركوب
Hidhaa' rukoob
riding boot

ركاب
rikaab
stirrup

حافر
Haafir
hoof

قربوس
qaraboos
pommel

مقعد
maqAad
seat

حدوة
Hidwa
horseshoe

سرج لجلوس جانبي
sarj li-juloos jaanibee
sidesaddle

طوق الحاجب
Tawq al-Haajib
browband

طوق الأنف
Tawq al-anf
noseband

شكيمة
shakeema
bit

لجام lijaam | **bridle**

عصا ركوب Aasaa rukoob | **riding crop**

المباريات al-mubaariyaat • events

حصان سباق
Hisaan sibaaq
racehorse

سباق خيول
sibaaq khuyool
horse race

سياج
siyaaj
fence

سباق حوائل
sibaaq Hawaa'il
steeplechase

سباق عربات ذات عجلتين
sibaaq Aarabaat dhaat Aajalatayn
harness race

روديو
roodyo
rodeo

مباراة قفز
mubaraat qafz
showjumping

سباق مركبة
sibaaq markaba
carriage race

رحلة بالحصان
riHla bil-Husaan | **trail riding**

ترويض
tarweeD | **dressage**

بولو
bolo | **polo**

المفردات al-mufradaat • vocabulary

مشي mashy **walk**	خبب khabab **canter**	قفز qafz **jump**	لجام lijaam **halter**	حقل ترويض Haql tarweeD **paddock**	سباق على أرض مستوية sibaaq Aala arD mustawiya **flat race**
هرولة harwala **trot**	جري jary **gallop**	سائس saa'is **groom**	إسطبل isTabl **stable**	ميدان تنافس meedaan tanaafus **arena**	مضمار miDmaar **racecourse**

صيد السمك Sayd as-samak • fishing

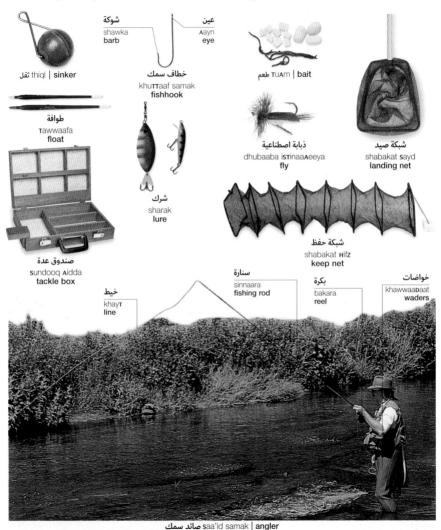

ثقل thiql | sinker

شوكة
shawka
barb

عين
Aayn
eye

خطاف سمك
khuTTaaf samak
fishhook

طعم TUAm | **bait**

شبكة صيد
shabakat Sayd
landing net

طوافة
Tawwaafa
float

شرك
sharak
lure

ذبابة اصطناعية
dhubaaba iSTinaaAeeya
fly

صندوق عدة
Sundooq Aidda
tackle box

شبكة حفظ
shabakat Hifz
keep net

خيط
khayT
line

سنارة
sinnaara
fishing rod

بكرة
bakara
reel

خواضات
khawwaaDaat
waders

صائد سمك saa'id samak | **angler**

أنواع صيد السمك anwaaA sayd as-samak • types of fishing

صيد سمك من ماء حلو
sayd samak min maa' Hulw
freshwater fishing

صيد بذبابة اصطناعية
sayd bi-dhubaaba isTinaaAeeya
fly fishing

رياضة صيد السمك
riyaaDat sayd as-samak
sport fishing

صيد في البحار العميقة
sayd fil-biHaar al-Aameeqa
deep sea fishing

صيد من الشاطئ
sayd min ash-shaaTi'
surfcasting

الأنشطة al-anshiTa • activities

يرمي
yarmee
cast (v)

يصطاد
yaSTaad
catch (v)

يجر للخارج
yajurr lil-khaarij
reel in (v)

يصطاد في شبكة
yaSTaad fee shabaka
net (v)

يطلق سراح
yuTliq saraaH
release (v)

المفردات al-mufradaat • vocabulary

يُطعم yuTaAAim **bait (v)**	عدة Aidda **tackle**	زي مقاوم للماء ziyy muqaawim lil-maa' **rain gear**	تصريح صيد tasreeH sayd **fishing license**	سلة salla **creel**
يلتقط الطعم yaltaqiT aT-TuAm **bite (v)**	بكرة خيط bakarat khayT **spool**	سنارة sinnaara **pole**	صيد بحري sayd baHree **marine fishing**	صيد بالحراب sayd bil-Hiraab **spearfishing**

التزلج at-tazalluj • skiing

منحدر تزلج
munHadar tazalluq
ski slope

مصعد بكرسي
maSAad
bi-kursee
chairlift

عربة كبل
Aarabat kabal
cable car

مجرى تزلج
majra tazalluj
ski run

قفاز
quffaaz
glove

حاجز أمان
Haajiz amaan
safety barrier

عصا تزلج
AaSaa tazalluj
ski pole

طرف
Tarf
tip

حافة
Haafa
edge

زحلوقة
zaHlooqa
ski

معطف تزلج
miATaf tazalluj
ski jacket

حذاء تزلج
Hidhaa' tazalluj
ski boot

متزلج
mutazallij
skier

المباريات al-mubaariyaat • events

حد الممر
Hadd al-masaar
gate

تزلج نحو السفح
tazalluj naHw as-safH
downhill skiing

تزلج متعرج
tazalluj mutaAarrij
slalom

تزلج مع القفز
tazalluj maAa l-qafz
ski jump

تزلج لمسافات طويلة
tazalluj li-masaafaat Taweela
cross-country skiing

رياضات الشتاء riyaaDaat ash-shitaa' • winter sports

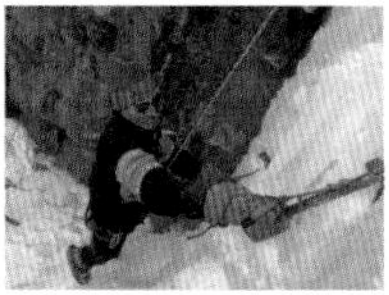

صعود الجليد
suAood al-jaleed
ice climbing

تزلج على الجليد
tazalluj Aala l-jaleed
ice-skating

حذاء تزلج
Hidhaa' tazalluj
skate

رقص على الجليد
raqs Aala l-jaleed
figure skating

نظارات واقية
nazzaaraat waaqiya
goggles

تزلج على لوح
tazalluj Aala lawH
snowboarding

تزلج في مركبة
tazalluj fee markaba
bobsled

تزلج في وضع الجلوس
tazalluj fee waDA al-juloos
luge

عربة الثلوج
Aarabat ath-thulooj
snowmobile

استعمال مزالج
istiAmaal mazaalij
sledding

المفردات al-mufradaat • vocabulary

تزلج ترفيهي
tazalluj tarfeehee
alpine skiing

تزلج متعرج طويل
tazalluj mutaAarrij Taweel
giant slalom

خارج المجرى
khaarij al-majra
off-piste

استعانة بكلاب للتزلج
istiAaana bi-kilaab lit-tazalluj
dogsledding

كرلنج
kurling
curling

تزلج السرعة
tazalluj as-surAa
speed skating

انهيار
inhiyaar
avalanche

رياضة الرماية والتزلج
riyaaDat ar-rimaaya wat-tazalluj
biathlon

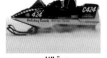

رياضات أخرى riyaaDaat ukhra • other sports

طائرة شراعية
Taa'ira
shiraaAeyya
glider

طيران بطائرة شراعية
Tayaraan bi-Taa'ira shiraaAeeya
gliding

شراع طائر
shiraaA Taa'ir
hang-glider

طيران بشراع طائر
Tayaraan bi-shiraaA Taa'ir
hang-gliding

حبل
Habl
rope

صعود الصخور
suAood as-sukhoor
rock climbing

مظلة هبوط
mizallat hubooT
parachute

قفز بمظلات
qafz bi-mazallaat
parachuting

تعلق على شراع
taAalluq Aala shiraaA
paragliding

سباحة في الفضاء
sibaaHa fil-faDaa'
skydiving

هبوط عبر حبل ثابت
hubooT Aabra Habl thaabit
rappelling

قفز بالبنجي
qafz bil-banjee
bungee jumping

سائق سباق
saa'iq sibaaq
race-car driver

سباق الطرق الوعرة
sibaaq aᴛ-ᴛuruq al-waᴀra
rally driving

سباق سيارات
sibaaq sayyaaraat
auto racing

سباق الطرق الوعرة بدراجات
sibaaq aᴛ-ᴛuruq al-waᴀra
bi-darraajaat
motocross

سباق دراجات بخارية
sibaaq darraajaat
bukhaareeya
motorcycle racing

لوح بعجل
lawн bi-ᴀajal
skateboard

ركوب ألواح بعجل
rukoob alwaaн bi-ᴀajal
skateboarding

تزلج بعجل خطي
tazalluj bi-ᴀjal khaᴛᴛee
inline skating

عصا
ᴀasaa
stick

لعبة لاكروس
laᴀbat lakros
lacrosse

قناع
qinaaᴀ
mask

سلاح
silaaн
foil

مبارزة
mubaaraza
fencing

وتد
watad
pin

سهم
sahm
arrow

حامل السهام
наamil as-sihaam
quiver

قوس
qaws
bow

رماية بالقوس والسهم
rimaaya bil-qaws was-sahm
archery

هدف
hadaf
target

رماية نحو هدف
rimaaya naнwa hadaf
target shooting

كرة البولينج
kurat al-bohling
bowling ball

لعبة بولينج
laᴀbat bohling
bowling

بلياردو
bilyaardo
pool

سنوكر
snookir
snooker

اللياقة البدنية al-liyaaqa al-badaneeya • **fitness**

دراجة تمرينات
darraajat
tamreenaat
exercise bike

جهاز جمنازيوم
jihaaz jimnaazyum
gym machine

مقعد طويل
maqAad Taweel
bench

أثقال حرة
athqaal Hurra
free weights

عارضة
Aaarida
bar

جهاز تجديف
jihaaz tajdeef
rowing machine

جمنازيوم
jimnaazyum
gym

مشاية
mashshaaya
treadmill

جهاز تمرين شامل
jihaaz tamreen shaamil
elliptical trainer

مدرب شخصي
mudarrib shakhsee
personal trainer

جهاز تدرب على درج
jihaaz tadarrub Aala daraj
stair machine

حمام سباحة
Hammaam sibaaHa
swimming pool

ساونا
saawna
sauna

التمارين الرياضية at-tamaareen ar-riyaaDeeya • exercises

مد
madd
stretch

تحرك للأمام
taHarruk lil-amaam
lunge

سروال الرياضة
sirwaal ar-riyaaDa
tights

رفع وخفض الجسم
rafA wa-khafD al-jism
push-up

قرفصاء
qurfusaa'
squat

رفع الرأس والصدر
rafA ar-ra's was-sadr
sit-up

قضيب بكرتين
qaDeeb bi-kuratayn
dumbbell

تدريب عضلة الذراع
tadreeb AaDalat adh-dhiraaA
bicep curl

دفع بالأرجل
dafA bil-arjul
leg press

ضغط الصدر
daghT as-Sadr
chest press

حذاء تدريب
Hidhaa' tadreeb
sneakers

قضيب أثقال
qaDeeb athqaal
weight bar

تدريب على رفع الأثقال
tadreeb Aala rafA al-athqaal
weight training

عدو
Aadw
jogging

تمرينات بيلاتس
tamreenaat beelaatis
Pilates

المفردات mufradaat • vocabulary

يتدرب
yatadarrab
train (v)

يعدو على الواقف
yaAdoo Aalal-waaqif
jog in place (v)

يمد
yamudd
extend (v)

تدريب ملاكمة
tadreeb mulaakama
boxercise

نط الحبل
naTT al-Habl
jumping rope

يسخن العضلات
yusakhkhin al-Aadalaat
warm up (v)

يثني
yathnee
flex (v)

يرفع
yarfaA
pull up (v)

لياقة من جهاز لجهاز
liyaaqa min jihaaz li-jihaaz
circuit training

الترفيه at-tarfeeh
leisure

المسرح al-masraH • theater

ستارة
sitaara
curtain
أجنحة
ajniHa
wings
مشهد
mash-had
set
مشاهدون
mushaahidoon
audience
اوركسترا
orkestra
orchestra

خشبة المسرح khashabat al-masraH | stage

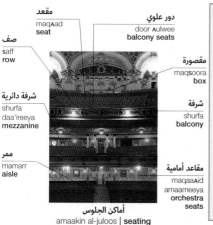

مقعد
maqAad
seat
دور علوي
door Aulwee
balcony seats
صف
saff
row
مقصورة
maqsoora
box
شرفة دائرية
shurfa
daa'ireeya
mezzanine
شرفة
shurfa
balcony
ممر
mamarr
aisle
مقاعد أمامية
maqaaAid
amaameeya
orchestra
seats

أماكن الجلوس
amaakin al-juloos | seating

المفردات al-mufradaat • vocabulary

ممثل mumaththil **actor**	نص nass **script**	ليلة الافتتاح laylat al-iftitaaH **opening night**
ممثلة mumaththila **actress**	خلفية khalfeeya **backdrop**	استراحة istiraaHa **intermission**
مسرحية masraHeeya **play**	مخرج mukhrij **director**	برنامج barnaamij **program**
شخصيات رواية shakhseeyaat riwaaya **cast**	منتج muntij **producer**	موضع للاوركسترا mawDaA lil-orkestra **orchestra pit**

حفلة موسيقية
Hafla moosiqeeya | **concert**

مسرحية موسيقية
masraHeeya moosiqeeya | **musical**

زي
ziyy
costume

باليه baalleh | **ballet**

المفردات al-mufradaat • vocabulary

مرشد لمقاعد
murshid li-maqaaAid
usher

موسيقى كلاسيكية
moosiqa kelaasikeeya
classical music

نوتة موسيقية
noota moosiqeeya
musical score

يصفق
yusaffiq
applaud (v)

استعادة
istiAaada
encore

الموسيقى المصاحبة
al-moosiqa al-musaaHiba
soundtrack

متى يبدأ العرض؟
mata yabda' al-AarD?
When does it start?

أريد تذكرتين لبرنامج الليلة.
ureed tadhkaratayn li-barnaamij al-layla
I'd like two tickets for tonight's performance.

أوبرا obera | **opera**

السينما as-seenimaa • movies

فشار
fishaar
popcorn

ردهة
radha
lobby

مكتب الحجز
maktab al-Hajz
box office

إعلان
iAlaan
poster

قاعة سينما
qaaAat seenimaa
movie theater

شاشة
shaasha
screen

المفردات al-mufradaat • vocabulary

فيلم هزلي
film hazlee
comedy

فيلم غرامي
film gharaamee
romance

فيلم إثارة
film ithaara
thriller

فيلم خيال علمي
film khayaal Ailmee
science fiction movie

فيلم رعب
film ruAb
horror movie

فيلم مغامرات
film mughaamaraat
adventure movie

فيلم رعاة بقر
film ruAaat baqar
Western

رسوم متحركة
rusoom mutaHarrika
animated movie

الاوركسترا al-orkestra • orchestra

آلات وترية aalaat watareeya • strings

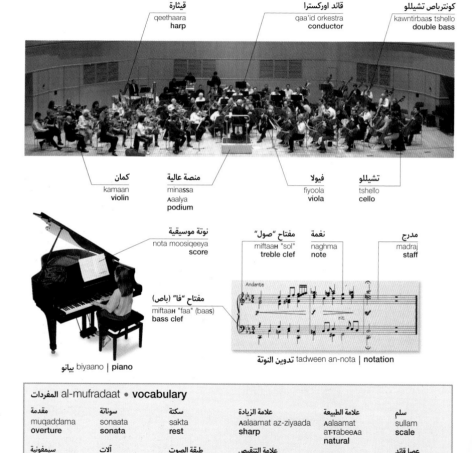

قيثارة
qeethaara
harp

قائد اوركسترا
qaa'id orkestra
conductor

كونترباص تشيللو
kawntirbaas tshello
double bass

كمان
kamaan
violin

منصة عالية
minassa Aaalya
podium

فيولا
fiyoola
viola

تشيللو
tshello
cello

بيانو biyaano | **piano**

نوتة موسيقية
nota moosiqeeya
score

مفتاح "فا" (باص)
miftaaH "faa" (baas)
bass clef

مفتاح "صول"
miftaaH "sol"
treble clef

نغمة
naghma
note

مدرج
madraj
staff

تدوين النوتة tadween an-nota | **notation**

المفردات al-mufradaat • vocabulary

مقدمة muqaddama **overture**	سوناتة sonaata **sonata**	سكتة sakta **rest**	علامة الزيادة Aalaamat az-ziyaada **sharp**	علامة الطبيعة Aalaamat aT-TabeeAa **natural**	سلم sullam **scale**
سيمفونية seemfoneeya **symphony**	آلات aalaat **instruments**	طبقة الصوت Tabaqat as-sawt **pitch**	علامة التنقيص Aalaamat at-tanqees **flat**	حاجز Haajiz **bar**	عصا قائد Aasaa qaa'id **baton**

آلات النفخ aalaat an-nafkh • woodwind

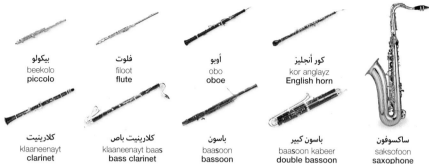

بيكولو
beekolo
piccolo

فلوت
filoot
flute

أوبو
obo
oboe

كور أنجليز
kor anglayz
English horn

كلارينيت
klaaneenayt
clarinet

كلارينيت باص
klaaneenayt baas
bass clarinet

باسون
baasoon
bassoon

باسون كبير
baasoon kabeer
double bassoon

ساكسوفون
saksofoon
saxophone

الإيقاع al-eeqaaA • percussion

فيبرافون
feebraafohn
vibraphone

بونجوز
bongohz
bongos

طبل مزدوج ذو أسلاك
Tabl muzdawaj dhoo
aslaak
snare drum

طبلة
Tabla
kettledrum

ناقوس
naaqoos
gong

آلة مثلث
aalat muthallath
triangle

ماراكاس
maraakas
maracas

صنج
sanj
cymbals

رق
riqq
tambourine

جهاز للتحكم بالقدم
jihaaz lit-taHakkum bil-qadam
foot pedal

آلات نحاسية aalaat nuHaaseeya • brass

بوق
booq
trumpet

تُرمبون
tirumboon
trombone

بوق فرنسي
booq faransee
French horn

توبا
tooba
tuba

الحفلة الموسيقية al-Hafla al-mooseeqeeya • **concert**

سماعة
sammaaAa
speaker

معجبون
muAjaboon
fans

مطرب رئيسي
muTrib ra'eesee
lead singer

عازف القيثارة
Aaazif
al-qeethaara
guitarist

ميكروفون
meekrofohn
microphone

طبال
Tabbaal
drummer

حفل موسيقى الروك Hafl mooseeqa ar-rok | **rock concert**

الآلات al-aalaat • **instruments**

بيك أب
pick up
pickup

عنق
Aunuq
neck

عتبة
Aataba
fret

وتد ضبط الأوتار
watad DabT
al-awtaar
tuning peg

وتر
watar
string

مُشط
mushT
bridge

طبلة
Tabla
drum

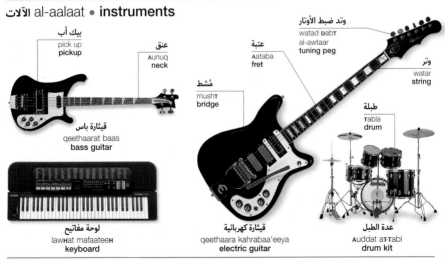

قيثارة باس
qeethaarat baas
bass guitar

لوحة مفاتيح
lawHat mafaateeH
keyboard

قيثارة كهربائية
qeethaara kahrabaa'eeya
electric guitar

عدة الطبل
Auddat aT-Tabl
drum kit

الأساليب الموسيقية al-asaaleeb al-mooseeqeeya • musical styles

جاز jaaz | **jazz**

بلوز blooz | **blues**

بونك punk | **punk**

موسيقى شعبية mooseeqa shaAbeeya
folk music

أغاني شباب aghaanee shabaab | **pop**

موسيقى رقص mooseeqa raqs | **dance**

موسيقى راب mooseeqa rap | **rap**

موسيقى روك صاخبة
mooseeqa rok Saakhiba
heavy metal

موسيقى كلاسيكية
mooseeqa kalaaseekeeya
classical music

المفردات al-mufradaat • vocabulary

أغنية ughniya **song**	كلمات أغنية kalimaat ughniya **lyrics**	لحن laHn **melody**	إيقاع eeqaaA **beat**	ريجي raygay **reggae**	ريفية أمريكية reefeeya amreekeeya **country**	ضوء المسرح Daw' al-masraH **spotlight**

مشاهدة المعالم mushaahadat al-maAaalim • sightseeing

سائح
saa'iH
tourist

مزار سياحي mazaar siyaaHee | **tourist attraction**

This is an official London Sightseeing Bus.
LONDON PRIDE

برنامج رحلة
barnaamij riHla
itinerary

دور علوي مكشوف
door Aulwee makshoof
open-top

حافلة سياحية Haafila siyaaHeeya | **tour bus**

مرشد سياحي
murshid siyaaHee
tour guide

جولة مع مرشد
jawla maAa murshid
guided tour

تمثال صغير
timthaal sagheer
figurine

تذكارات
tidhkaaraat
souvenirs

المفردات al-mufradaat • vocabulary

مفتوح maftooH **open**	كتيب إرشاد kutayyib irshaad **guidebook**	آلة تصوير فيديو aalat tasweer fidyo **camcorder**	يسار yasaar **left**	أين ال...؟ ayna-l...? **Where is the...?**
مغلق mughlaq **closed**	فيلم film **film**	آلة تصوير aalat tasweer **camera**	يمين yameen **right**	لقد ضللت الطريق. laqad Dalaltu T-Tareeq. **I'm lost.**
رسم دخول rasm dukhool **entrance fee**	بطاريات baTTaareeyaat **batteries**	إرشادات irshaadaat **directions**	إلى الأمام ilal-amaam **straight ahead**	هل ممكن إرشادي إلى...؟ hal mumkin irshaadee ila...? **Can you tell me the way to...?**

المزارات al-mazaaraat • attractions

لوحة فنية
lawнa fanneeya
painting

أحد المعروضات
aнad al-maAroopaat
exhibit

قاعة فنون
qaaAat funoon
art gallery

صرح
sarн
monument

معرض
maArad
exhibition

متحف
matнaf
museum

أطلال مشهورة
aтlaal mash-hoora
famous ruin

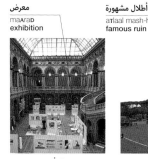

مبنى أثري
mabna atharee
historic building

ناد للقمار
naadee lil-qumaar
casino

حدائق
нadaa'iq
gardens

منتزه قومي
muntazah qawmee
national park

المعلومات al-maAloomaat • information

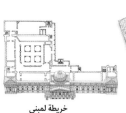

خريطة لمبنى
khareeтa li-mabna
floor plan

خريطة
khareeтa
map

مواعيد
mawaaAeed
times

جدول مواعيد
jadwal mawaaAeed
schedule

معلومات سياحية
maAloomaat siyaaнeeya
tourist information

الأنشطة خارج المنزل al-anshiTa khaarij al-manzil • outdoor activities

ممر مشاة
mamarr mushaah
footpath

ساعة شمسية
saaAa shamseeya
sundial

مقهى
maqhan
café

منتزه muntazah | **park**

نجيل
najeel
grass

مقعد طويل
maqAad Taweel
bench

حدائق رسمية
Hadaaiq rasmeeya
formal gardens

قطار مرتفع
qiTaar murtafiA
roller coaster

مدينة الملاهي
madeenat al-malaahee
fairground

منتزه بموضوع مشترك
muntazah bi-mawDooA mushtarak
theme park

حديقة رحلة سفاري
Hadeeqat riHlat safaaree
safari park

حديقة حيوانات
Hadeeqat Hayawaanaat
zoo

الأنشطة al-anshiTa • activities

ركوب الدراجات
rukoob ad-darraajaat
cycling

عدو
Aadw
jogging

ركوب ألواح بعجل
rukoob alwaaH bi-Aajal
skateboarding

تنزه بأحذية بعجل
tanazzuh bi-aHdhiya bi-Aajal
rollerblading

مسار لركوب الخيل
masaar li-rukoob al-khayl
bridle path

مشاهدة الطيور
mushaahadat aT-Tuyoor
bird-watching

ركوب الخيل
rukoob al-khayl
horseback riding

المشي لمسافات طويلة
al-mashy li-masaafaat
Taweela | **hiking**

سلة طعام
sallat TaAaam
hamper

نزهة
nuzha
picnic

ملعب أطفال malAab aTfaal • playground

ملعب رملي
malAab ramlee
sandbox

بركة خوض
birkat khawD
wading pool

أرجوحة
urjooHa
swing

زحلوقة zaHlooqa | **seesaw**

منزلق munzaliq | **slide**

هيكل تسلق haykal tasalluq
climbing frame

الشاطئ ash-shaaᴛi' • beach

فندق	شمسية	كوخ شاطئ	رمل	موجة	بحر
funduq	shamseeya	kookh shaaᴛi'	raml	mawja	baʜr
hotel	**beach umbrella**	**beach hut**	**sand**	**wave**	**sea**

حقيبة شاطئ
ʜaqeebat shaaᴛi'
beach bag

بيكيني
bikeenee
bikini

يتشمس yatashammas | **sunbathe (v)**

سباح الإنقاذ
sabbaaH al-inqaadh
lifeguard

برج سباح الإنقاذ
burj sabbaaH al-inqaadh
lifeguard tower

مصد ريح
masadd reeH
windbreak

ممشى ساحلي
mamsha saaHilee
boardwalk

كرسي شاطئ
kursee shaaTi'
deck chair

نظارة شمس
nazzaarat shams
sunglasses

قبعة شمس
qubbaAat shams
sun hat

كريم للسمار
kreem lis-samaar
suntan lotion

حاجب لأشعة الشمس
Haajib li-ashiAAat ash-shams
sunblock

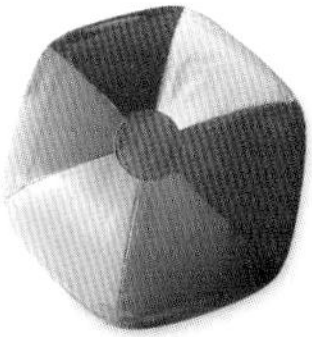

كرة شاطئ
kurat shaaTi'
beach ball

عوامة أطفال
Aawwaamat aTfaa
inflatable ring

منشفة شاطئ
minshafat shaaTi'
beach towel

لباس سباحة
libaas sibaaHa
swimsuit

جاروف
jaaroof
shovel

دلو
dalw
pail

قصر من الرمل
qasr min ar-raml
sandcastle

صدف
sadaf
shell

التخييم at-takhyeem • **camping**

دورات المياه
dawraat al-miyaah
restrooms

صندوق زبالة
sundooq az-zibaala
waste disposal

مبنى الأدشاش
mabna al-adshaash
shower block

مصدر كهربائي
masdar kahrabee'ee
electric hookup

إطار خارجي
iTaar khaarijee
flysheet

وتد خيمة
watad khayma
tent peg

حبل
Habl
guy rope

بيت متنقل
bayt mutanaqqil
camper

مخيم mukhayyam | **campground**

المفردات al-mufradaat • **vocabulary**

يخيم
yukhayyim
camp (v)

موقع نصب خيمة
mawqaA nasb khayma
site

مقعد نزهة
maqAad nuzha
picnic bench

فحم
faHm
charcoal

مكتب مدير الموقع
maktab mudeer al-mawqaA
site manager's office

ينصب خيمة
yansub khayma
pitch a tent (v)

أرجوحة مشبوكة
urjooHa mashbooka
hammock

وقيد
waqqeed
firelighter

أماكن متوفرة
amaakin mutawaffira
sites available

عمود خيمة
Aamood khayma
tent pole

مقطورة للبيات
maqToora lil-bayaat
camper van

يشعل نارا
yushAil naaran
light a fire (v)

كامل العدد
kaamil al-Aadad
full

سرير معسكر
sareer muAaskar
camp bed

مقطورة
maqToora
trailer

نار مخيم
naar mukhayyam
campfire

هيكل
haykal
frame

مفرش للأرض
mafrash al-arD
ground sheet

حقيبة ظهر
Haqeebat zahr
backpack

ثرموس
thirmos
vacuum flask

زجاجة للماء
zujaajat lil-maa'
water bottle

خيمة
khayma
tent

طارد للحشرات
Taarid lil-Hasharaat
insect repellent

بطارية إضاءة
baTTaareeyat iDaa'a
flashlight

شبكة للبعوض
shabaka lil-baAooD
mosquito net

ملابس حافظة للحرارة
mallabis Haafiza lil-Haraara
thermal underwear

حذاء للمشي
Hidhaa' lil-mashy
hiking boots

ملابس مقاومة للماء
malaabis muqaawama
lil-maa'
rain gear

كيس النوم
kees lin-nawm
sleeping bag

سجادة للنوم
sajaada lin-nawm
sleeping mat

فرن للمخيمات
furn lil-mukhayyamaat
camping stove

شواية
shawwaaya
barbecue grill

مرتبة تملأ بالهواء martaba tumla' bil-hawaa' | air mattress

الترفيه المنزلي at-tarfeeh al-manzilee • home entertainment

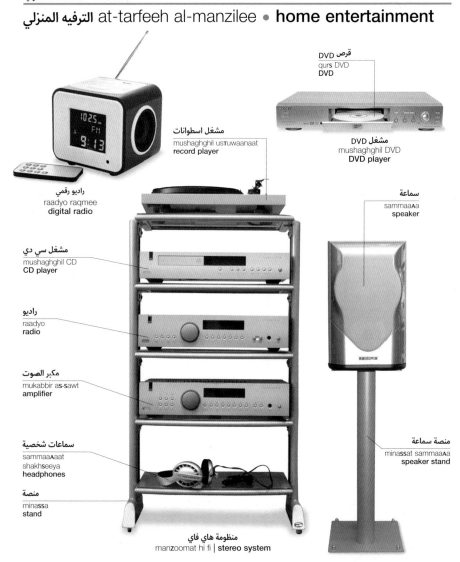

راديو رقمي
raadyo raqmee
digital radio

قرص DVD
qurs DVD
DVD

مشغل DVD
mushaghghil DVD
DVD player

مشغل اسطوانات
mushaghghil usTuwaanaat
record player

مشغل سي دي
mushaghghil CD
CD player

راديو
raadyo
radio

مكبر الصوت
mukabbir as-sawt
amplifier

سماعات شخصية
sammaaAaat shakhseeya
headphones

منصة
minassa
stand

منظومة هاي فاي
manzoomat hi fi | **stereo system**

سماعة
sammaaAa
speaker

منصة سماعة
minassat sammaaAa
speaker stand

شاشة
shaasha
screen

فتحة للعين
fatHa lil-Aayn
eyecup

جهاز استقبال رقمي
jihaaz istiqbaal raqmee
DTV converter box

آلة تصوير فيديو
aalat tasweer feedyo
camcorder

طبق استقبال الفضائيات
Tabaq istiqbaal al-faDaa'eeyaat
satellite dish

تليفزيون بشاشة مسطحة
teleefizyoon bi-shaasha musaTTaHa
flatscreen TV

خزانة
khizaana
console

تشغيل للأمام
tashgheel lil-amaam
fast-forward

وقفة
waqfa
pause

تسجيل
tasjeel
record

حجم الصوت
Hajm as-sawt
volume

مُنظم
munazzim
controller

إعادة اللف
iAaadat al-laff
rewind

إيقاف
eeqaaf
stop

تشغيل
tashgheel
play

لعبة فيديو laAbat feedyo | video game

تحكم عن بعد taHakkum Aan buAd | remote control

المفردات al-mufradaat • vocabulary

قرص سي دي qurs CD **CD**	فيلم رئيسي film ra'eesee **feature film**	برنامج barnaamij **program**	قناة الدفع لقاء كل مشاهدة qanaat ad-dafa liqaa' kull mushaahada **pay-per-view channel**	يشاهد التليفزيون yushaahid at-tileefizyon **watch television (v)**
شريط كاسيت shareeT kaaset **cassette tape**	إعلان iAlaan **advertisement**	ستريو steriyo **stereo**	يُغير القناة yughayyir al-qanaah **change channel (v)**	يقفل التليفزيون yuqfil at-tileefizyon **turn off the television (v)**
مشغل كاسيت mushaghghil kaaset **cassette player**	رقمي raqmee **digital**	بث عبر كابلات bathth Aabra kablaat **cable television**	يضبط الراديو yaDbiT ar-raadyo **tune the radio (v)**	يشغل التليفزيون yushaghghil at-tileefizyon **turn on the television (v)**
تحميل حي taHmeel Hayy **streaming**	نقاء عال naqaa' Aaalin **high-definition**	بث لاسلكي bathth laasilkee **Wi-Fi**		

التصوير at-tasweer • photography

تحرير مغلاق العدسة
taHreer mighlaaq al-Aadasa
shutter release

تحكم في الفتحة
taHakkum fil-fatHa
aperture dial

عدسة
Aadasa
lens

SLR كاميرا kameera SLR | **SLR camera**

مرشح
murashshiH
filter

غطاء عدسة
ghaTaa' Aadasa
lens cap

حامل ثلاثي
Haamil thulaathee
tripod

فلاش منفصل
flaash munfasil
flash gun

عداد الضوء
Aaddaad aD-Daw'
lightmeter

عدسة تزويم
Aadasat tazweem
zoom lens

أنواع الكاميرات anwaaA al-kameeraat • types of camera

كاميرا بولارويد
kameera "Polaroid"
Polaroid camera

فلاش
flaash
flash

كاميرا بمنظومة التصوير المتقدم
kameera bi-manzoomat at-tasweer al-mutaqaddim
digital camera

كاميرا للجوال
kameera lil-jawwaal
camera phone

كاميرا للرمي
kameera lir-ramy
disposable camera

يصور yusawwir • photograph (v)

بكرة فيلم
bakarat film
film roll

فيلم
film
film

يضبط البؤرة
yaDbiT al-bu'ra
focus (v)

يحمض
yuHammiD
develop (v)

صورة سلبية
soora salbeeya
negative

أفقي
ufuqee
landscape

رأسي
ra'see
portrait

صورة soora | **photograph**

ألبوم صور
alboom suwar
photo album

إطار صورة
iTaar soora
picture frame

المشاكل al-mashaakil • problems

لم يتعرض لضوء كاف
lam yataAarraD li-Daw' kaafin
underexposed

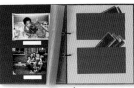

تعرض لضوء أكثر من اللازم
taAarraD li-Daw' akthar min al-laazim | **overexposed**

ببؤرة خاطئة
bi-bu'ra khaaTi'a
out of focus

عين حمراء
Aayn Hamraa'
red eye

المفردات al-mufradaat • vocabulary

محدد المنظر
muHaddid al-manzar
viewfinder

طبع
TabA
print

حقيبة كاميرا
Haqeebat kameera
camera case

غير لامع
ghayr laamiA
matte

تعرض للضوء
taAarruD liD-Daw'
exposure

لامع
laamiA
gloss

غرفة مظلمة
ghurfa muzlima
darkroom

تكبير
takbeer
enlargement

أريد طبع هذا الفيلم.
ureed TabA haadha l-film.
I'd like this film processed.

اللُّعب al-luAab • games

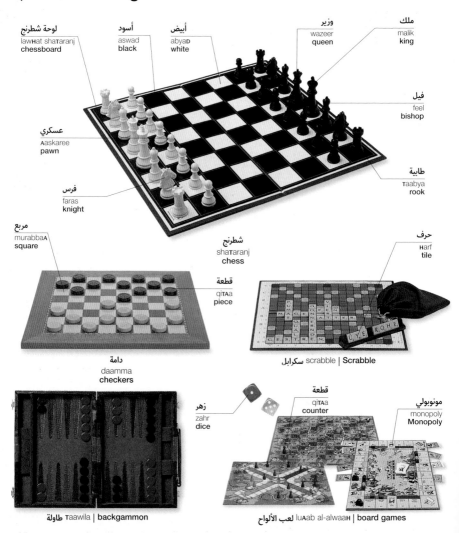

لوحة شطرنج
lawHat shaTaranj
chessboard

أسود
aswad
black

أبيض
abyaD
white

وزير
wazeer
queen

ملك
malik
king

فيل
feel
bishop

عسكري
Aaskaree
pawn

فرس
faras
knight

طابية
Taabya
rook

مربع
murabbaA
square

شطرنج
shaTaranj
chess

حرف
Harf
tile

قطعة
qiTAa
piece

دامة
daamma
checkers

سكرابل scrabble | **Scrabble**

زهر
zahr
dice

قطعة
qiTAa
counter

مونوبولي
monopoly
Monopoly

طاولة Taawila | **backgammon**

لعب الألواح luAab al-alwaaH | **board games**

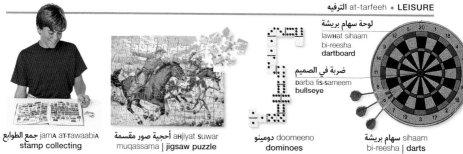

جمع الطوابع jamA aT-TawaabiA
stamp collecting

أحجية صور مقسمة aHjiyat suwar muqassama | **jigsaw puzzle**

دومينو doomeeno
dominoes

لوحة سهام بريشة
lawHat sihaam bi-reesha
dartboard
ضربة في الصميم
Darba fis-sameem
bullseye

سهام بريشة sihaam bi-reesha | **darts**

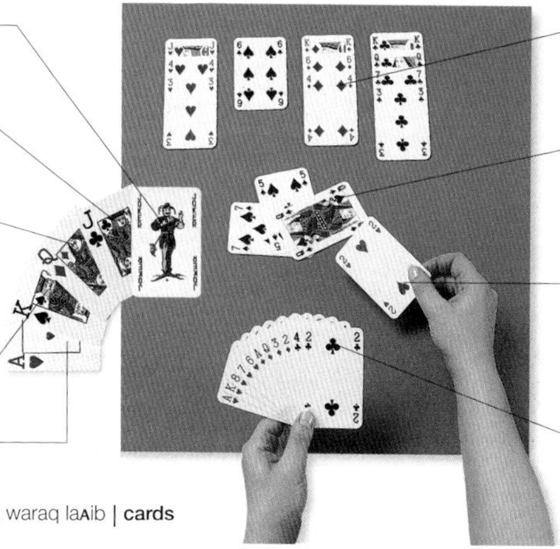

جوكر
jokar
joker
ولد
walad
jack
بنت
bint
queen
شائب
shaa'ib
king
أص
aas
ace
ديناري
deenaaree
diamond
بستوني
bastoonee
spade
قلب
qalb
heart
اسباتي
asbaatee
club

ورق لعب waraq laAib | **cards**

يخلط yukhalliT | **shuffle (v)**

يوزع yuwazziA | **deal (v)**

حركة Haraka **move**	يفوز yafooz **win (v)**	خاسر khaasir **loser**	نقطة nuqTa **point**	بريدج breedj **bridge**
يلعب yalAab **play (v)**	فائز faa'iz **winner**	لعبة luAba **game**	نتيجة nateeja **score**	طقم ورق اللعب Taqm waraq al-laAib **deck of cards**
لاعب laaAib **player**	يخسر yakhsar **lose (v)**	رهان rihaan **bet**	بوكر poker **poker**	نقش واحد naqsh waaHid **suit**

الفنون والحِرف ١ al-funoon wal-Hiraf waaHid • arts and crafts 1

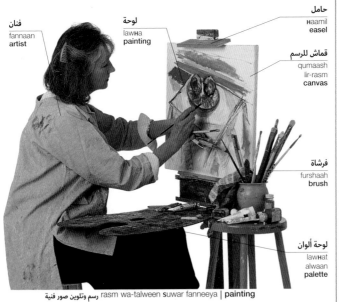

فنان
fannaan
artist
لوحة
lawHa
painting
حامل
Haamil
easel
قماش للرسم
qumaash
lir-rasm
canvas
فرشاة
furshaah
brush
لوحة ألوان
lawHat
alwaan
palette

رسم وتلوين صور فنية rasm wa-talween suwar fanneeya | painting

ألوان alwaan • colors

أحمر aHmar | red	أزرق azraq | blue	أصفر asfar | yellow	أخضر akhDar | green
برتقالي burtuqaalee orange	أرجواني urjoowaanee purple	أبيض abyaD | white	أسود aswad | black
رمادي ramaadee | gray	وردي wardee | pink	بني bunnee | brown	نيلي neelee | indigo

الألوان al-alwaan • paints

ألوان زيتية
alwaan zayteeya
oil paint

ألوان مائية
alwaan maa'eeya
watercolor paint

بستيل
bastel
pastels

ألوان أكريلية
alwaan akreeleeya
acrylic paint

ألوان برابط صمغي
alwaan bi-raabiT samghee
poster paint

الحِرَف الأخرى al-Hiraf al-ukhra • **other crafts**

كراسة رسم تخطيطي
kuraasat rasm takhTeeTee
sketch pad

تخطيط
takhTeeT
sketch

حبر
Hibr
ink

قلم رصاص
qalam rasaas
pencil

فحم
faHm
charcoal

رسم rasm | **drawing**

طبع TabA | **printing**

حفر Hafr | **engraving**

حجر
Hajar
stone

مطرقة
miTraqa
mallet

إزميل
izmeel
chisel

خشب
khashab
wood

نحت
naHt
sculpting

تشكيل الخشب
tashkeel al-khashab
woodworking

أداة تشكيل
adaat tashkeel
modeling tool

دولاب خزاف
doolaab khazzaaf
potter's wheel

صمغ
samgh
glue

كرتون
karton
cardboard

كولاج kolaaj | **collage**

صلصال
salsaal
clay

مصنع خزف masnaA khazaf | **pottery**

صناعة المجوهرات
sinaaAat al-mujawharaat
jewelry-making

ورق كوريشة
waraq kooreysha
papier-mâché

طي الورق
Tayy al-waraq
origami

عمل نماذج
Aamal namaadhij
model-making

الفنون والحرف ٢ al-funoon wal-Hiraf ithnaan • arts and crafts 2

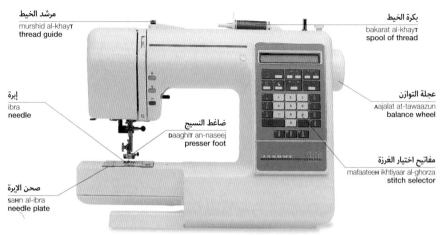

مرشد الخيط
murshid al-khayT
thread guide

بكرة الخيط
bakarat al-khayT
spool of thread

إبرة
ibra
needle

عجلة التوازن
Aajalat at-tawaazun
balance wheel

ضاغط النسيج
Daaghit an-naseej
presser foot

مفاتيح اختيار الغرزة
mafaateeH ikhtiyaar al-ghorza
stitch selector

صحن الإبرة
saHn al-ibra
needle plate

ماكينة خياطة makeenat khiyaaTa | **sewing machine**

مقص
miqass
scissors

نموذج
numoodhaj
pattern

مدبسة
madbasa
pincushion

دبوس
dabboos
pin

سلة خياطة sallat khiyaaTa
sewing basket

شريط قياس
shareeT qiyaas
tape measure

قماش
qumaash
material

بكرة
bakara
bobbin

خيط
khayT
thread

فتحة
fatHa
eye

خطاف
khuTTaaf
hook

كشتبان
kushtubaan
thimble

طباشير ترزي
Tabaasheer tarzee
tailor's chalk

دمية ترزي
dumyat tarzee
tailor's dummy

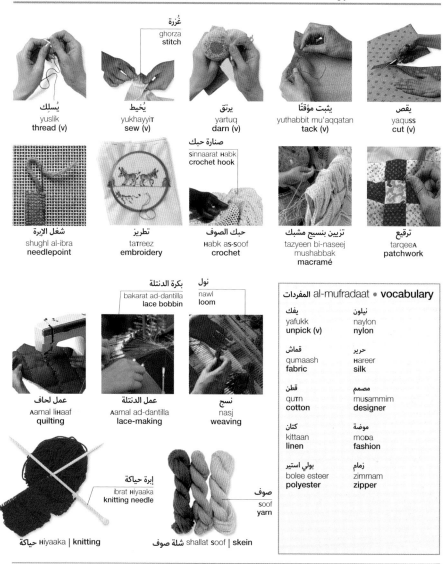

يُسلِك
yuslik
thread (v)

غُرْزة
ghorza
stitch

يُخيط
yukhayyiT
sew (v)

يرتق
yartuq
darn (v)

يثبت مؤقتًا
yuthabbit mu'aqqatan
tack (v)

يقص
yaquss
cut (v)

شغل الإبرة
shughl al-ibra
needlepoint

تطريز
taTreez
embroidery

صنارة حبك
sinnaarat Habk
crochet hook

حبك الصوف
Habk as-soof
crochet

تزيين بنسيج مشبك
tazyeen bi-naseej mushabbak
macramé

ترقيع
tarqeeA
patchwork

عمل لحاف
Aamal liHaaf
quilting

بكرة الدنتلة
bakarat ad-dantilla
lace bobbin

عمل الدنتلة
Aamal ad-dantilla
lace-making

نول
nawl
loom

نسج
nasj
weaving

إبرة حياكة
ibrat Hiyaaka
knitting needle

حياكة Hiyaaka | **knitting**

صوف
soof
yarn

شلة صوف shallat soof | **skein**

المفردات al-mufradaat • vocabulary

يفك yafukk **unpick (v)**	نيلون naylon **nylon**
قماش qumaash **fabric**	حرير Hareer **silk**
قطن quTn **cotton**	مصمم musammim **designer**
كتان kittaan **linen**	موضة moDa **fashion**
بولي استير bolee esteer **polyester**	زمام zimmam **zipper**

البيئة al-bee'a
environment

الفضاء al-faDaa' • space

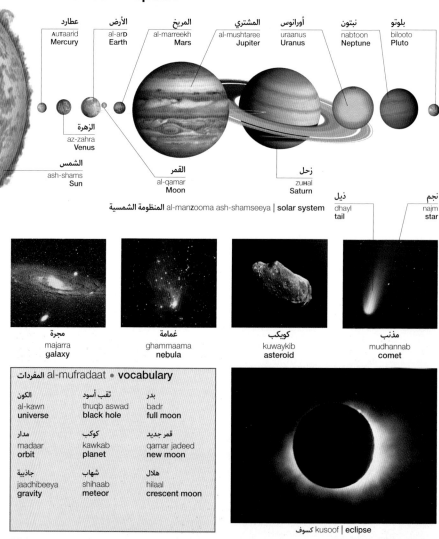

عطارد
AUTaarid
Mercury

الأرض
al-arD
Earth

المريخ
al-marreekh
Mars

المشتري
al-mushtaree
Jupiter

أورانوس
uraanus
Uranus

نبتون
nabtoon
Neptune

بلوتو
bilooto
Pluto

الزهرة
az-zahra
Venus

الشمس
ash-shams
Sun

القمر
al-qamar
Moon

زحل
zuHal
Saturn

المنظومة الشمسية al-manzooma ash-shamseeya | **solar system**

ذيل
dhayl
tail

نجم
najm
star

مجرة
majarra
galaxy

غمامة
ghammaama
nebula

كويكب
kuwaykib
asteroid

مذنب
mudhannab
comet

المفردات al-mufradaat • vocabulary

الكون
al-kawn
universe

ثقب أسود
thuqb aswad
black hole

بدر
badr
full moon

مدار
madaar
orbit

كوكب
kawkab
planet

قمر جديد
qamar jadeed
new moon

جاذبية
jaadhibeeya
gravity

شهاب
shihaab
meteor

هلال
hilaal
crescent moon

كسوف kusoof | **eclipse**

ارتياد الفضاء irtiyaad al-faDaa' • space exploration

مكوك فضاء
makkook faDaa'
space shuttle

معزز
muAazziz
booster

حلة فضاء
Hullat faDaa'
space suit

رائد فضاء raa'id faDaa'
astronaut

صاروخ انطلاق
saarookh inTilaaq
thruster

رادار
raadaar
radar

باب الطاقم
baab aT-Taaqim
crew hatch

سفينة نقل للقمر
safeenat naql lil-qamar | **lunar module**

منصة إطلاق
minassat iTlaaq
launch pad

إطلاق
iTlaaq
launch

قمر صناعي
qamar sinaaAee
satellite

محطة فضاء
maHaTTat faDaa'
space station

علم الفلك Ailm al-falak • astronomy

مجموعة من النجوم
majmooAa min an-nujoom
constellation

ناظور مزدوج
naazoor muzdawij
binoculars

تلسكوب
tiliskob
telescope

حامل ثلاثي
Haamil thulaathee
tripod

الكرة الأرضية al-kura al-arDeeya • Earth

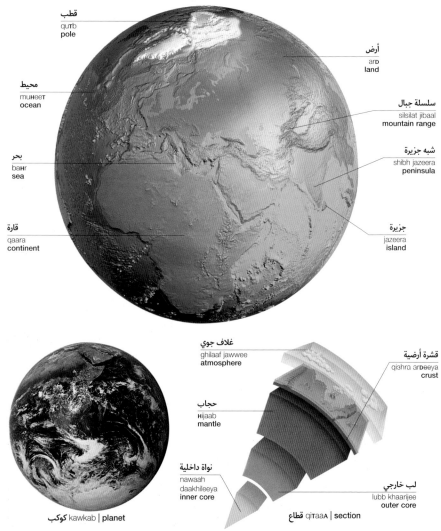

قطب
quTb
pole

أرض
arD
land

محيط
muHeeT
ocean

سلسلة جبال
silsilat jibaal
mountain range

بحر
baHr
sea

شبه جزيرة
shibh jazeera
peninsula

قارة
qaara
continent

جزيرة
jazeera
island

غلاف جوي
ghilaaf jawwee
atmosphere

قشرة أرضية
qishra arDeeya
crust

حجاب
Hijaab
mantle

نواة داخلية
nawaah daakhileeya
inner core

لب خارجي
lubb khaarijee
outer core

كوكب kawkab | planet

قطاع qiTaaA | section

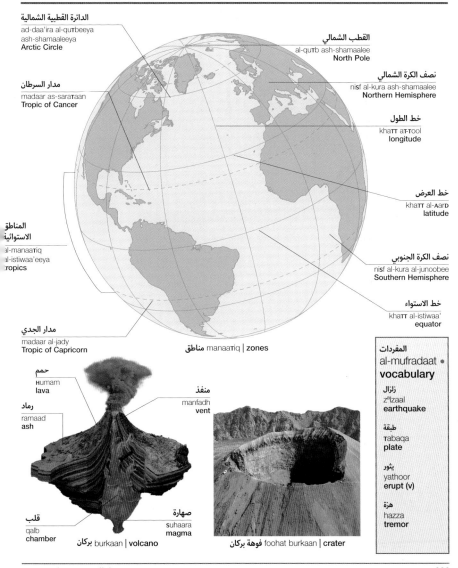

الدائرة القطبية الشمالية
ad-daa'ira al-quτbeeya
ash-shamaaleeya
Arctic Circle

القطب الشمالي
al-quτb ash-shamaalee
North Pole

مدار السرطان
madaar as-saraτaan
Tropic of Cancer

نصف الكرة الشمالي
nisf al-kura ash-shamaalee
Northern Hemisphere

خط الطول
khaττ aτ-τool
longitude

خط العرض
khaττ al-Aard
latitude

المناطق
الاستوائية
al-manaaτiq
al-istiwaa'eeya
τropics

نصف الكرة الجنوبي
nisf al-kura al-junoobee
Southern Hemisphere

خط الاستواء
khaττ al-istiwaa'
equator

مدار الجدي
madaar al-jady
Tropic of Capricorn

مناطق manaaτiq | zones

حمم
Humam
lava

منفذ
manfadh
vent

رماد
ramaad
ash

المفردات
al-mufradaat •
vocabulary

زلزال
zalzaal
earthquake

طبقة
τabaqa
plate

يثور
yathoor
erupt (v)

هزة
hazza
tremor

قلب
qalb
chamber

صهارة
suhaara
magma

بركان burkaan | volcano

فوهة بركان foohat burkaan | crater

المناظر الطبيعية al-manaazir aT-TabeeAeeya • landscape

جبل
jabal
mountain

منحدر
munHadar
slope

ضفة
Daffa
bank

نهر
nahr
river

منحدر نهري
munHadar nahree
rapids

صخور
sukhoor
rocks

نهر جليدي
nahr jaleedee
glacier

واد waadin | **valley**

تل
tall
hill

هضبة
haDba
plateau

ممر جبلي
mamarr jabalee
gorge

كهف
kahf
cave

سهل sahl | plain

صحراء saHraa' | desert

غابة ghaaba | forest

غابة صغيرة
ghaaba sagheera | woods

أدغال
adghaal
rain forest

مستنقع
mustanqaA
swamp

مرج
marj
meadow

مراع
maraaAin
grassland

شلال
shallaal
waterfall

جدول
jadwal
stream

بحيرة
buHayra
lake

حمة
Hamma
geyser

ساحل
saaHil
coast

جرف
jurf
cliff

حيد مرجاني
Hayd marjaanee
coral reef

مصب النهر
masabb an-nahr
estuary

الجو al-jaww • **weather**

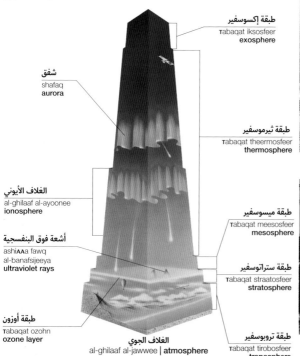

طبقة إكسوسفير
Tabaqat iksosfeer
exosphere

شَفَق
shafaq
aurora

طبقة ثيرموسفير
Tabaqat theermosfeer
thermosphere

الغلاف الأيوني
al-ghilaaf al-ayoonee
ionosphere

طبقة ميسوسفير
Tabaqat meesosfeer
mesosphere

أشعة فوق البنفسجية
ashiAAa fawq
al-banafsijeeya
ultraviolet rays

طبقة ستراتوسفير
Tabaqat straatosfeer
stratosphere

طبقة أوزون
Tabaqat ozohn
ozone layer

الغلاف الجوي
al-ghilaaf al-jawwee | **atmosphere**

طبقة تروبوسفير
Tabaqat tirobosfeer
troposphere

ضوء الشمس Daw' ash-shams
sunshine

ريح reeн | **wind**

المفردات al-mufradaat • **vocabulary**

مطر متجمد maTar mutajammad **sleet**	وابل من المطر waabil min al-maTar **shower**	حار Haarr **hot**	جاف jaaff **dry**	كثير الرياح katheer ar-riyaaн **windy**	أشعر بالحر/بالبرد. ashAur bil-Harr/ bil-bard. **I'm hot/cold.**
برد barad **hail**	مشمس mushmis **sunny**	بارد baarid **cold**	ممطر mumTir **wet**	عاصفة Aaasifa **gale**	المطر يتساقط. al-maTar yatasaaqaT. **It's raining.**
رعد raAd **thunder**	غائم ghaa'im **cloudy**	دافئ daafi' **warm**	رطب raTib **humid**	درجة الحرارة darajat al-Haraara **temperature**	درجة الحرارة... darajat al-Haraara... **It's...degrees.**

سحاب saHaab | **cloud**

مطر maTar | **rain**

برق
barq
lightning

عاصفة Aaasifa | **storm**

ضباب Dabaab | **mist**

ضباب كثيف Dabaab katheef | **fog**

قوس قزح qaws quzaH | **rainbow**

ثلج thalj | **snow**

صقيع SaqeeA | **frost**

جليد jaleed | **ice**

صوابة جليد
Sawwaabat jaleed
icicle

تجمد tajammud | **freeze**

إعصار iASaar | **hurricane**

زوبعة
zawbaAa
tornado

رياح موسمية
riyaaH mawsimeeya
monsoon

فيضان fayaDaan | **flood**

الصخور as-sukhoor • rocks

البركانية al-burkaaneeya • igneous

جرانيت
garaaneet
granite

حجر السبج
Hajar as-sabaj
obsidian

بازلت
baazalt
basalt

خفاف
khafaaf
pumice

الرسوبية ar-rusoobeeya • sedimentary

حجر رملي
Hajar ramlee
sandstone

حجر جيري
Hajar jeeree
limestone

طباشير
Tabaasheer
chalk

قداح
qaddaaH
flint

كتلة صخرية
kutla sakhareeya
conglomerate

فحم
faHm
coal

المتحولة al-mutaHawalla • metamorphic

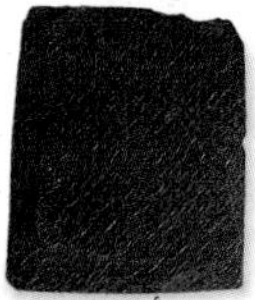

أردواز
ardawaaz
slate

شست
shast
schist

صواني
sawwaanee
gneiss

رخام
rukhaam
marble

الأحجار الكريمة al-aHjaar al-kareema • gems

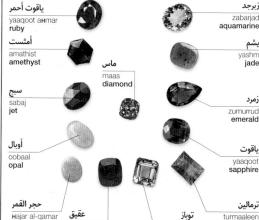

ياقوت أحمر
yaaqoot aHmar
ruby

أمشست
amathist
amethyst

سبج
sabaj
jet

أوبال
oobaal
opal

حجر القمر
Hajar al-qamar
moonstone

عقيق
Aaqeeq
garnet

ماس
maas
diamond

توباز
toobaaz
topaz

زبرجد
zabarjad
aquamarine

يشم
yashm
jade

زمرد
zumurrud
emerald

ياقوت
yaaqoot
sapphire

ترمالين
turmaaleen
tourmaline

الصخور المعدنية as-sukoor al-maAdineeya • minerals

كوارتز
kwaartz
quartz

ميكة
meeka
mica

كبريت
kibreet
sulfur

حجر الدم
Hajar ad-dam
hematite

كالسيت
kaalseet
calcite

ملكيت
malakeet
malachite

فيروز
fayrooz
turquoise

عقيق يماني
Aaqeeq yamaanee
onyx

عقيق
Aaqeeq
agate

جرافيت
graafayt
graphite

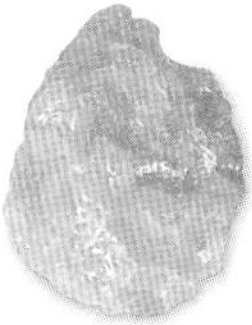

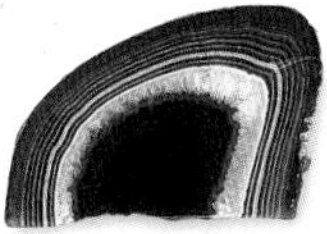

المعادن al-maAaadin • metals

ذهب
dhahab
gold

فضة
fiDDa
silver

بلاتين
balaateen
platinum

نيكل
neekal
nickel

حديد
Hadeed
iron

نحاس
naHaas
copper

قصدير
qasdeer
tin

ألومنيوم
aloominyom
aluminium

زئبق
zi'baq
mercury

زنك
zink
zinc

الحيوانات ١ al-Hayawaanaat waaHid • animals 1

الثدييات ath-thadeeyaat • mammals

أرنب
arnab
rabbit

همستر
hamstar
hamster

شوارب
shawaarib
whiskers

فأر
fa'r
mouse

ذيل
dhayl
tail

جرذ
juradh
rat

قنفذ
qunfudh
hedgehog

سنجاب
sinjaab
squirrel

خفاش
khuffaash
bat

راكون
raakoon
raccoon

ثعلب
thaAlab
fox

ذئب
dhi'b
wolf

جرو
jarw
puppy

كلب
kalb
dog

قطة صغيرة
qiTTa sagheera
kitten

قطة
qiTTa
cat

قضاعة
quDaaAa
otter

عجل بحر صغير
Aijl baHr sagheer
pup

عجل البحر
Aijl al-baHr
seal

كلب البحر
kalb al-baHr
sea lion

زعنفة
ziAnifa
flipper

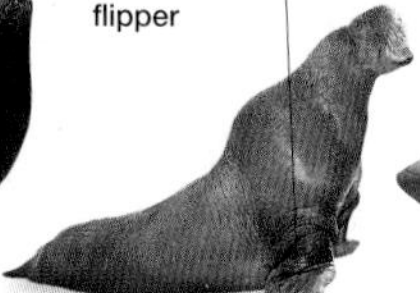

فيل البحر
feel al-baHr
walrus

فتحة النفخ
fatHat an-nafkh
blowhole

حوت
Hoot
whale

دلفين
dalfeen
dolphin

قرن الوعل
qarn al-waAl
antler

عُرف
Aurf
mane

سنام
sanaam
hump

حافر
Haafir
hoof

غزال
ghazaal
deer

حمار وحشي
Himaar waHshee
zebra

زرافة
zaraafa
giraffe

جمل
jamal
camel

خرطوم
kharToom
trunk

ناب
naab
tusk

قرن
qarn
horn

فرس البحر
faras al-baHr
hippopotamus

فيل
feel
elephant

وحيد القرن
waHeed al-qarn
rhinoceros

نمر
nimr
tiger

عُرف
Aurf
mane

أسد
asad
lion

قرد
qird
monkey

غوريللا
ghorilla
gorilla

دب الشجر
dubb ash-shajar
koala

جراب
jiraab
pouch

بندة
banda
panda

كنغر
kanghar
kangaroo

مخلب
mikhlab
claw

دب
dubb
bear

دب قطبي
dubb quTbee
polar bear

الحيوانات ٢ al-Hayawaanaat ithnaan • **animals 2**

الطيور aT-Tuyoor • **birds**

ذيل
dhayl
tail

كناري
kanaaree
canary

عصفور
Aasfoor
sparrow

طنان
Tannaan
hummingbird

خطاف
khuTaaf
swallow

غراب
ghuraab
crow

حمامة
Hamaama
pigeon

نقار
naqqaar
woodpecker

صقر
saqr
falcon

بومة
booma
owl

نورس
nawras
gull

نسر
nisr
eagle

بجعة
bajaAa
pelican

بشروس
basharoos
flamingo

لقلاق
laqlaaq
stork

كركي
kurkee
crane

بطريق
biTreeq
penguin

نعامة
naAaama
ostrich

إوزة iwazza | goose

بجعة
bajaAa
swan

طاووس
Taawoos
peacock

تدرج
tadruj
pheasant

ديك رومي
deek roomee
turkey

ككاتوه
kakaatoo
cockatoo

منقار
minqaar
beak

ريشة
reesha
feather

جناح
jinaah
wing

مخلب
mikhlab
claw

ببغاء
babaghaa'
parrot

الزواحف al-zawaaHif • reptiles

حراشف
Haraashif
scales

تمساح أمريكي
timsaaH amreekee
alligator

سحلية
siHleeya
lizard

إجوانة
igwaana
iguana

ترس
turs
shell

سلحفاة بحرية
sulaHfaah baHreeya
turtle

سلحفاة
sulaHfaah
tortoise

ثعبان
thuAbaan
snake

خطم
khaTm
snout

تمساح
timsaaH
crocodile

الحيوانات ٣ al-Hayawaanaat thalaatha • **animals 3**

البرمائيات al-barmaa'eeyaat • **amphibians**

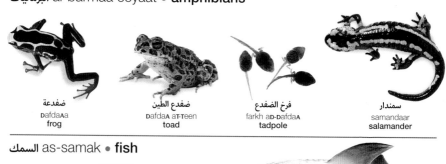

ضفدعة
DafdaAa
frog

ضفدع الطين
DafdaA aT-Teen
toad

فرخ الضفدع
farkh aD-DafdaA
tadpole

سمندار
samandaar
salamander

السمك as-samak • **fish**

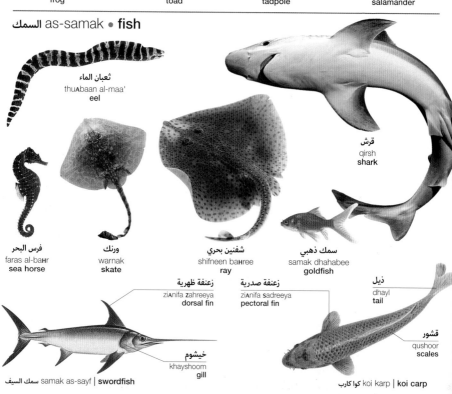

ثعبان الماء
thuAbaan al-maa'
eel

قرش
qirsh
shark

فرس البحر
faras al-baHr
sea horse

ورنك
warnak
skate

شفنين بحري
shifneen baHree
ray

سمك ذهبي
samak dhahabee
goldfish

زعنفة ظهرية
ziAnifa zahreeya
dorsal fin

زعنفة صدرية
ziAnifa sadreeya
pectoral fin

ذيل
dhayl
tail

قشور
qushoor
scales

خيشوم
khayshoom
gill

سمك السيف samak as-sayf | **swordfish**

كوا كارب koi karp | **koi carp**

اللافقريات al-laafaqreeyaat • invertebrates

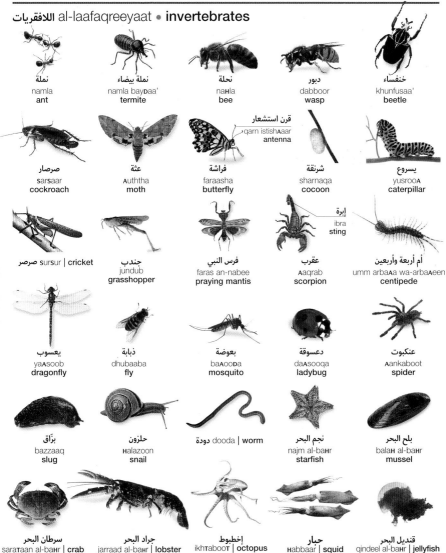

نملة
namla
ant

نملة بيضاء
namla bayDaa'
termite

نحلة
naHla
bee

دبور
dabboor
wasp

خنفساء
khunfusaa'
beetle

صرصار
sarsaar
cockroach

عثة
Auththa
moth

قرن استشعار
qarn istishAaar
antenna

فراشة
faraasha
butterfly

شرنقة
sharnaqa
cocoon

يسروع
yusrooA
caterpillar

صرصر sursur | **cricket**

جندب
jundub
grasshopper

فرس النبي
faras an-nabee
praying mantis

إبرة
ibra
sting

عقرب
Aaqrab
scorpion

أم أربعة وأربعين
umm arbaAa wa-arbaAeen
centipede

يعسوب
yaAsoob
dragonfly

ذبابة
dhubaaba
fly

بعوضة
baAooDa
mosquito

دعسوقة
daAsooqa
ladybug

عنكبوت
Aankaboot
spider

بزّاق
bazzaaq
slug

حلزون
Halazoon
snail

دودة dooda | **worm**

نجم البحر
najm al-baHr
starfish

بلح البحر
balaH al-baHr
mussel

سرطان البحر
saraTaan al-baHr | **crab**

جراد البحر
jarraad al-baHr | **lobster**

إخطبوط
ikhTabooT | **octopus**

حبار
Habbaar | **squid**

قنديل البحر
qindeel al-baHr | **jellyfish**

النباتات an-nabataat • plants

شجرة shajara • tree

ورقة
waraqa
leaf

غصن
ghusn
twig

فرع
farʌ
branch

لحاء
liΗaa'
bark

جذر
jadhr
root

جذع
jidhʌ
trunk

بلوط balloот | oak

صفصاف
safsaaf
willow

حور
Ηawar
poplar

أوكاليبتوس
ukaalibtoos
eucalyptus

أرزية
arzeeya
larch

زان
zaan
beech

بتولا
batoolaa
birch

صنوبر
sanawbar
pine

أرز
arz
cedar

قيقب
qayqab
maple

شجرة البق
shajarat al-baqq
elm

زيزفون
zayzafoon
lime

توت
toot
berry

بهشية
bahsheeya
holly

نخل
nakhl
palm

النباتات المزهرة an-nabataat al-muzhira •
flowering plants

زهرة
zahra
flower

سداة
sadaah
stamen

بتلة
batalla
petal

كأس الزهرة
ka's az-zahra
calyx

عنق
Aunuq
stalk

ساق
saaq
stem

برعم
burAum
bud

حوذان
Hawdhaan
buttercup

لؤلؤية
lu'lu'eeya
daisy

نبات شائك
nabaat shaa'ik
thistle

طرخشقون
Tarakhshqoon
dandelion

خلنج
khalanj
heather

خشخاش
khashkhaash
poppy

قفاز الثعلب
quffaaz ath-thaAlab
foxglove

صريمة الجدي
Sareemat al-jady
honeysuckle

عباد الشمس
Aabbaad ash-shams
sunflower

برسيم
barseem
clover

ياقوتية الكرم
yaaqooteeyat al-karam
bluebells

زهرة الربيع
zahrat ar-rabeeA
primrose

زهرة الترمس
zahrat at-turmus
lupines

قريص
qurrayS
nettle

المدينة al-madeena • town

شارع
shaariA
street

حافة رصيف
Haaffat raseef
curb

ناصية
naasya
street corner

دكان
dukkaan
store

تقاطع
taqaaTuA
intersection

اتجاه واحد
ittijaah waaHid
one-way system

رصيف
raseef
sidewalk

مبنى مكاتب
mabna makaatib
office building

مبنى شقق
mabna shuqaq
apartment building

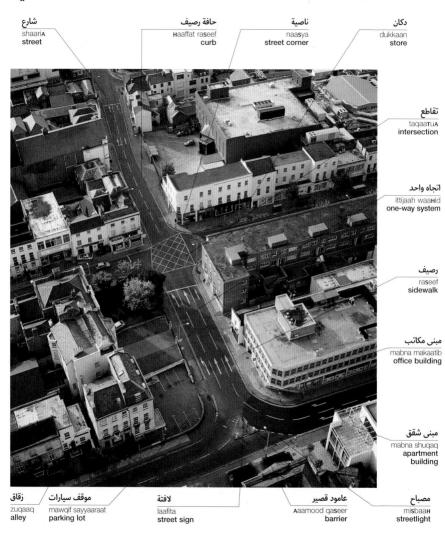

زقاق
zuqaaq
alley

موقف سيارات
mawqif sayyaaraat
parking lot

لافتة
laafita
street sign

عامود قصير
Aaamood qaseer
barrier

مصباح
misbaaH
streetlight

المباني al-mabaanee • buildings

مبنى البلدية
mabna al-baladeeya
town hall

مكتبة
maktaba
library

سينما
seenima
movie theater

مسرح
masraH
theater

جامعة
jaamiAa
university

مدرسة
madrasa
school

ناطحة سحاب
naaTiHat saHaab
skyscraper

المناطق al-manaaTiq • areas

منطقة صناعية
manTiqa sinaaAeeya
industrial park

مدينة
madeena
city

ضاحية
DaaHiya
suburb

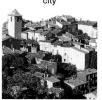

قرية
qarya
village

المفردات al-mufradaat • vocabulary

نطاق المشاة
niTaaq lil-mushaah
pedestrian zone

شارع جانبي
shaariA jaanibee
side street

جورة
joora
manhole

ميزاب
meezaab
gutter

كنيسة
kaneesa
church

شارع واسع
shaariA waasiA
avenue

ميدان
meedaan
square

موقف حافلات
mawqif Haafilaat
bus stop

مصنع
masnaA
factory

مصرف
masrif
drain

الهندسة المعمارية al-handasa al-miAmaareeya • architecture

المباني والهياكل al-mabaanee wal-hayaakil • buildings and structures

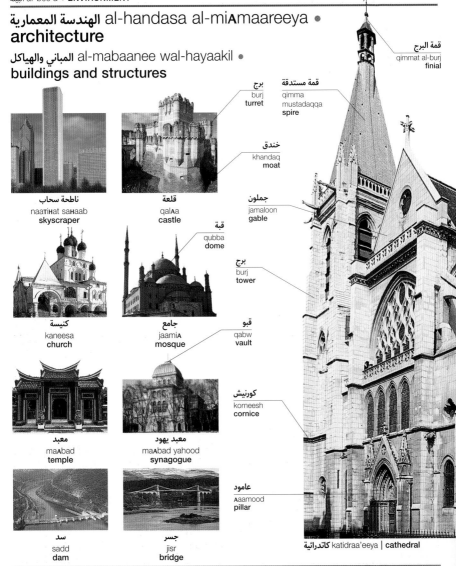

ناطحة سحاب
naatiHat saHaab
skyscraper

قلعة
qalAa
castle

كنيسة
kaneesa
church

جامع
jaamiA
mosque

معبد
maAbad
temple

معبد يهود
maAbad yahood
synagogue

سد
sadd
dam

جسر
jisr
bridge

قمة البرج
qimmat al-burj
finial

برج
burj
turret

قمة مستدقة
qimma
mustadaqqa
spire

خندق
khandaq
moat

جملون
jamaloon
gable

برج
burj
tower

قبة
qubba
dome

قبو
qabw
vault

كورنيش
korneesh
cornice

عامود
Aaamood
pillar

كاتدرائية katidraa'eeya | **cathedral**

الطرز aT-Turuz • styles

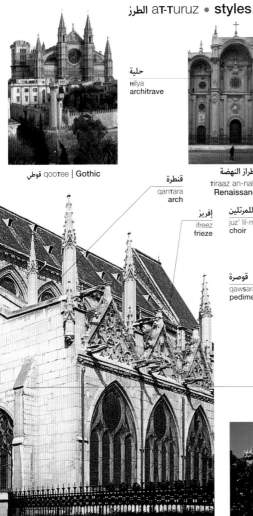

حلية
Hilya
architrave

قوطي qooTee | **Gothic**

طراز النهضة
Tiraaz an-nahDa
Renaissance

باروك
baarok
Baroque

قنطرة
qanTara
arch

جزء للمرتلين
juz' lil-murattileen
choir

إفريز
ifreez
frieze

ركوكو
rokoko
Rococo

قوصرة
qawSara
pediment

دعامة
diAaama
buttress

كلاسيكي مُحدث
kalaaseekee muHaddath
Neoclassical

طراز أوائل القرن العشرين
Tiraaz awaa'il al-qarn al-Aishreen
Art Nouveau

طراز ١٩٢٠–١٩٣٠
Tiraaz 1920–1930
Art Deco

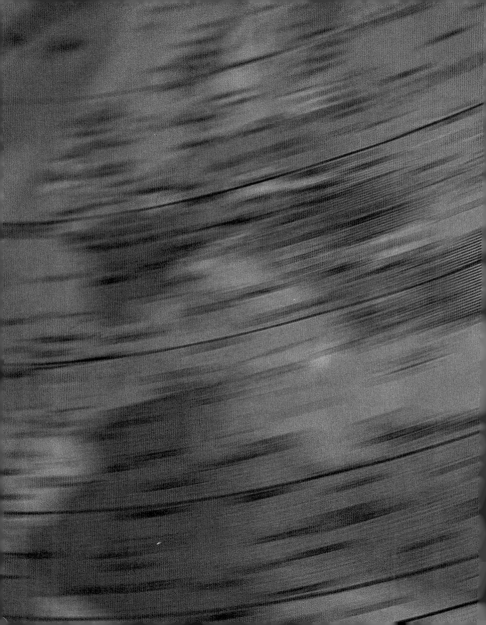

المرجع al-marjiA
reference

الوقت al-waqt • time

عقرب الدقائق
Aaqrab ad-daqaa'iq
minute hand

عقرب الساعات
Aaqrab as-saaAaat
hour hand

ساعة حائط
saaAat Haa'iT
clock

المفردات al-mufradaat • vocabulary

ثانية
thaaniya
second

دقيقة
daqeeqa
minute

ساعة
saaAa
hour

الآن
al-aan
now

فيما بعد
feemaa baAd
later

نصف ساعة
nisf saaAa
half an hour

ربع ساعة
rubA saaAa
a quarter of an hour

ثلث ساعة
thulth saaAa
twenty minutes

أربعون دقيقة
arbaAoon daqeeqa
forty minutes

كم الساعة؟
kam as-saaAa?
What time is it?

الساعة الثالثة.
as-saaAa thalaatha.
It's three o'clock.

الواحدة وخمس دقائق
al-waaHida wa-khams daqaa'iq
five past one

الواحدة وعشر دقائق
al-waaHida wa-Aashar daqaa'iq
ten past one

الواحدة والربع
al-waaHida war-rubA
quarter past one

الواحدة والثلث
al-waaHida wath-thulth
twenty past one

عقرب الثواني
Aaqrab ath-thawaanee
second hand

الواحدة والنصف إلا خمسة
al-waaHida wan-nisf illa khamsa
twenty-five past one

الواحدة والنصف
al-waaHida wan-nisf
one thirty

الواحدة وخمس وثلاثون دقيقة
al-waaHida wa-khams wa-thalaatoon daqeeqa
twenty-five to two

الثانية إلا ثلث
ath-thaanya illa thulth
twenty to two

الثانية إلا ربع
ath-thaanya illa rubA
quarter to two

الثانية إلا عشر دقائق
ath-thaanya illa Aashar daqaa'iq
ten to two

الثانية إلا خمس دقائق
ath-thaanya illa khams daqaa'iq
five to two

الثانية بالضبط
ath-thaanya biD-Dabt
two o'clock

الليل والنهار al-layl wan-nahaar • night and day

منتصف الليل
muntasaf al-layl | **midnight**

شروق الشمس
shurooq ash-shams | **sunrise**

فجر fajr | **dawn**

صباح sabaaH | **morning**

غروب الشمس
ghuroob ash-shams
sunset

منتصف النهار
muntasaf an-nahaar
noon

غسق ghasaq | **dusk**

مساء masaa' | **evening**

بعد الظهر baAd az-zuhr | **afternoon**

المفردات al-mufradaat • vocabulary

مبكر
mubakkir
early

في الموعد
fil-mawAid
on time

متأخر
muta'akhkhir
late

أبكرت.
abkarta (-ti).
You're early.

تأخرت.
ta'akhkharta (-ti).
You're late.

سوف أكون هناك قريبًا.
sawfa akoon hunaaka qareeban.
I'll be there soon.

الرجاء الحضور في الموعد.
ar-rajaa' al-hudoor fil-mawAid
Please be on time.

أراك فيما بعد.
araak feemaa baAd.
I'll see you later.

متى يبدأ؟
mata yabda'?
What time does it start?

متى ينتهي؟
mata yantahee?
What time does it end?

تأخر الوقت.
ta'akhkhar al-waqt.
It's getting late.

كم سيستغرق؟
kam sa-yastaghriq?
How long will it last?

التقويم at-taqweem • calendar

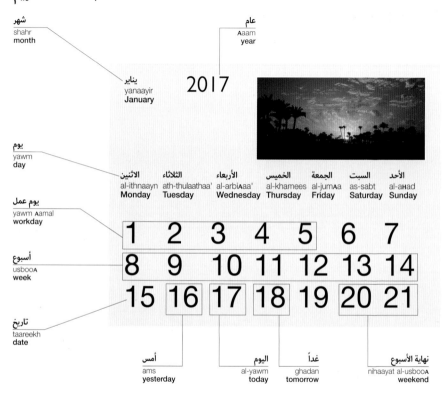

شهر
shahr
month

عام
Aaam
year

يناير
yanaayir
January

2017

يوم
yawm
day

الاثنين	الثلاثاء	الأربعاء	الخميس	الجمعة	السبت	الأحد
al-ithnaayn	ath-thulaathaa'	al-arbiAaa'	al-khamees	al-jumAa	as-sabt	al-aHad
Monday	**Tuesday**	**Wednesday**	**Thursday**	**Friday**	**Saturday**	**Sunday**

يوم عمل
yawm Aamal
workday

| 1 | 2 | 3 | 4 | 5 | 6 | 7 |

أسبوع
usbooA
week

| 8 | 9 | 10 | 11 | 12 | 13 | 14 |

| 15 | 16 | 17 | 18 | 19 | 20 | 21 |

تاريخ
taareekh
date

أمس
ams
yesterday

اليوم
al-yawm
today

غداً
ghadan
tomorrow

نهاية الأسبوع
nihaayat al-usbooA
weekend

المفردات al-mufradaat • vocabulary

يناير	مارس	مايو	يوليو	سبتمبر	نوفمبر
yanaayir	maaris	maayo	yoolyo	sabtambir	nofambir
January	**March**	**May**	**July**	**September**	**November**

فبراير	أبريل	يونيو	أغسطس	أكتوبر	ديسمبر
fabraayir	abreel	yoonyo	aghusTus	uktobir	deesambir
February	**April**	**June**	**August**	**October**	**December**

الأعوام al-Aawaam • years

1900 ألف وتسعمائة alf wa-tisaAmi'a • nineteen hundred

1901 ألف وتسعمائة وواحد alf wa-tisaAmi'a wa-waaHid • nineteen hundred and one

1910 ألف وتسعمائة وعشرة alf wa-tisaAmi'a wa-Aashara • nineteen ten

2000 عام ألفان Aaam alfaan • two thousand

2001 عام ألفان وواحد Aaam alfaan wa-waaHid • two thousand and one

الفصول al-fusool • seasons

ربيع
rabeeA
spring

صيف
sayf
summer

خريف
khareef
fall

شتاء
shitaa'
winter

المفردات al-mufradaat • vocabulary

قرن qarn **century**	هذا الأسبوع haadha l-usbooA **this week**	بعد غد baAda ghad **the day after tomorrow**	ما التاريخ اليوم؟ maa at-taareekh al-yawm? **What's the date today?**
عقد Aaqd **decade**	الأسبوع الماضي al-usbooA al-maaDee **last week**	أسبوعياً usbooAeeyan **weekly**	اليوم السابع من فبراير، ألفين وسبعة عشر. al-yawm as-saabiA min fabraayir, alfayn wa-sabaAta Aashar. **It's February seventh, two thousand and seventeen.**
ألف عام alf Aaam **millennium**	الأسبوع القادم al-usbooA al-qaadim **next week**	شهرياً shahreeyan **monthly**	
أسبوعان usbooAaan **two weeks**	أول أمس awwal ams **the day before yesterday**	سنوياً sanaweeyan **annual**	

الأرقام al-arqaam • numbers

0 صفر sifr • zero

1 واحد waaHid • one

2 اثنان ithnaan • two

3 ثلاثة thalaatha • three

4 أربعة arbaAa • four

5 خمسة khamsa • five

6 ستة sitta • six

7 سبعة sabAa • seven

8 ثمانية thamaanya • eight

9 تسعة tisAa • nine

10 عشرة Aashara • ten

11 أحد عشر aHad Aashar • eleven

12 اثنا عشر ithnaa Aashar • twelve

13 ثلاثة عشر thalaathat Aashar • thirteen

14 أربعة عشر arbaAat Aashar • fourteen

15 خمسة عشر khamsat Aashar • fifteen

16 ستة عشر sittat Aashar • sixteen

17 سبعة عشر sabAat Aashar • seventeen

18 ثمانية عشر thamaanyat Aashar • eighteen

19 تسعة عشر tisAat Aashar • nineteen

20 عشرون Aishroon • twenty

21 واحد وعشرون waaHid wa-Aishroon • twenty-one

22 اثنان وعشرون ithnaan wa-Aishroon • twenty-two

30 ثلاثون thalaathoon • thirty

40 أربعون arbaAoon • forty

50 خمسون khamsoon • fifty

60 ستون sittoon • sixty

70 سبعون sabAoon • seventy

80 ثمانون thamaanoon • eighty

90 تسعون tisAoon • ninety

100 مائة mi'a • one hundred

110 مائة وعشرة mi'a wa-Aashara • one hundred and ten

200 مائتان mi'ataan • two hundred

300 ثلاثمائة thalaathumi'a • three hundred

400 أربعمائة arbaAumi'a • four hundred

500 خمسمائة khamsumi'a • five hundred

600 ستمائة sittumi'a • six hundred

700 سبعمائة sabAumi'a • seven hundred

800 ثمانمائة thamaanumi'a • eight hundred

900 تسعمائة tisAumi'a • nine hundred

1,000 ألف alf • **one thousand**

10,000 عشرة آلاف Aasharat aalaaf • **ten thousand**

20,000 عشرون ألف Aishroon alf • **twenty thousand**

50,000 خمسون ألف khamsoon alf • **fifty thousand**

55,500 خمسة وخمسون ألف وخمسمائة khamsa wa-khamsoon alf wa-khamsami'a • **fifty-five thousand five hundred**

100,000 مائة ألف mi'at alf • **one hundred thousand**

1,000,000 مليون milyoon • **one million**

1,000,000,000 بليون bilyoon • **one billion**

أول awwal **first**

ثان thaanin **second**

ثالث thaalith **third**

رابع raabiA • **fourth**

خامس khaamis • **fifth**

سادس saadis • **sixth**

سابع saabiA • **seventh**

ثامن thaamin • **eighth**

تاسع taasiA • **ninth**

عاشر AaashiR • **tenth**

حادي عشر Haadee Aashar • **eleventh**

ثاني عشر thaanee Aashar • **twelfth**

ثالث عشر thaalith Aashar • **thirteenth**

رابع عشر raabiA Aashar • **fourteenth**

خامس عشر khaamis Aashar • **fifteenth**

سادس عشر saadis Aashar • **sixteenth**

سابع عشر saabiA Aashar • **seventeenth**

ثامن عشر thaamin Aashar • **eighteenth**

تاسع عشر taasiA Aashar • **nineteenth**

العشرون al-Aishroon • **twentieth**

الواحد وعشرون al-waaHid wa-Aishroon • **twenty-first**

ثاني وعشرون thaanee wa-Aishroon • **twenty-second**

ثالث وعشرون thaalith wa-Aishroon • **twenty-third**

الثلاثون ath-thalaathoon • **thirtieth**

الأربعون al-arbaAoon • **fortieth**

الخمسون al-khamsoon • **fiftieth**

الستون al-sittoon • **sixtieth**

السبعون as-sabAoon • **seventieth**

الثمانون ath-thamanoon • **eightieth**

التسعون at-tisAoon • **ninetieth**

المائة al-mi'a • **(one) hundredth**

الأوزان والمقاييس al-awzaan wal-maqaayees • weights and measures

المساحة al-misaaHa • area

قدم مربع
qadam murabbaA
square foot

متر مربع
metr murabbaA
square meter

المسافة al-masaafa • distance

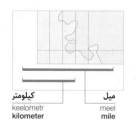

كيلومتر
keelometr
kilometer

ميل
meel
mile

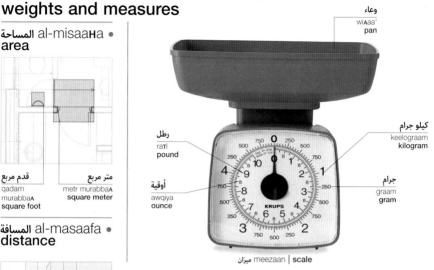

وعاء
wiAaa'
pan

رطل
raTl
pound

أوقية
awqiya
ounce

كيلو جرام
keelograam
kilogram

جرام
graam
gram

ميزان meezaan | **scale**

المفردات al-mufradaat • vocabulary

ياردة yaarda **yard**	طن Tunn **ton**	يقيس yaqees **measure (v)**
متر metr **meter**	ملليجرام milligraam **milligram**	يزن yazin **weigh (v)**

الطول aT-Tool • length

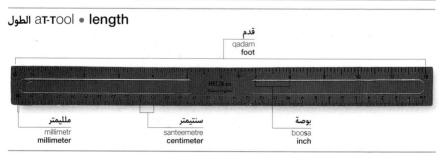

قدم
qadam
foot

ملليمتر
millimetr
millimeter

سنتيمتر
santeemetre
centimeter

بوصة
boosa
inch

السعة as-saAa • capacity

نصف لتر nisf litr **half-liter**

باينت baayint **pint**

كمية kammeeya **volume**

مليلتر millilitr **milliliter**

دورق قياس dawraq qiyaas
measuring cup

مقياس سوائل miqyaas sawaa'il
liquid measure

المفردات al-mufradaat • vocabulary

غالون
gaaloon
gallon

ربع غالون
rubA ghaaloon
quart

لتر
litr
liter

الوعاء al-wiAaa' • container

كيس
kees
bag

كرتونة
kartona
carton

باكيت
baakeet
packet

زجاجة
zujaaja
bottle

علبة بلاستيكية Aulba blaaseekeeya | **tub**

إناء inaa' | **jar**

علبة معدنية
Aulba miAdaneeya
can

علبة طعام
Aulbat TaAaam | **tin**

رشاشة سوائل rashshaashat sawaa'il
spray bottle

قطعة
qiTAa
bar

أنبوبة
anbooba
tube

لفة
laffa
roll

علبة ورقية
Aulba waraqeeya
pack

علبة رش
Aulbat rashsh
spray can

خريطة العالم khareeTat al-Aaalam • world map

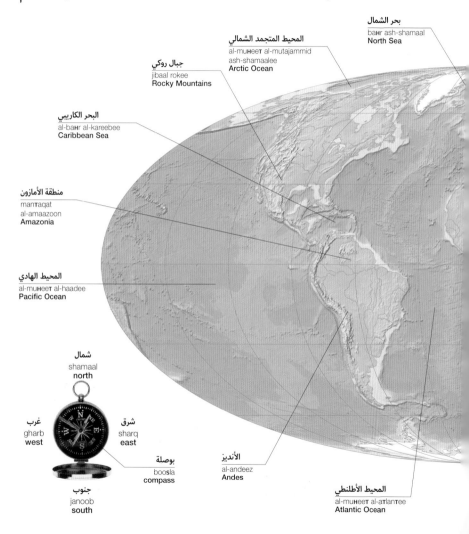

بحر الشمال
baHr ash-shamaal
North Sea
المحيط المتجمد الشمالي
al-muHeeT al-mutajammid ash-shamaalee
Arctic Ocean
جبال روكي
jibaal rokee
Rocky Mountains
البحر الكاريبي
al-baHr al-kareebee
Caribbean Sea
منطقة الأمازون
manTaqat al-amaazoon
Amazonia
المحيط الهادي
al-muHeeT al-haadee
Pacific Ocean
الأنديز
al-andeez
Andes
المحيط الأطلنطي
al-muHeeT al-aTlanTee
Atlantic Ocean

شمال
shamaal
north
غرب
gharb
west
شرق
sharq
east
بوصلة
boosla
compass
جنوب
janoob
south

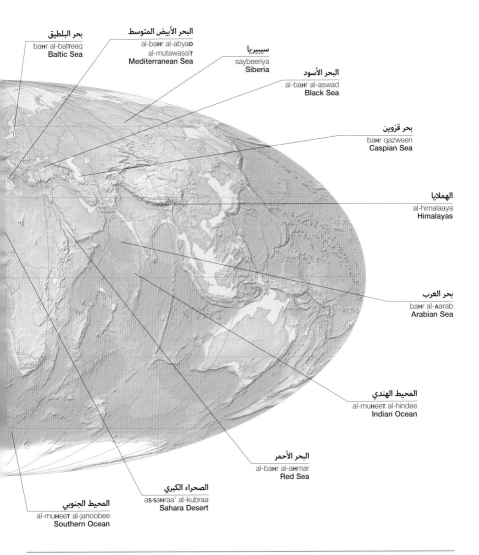

بحر البلطيق
baHr al-balTeeq
Baltic Sea
البحر الأبيض المتوسط
al-baHr al-abyaD
al-mutawassiT
Mediterranean Sea
سيبيريا
saybeeriya
Siberia
البحر الأسود
al-baHr al-aswad
Black Sea
بحر قزوين
baHr qazween
Caspian Sea
الهملايا
al-himalaaya
Himalayas
بحر العرب
baHr al-Aarab
Arabian Sea
المحيط الهندي
al-muHeeT al-hindee
Indian Ocean
البحر الأحمر
al-baHr al-aHmar
Red Sea
الصحراء الكبري
as-saHraa' al-kubraa
Sahara Desert
المحيط الجنوبي
al-muHeeT al-janoobee
Southern Ocean

شمال وسط أمريكا shamaal wa-wasaT amreeka • North and Central America

هاواي • hawaayi
Hawaii

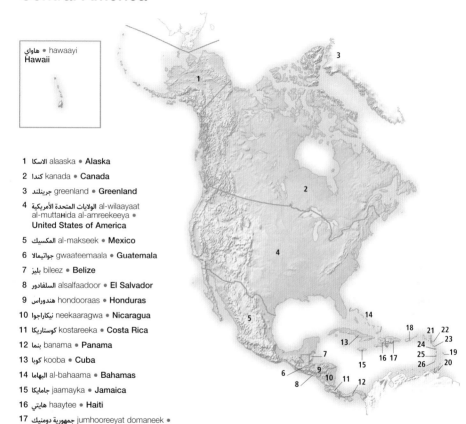

1 الاسكا alaaska • **Alaska**

2 كندا kanada • **Canada**

3 جرينلند greenland • **Greenland**

4 الولايات المتحدة الأمريكية al-wilaayaat al-muttaHida al-amreekeeya • **United States of America**

5 المكسيك al-makseek • **Mexico**

6 جواتيمالا gwaateemaala • **Guatemala**

7 بليز bileez • **Belize**

8 السلفادور alsalfaadoor • **El Salvador**

9 هندوراس hondooraas • **Honduras**

10 نيكاراجوا neekaaragwa • **Nicaragua**

11 كوستاريكا kostareeka • **Costa Rica**

12 بنما banama • **Panama**

13 كوبا kooba • **Cuba**

14 البهاما al-bahaama • **Bahamas**

15 جامايكا jaamayka • **Jamaica**

16 هايتي haaytee • **Haiti**

17 جمهورية دومنيك jumhooreeyat domaneek • **Dominican Republic**

18 بورتوريكو bootoreeko • **Puerto Rico**

19 بربادوس barbaados • **Barbados**

20 ترينيداد وتوباغو trineedaad wa-tobaagho • **Trinidad and Tobago**

21 سانت كيتس ونفيس saant keets wa-neefis • **St. Kitts and Nevis**

22 أنتيغوا وبربودا anteegha wa-barbooda • **Antigua and Barbuda**

23 الدومينيكا ad-domeeneeka • **Dominica**

24 سانت لوتشيا saant lootshya • **St. Lucia**

25 سانت فنسنت وجزر غرينادين saant finsant wa-juzur gharinaadeen • **St. Vincent and The Grenadines**

26 جرينادا greenaada • **Grenada**

أمريكا الجنوبية amreeka al-janoobeeya • South America

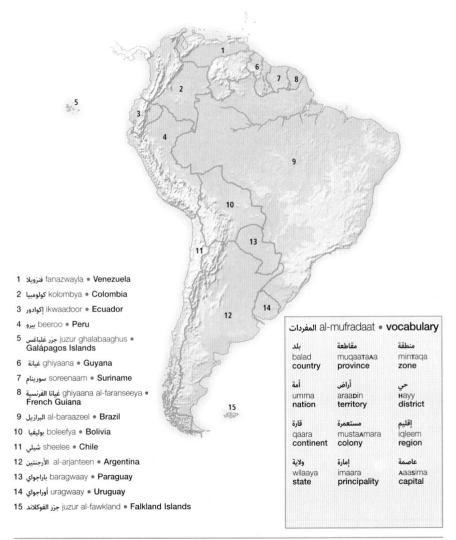

1 فنزويلا fanazwayla • **Venezuela**

2 كولومبيا kolombya • **Colombia**

3 إكوادور ikwaadoor • **Ecuador**

4 بيرو beeroo • **Peru**

5 جزر غلباغس juzur ghalabaaghus • **Galápagos Islands**

6 غيانة ghiyaana • **Guyana**

7 سورينام soreenaam • **Suriname**

8 غيانا الفرنسية ghiyaana al-faranseeya • **French Guiana**

9 البرازيل al-baraazeel • **Brazil**

10 بوليفيا boleefya • **Bolivia**

11 شيلي sheelee • **Chile**

12 الأرجنتين al-arjanteen • **Argentina**

13 باراجواي baragwaay • **Paraguay**

14 أوراجواي uragwaay • **Uruguay**

15 جزر الفوكلاند juzur al-fawkland • **Falkland Islands**

المفردات al-mufradaat • vocabulary

بلد balad **country**	مقاطعة muqaaTaAa **province**	منطقة minTaqa **zone**
أمة umma **nation**	أراض araaDin **territory**	حي Hayy **district**
قارة qaara **continent**	مستعمرة mustaAmara **colony**	إقليم iqleem **region**
ولاية wilaaya **state**	إمارة imaara **principality**	عاصمة AAasima **capital**

أوروبا urooba • Europe

1 أيرلندا eerlanda • **Ireland**

2 المملكة المتحدة al-mamlaka al-muttaHida • **United Kingdom**

3 البرتغال al-burtughaal • **Portugal**

4 أسبانيا asbaanya • **Spain**

5 جزر البليار juzur al-balyaar • **Balearic Islands**

6 أندورا andoora • **Andorra**

7 فرنسا faransa • **France**

8 بلجيكا beljeeka • **Belgium**

9 هولندا holanda • **Netherlands**

10 لوكسمبورغ luksamboorgh • **Luxembourg**

11 ألمانيا almaanya • **Germany**

12 الدانمرك ad-daanamark • **Denmark**

13 النرويج an-nurwayj • **Norway**

14 السويد as-sweed • **Sweden**

15 فنلندا finlanda • **Finland**

16 استونيا astonya • **Estonia**

17 لاتفيا latfiya • **Latvia**

18 لتوانيا litawaanya • **Lithuania**

19 كالينينغراد kaaliningraad • **Kaliningrad**

20 بولندا bolanda • **Poland**

21 جمهورية التشيكا jumhureeyat at-tasheeka • **Czech Republic**

22 النمسا an-nimsa • **Austria**

23 ليختنشتاين likhtanshtaayin • **Liechtenstein**

24 سويسرا sweesra • **Switzerland**

25 إيطاليا eeTaalya • **Italy**

26 موناكو monako • **Monaco**

27 كورسيكا korseeka • **Corsica**

28 سارادنيا saardinya • **Sardinia**

29 سان مارينو san mareeno • **San Marino**

30 مدينة الفاتيكان madeenat al-fateekan • **Vatican City**

31 صقلية siqqilleeya • **Sicily**

32 مالطة maalTa • **Malta**

33 سلوفينيا slofeenya • **Slovenia**

34 كرواتيا krowaatya • **Croatia**

35 المجر al-majar • **Hungary**

36 سلوفاكيا slofaakya • **Slovakia**

37 أوكرانيا ukraanya • **Ukraine**

38 بيلاروس beelaaroos • **Belarus**

39 ملدافيا moldaafya • **Moldova**

40 رومانيا romaanya • **Romania**

41 صربيا sarbya • **Serbia**

42 البوسنة وهيرزجوفينا al-bosna wa-herzogofeena • **Bosnia and Herzegovina**

43 ألبانيا albaanya • **Albania**

44 مقدونيا maqdoonya • **Macedonia**

45 بلغاريا bulghaarya • **Bulgaria**

46 اليونان al-yoonaan • **Greece**

47 كوسوفو kosofo • **Kosovo**

48 مونتينيجرو monteenegro • **Montenegro**

49 ايسلندا eeslanda • **Iceland**

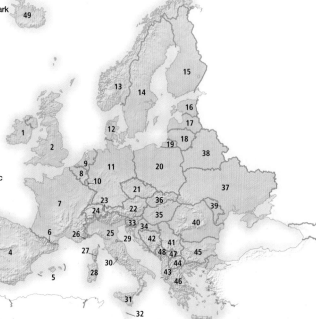

أفريقيا afreeqya • Africa

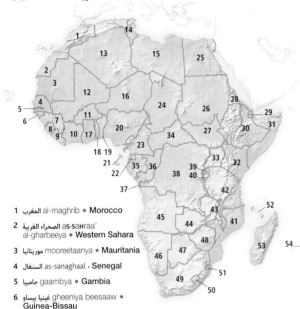

1 المغرب al-maghrib • **Morocco**

2 الصحراء الغربية as-saнraa' al-gharbeeya • **Western Sahara**

3 موريتانيا mooreetaanya • **Mauritania**

4 السنغال as-sanaghaal • **Senegal**

5 جامبيا gaambya • **Gambia**

6 غينيا بيساو gheeniya beesaaw • **Guinea-Bissau**

7 غينيا gheeniya • **Guinea**

8 سيراليون siraaliyoon • **Sierra Leone**

9 ليبيريا libeerya • **Liberia**

10 ساحل العاج saaнil al-Aaaj • **Ivory Coast**

11 بوركينا فاسو burkeena faaso • **Burkina Faso**

12 مالي maalee • **Mali**

13 الجزائر al-jazaa'ir • **Algeria**

14 تونس toonis • **Tunisia**

15 ليبيا leebya • **Libya**

16 النيجر an-nayjar • **Niger**

17 غانا ghaana • **Ghana**

18 توجو togo • **Togo**

19 بنين beneen • **Benin**

20 نيجيريا nijeerya • **Nigeria**

21 ساو توم وبرنسيب saaw toom wa-baranseeb • **São Tomé and Principe**

22 غينيا الاستوائية gheenya al-istiwaa'eeya • **Equatorial Guinea**

23 الكاميرون al-kameeroon • **Cameroon**

24 تشاد tshaad • **Chad**

25 مصر misr • **Egypt**

26 السودان as-soodaan • **Sudan**

27 جنوب السودان janoob as-soodaan • **South Sudan**

28 إرتريا iritreeya • **Eritrea**

29 جيبوتي jeebootee • **Djibouti**

30 إثيوبيا itheeyobya • **Ethiopia**

31 الصومال as-soomaal • **Somalia**

32 كينيا keenya • **Kenya**

33 أوغندا ughanda • **Uganda**

34 جمهورية أفريقيا الوسطى jumhureeyat afreeqya al-wusTa • **Central African Republic**

35 الجابون al-gaaboon • **Gabon**

36 الكونغو al-kongho • **Congo**

37 كابندا kabinda • **Cabinda**

38 جمهورية الكونغو الديموقراطية jumhureeyat al-kongho al-deemaqraaTeeya • **Democratic Republic of the Congo**

39 رواندا rawanda • **Rwanda**

40 بوروندي buroondee • **Burundi**

41 تنزانيا tanzaniya • **Tanzania**

42 موزامبيق mozaambeeq • **Mozambique**

43 ملاوي malaawee • **Malawi**

44 زامبيا zaambiya • **Zambia**

45 أنجولا angola • **Angola**

46 ناميبيا nameebiya • **Namibia**

47 بتسوانا botswaana • **Botswana**

48 زيمبابوي zeembaabwee • **Zimbabwe**

49 جنوب أفريقيا janoob afreeqya • **South Africa**

50 ليسوتو lesoto • **Lesotho**

51 سوازيلاند swaazeeland • **Swaziland**

52 جزر القمر juzur al-qamar • **Comoros**

53 مدغشقر madaghashqar • **Madagascar**

54 موريشيوس moreeshyus • **Mauritius**

آسيا aasya • Asia

1 تركيا turkiya • **Turkey**

2 قبرص qubrus • **Cyprus**

3 الاتحاد الروسي الفيدرالي al-ittihaad ar-roosee al-feedraalee • **Russian Federation**

4 جورجيا joorjya • **Georgia**

5 أرمينيا armeenya • **Armenia**

6 أذربيجان adhrabayjaan • **Azerbaijan**

7 إيران eeraan • **Iran**

8 العراق al-Airaaq • **Iraq**

9 سوريا sooriya • **Syria**

10 لبنان lubnaan • **Lebanon**

11 إسرائيل israa'eel • **Israel**

12 فلسطين filasTeen • **Palestine**

13 الأردن al-urdunn • **Jordan**

14 المملكة العربية السعودية al-mamlaka al-Aarabeeya as-saAoodeeya • **Saudi Arabia**

15 الكويت al-kuwait • **Kuwait**

16 البحرين al-baHrayn • **Bahrain**

17 قطر qaTar • **Qatar**

18 الإمارات العربية المتحدة al-imaaraat al-Aarabeeya al-muttaHida • **United Arab Emirates**

19 عُمان Aumaan • **Oman**

20 اليمن al-yaman • **Yemen**

21 كازاخستان kaazakhstaan • **Kazakhstan**

22 أوزباكستان uzbakistaan • **Uzbekistan**

23 تركمانستان turkmaanistaan • **Turkmenistan**

24 أفغانستان afghanistaan • **Afghanistan**

25 طاجيكستان Taajeekistaan • **Tajikistan**

26 كيرجيزستان keerjeezstaan • **Kyrgyzstan**

27 باكستان baakistaan • **Pakistan**

28 الهند al-hind • **India**

29 الملديف al-maldeef • **Maldives**

30 سري لانكا sree lanka • **Sri Lanka**

31 الصين as-seen • **China**

32 منغوليا mongholya • **Mongolia**

33 كوريا الشمالية koriya ash-shamaaleeya • **North Korea**

34 كوريا الجنوبية koriya al-janoobeeya • **South Korea**

35 اليابان al-yaabaan • **Japan**

36 نيبال neebaal • **Nepal**

37 بوتان bootaan • **Bhutan**

38 بنجلاديش banaglaadaysh • **Bangladesh**

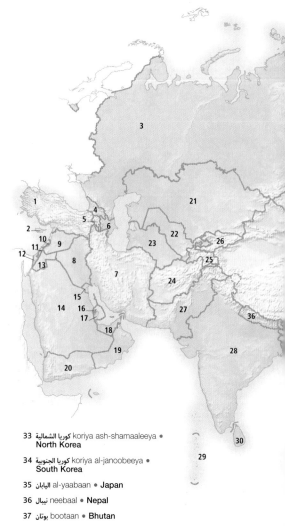

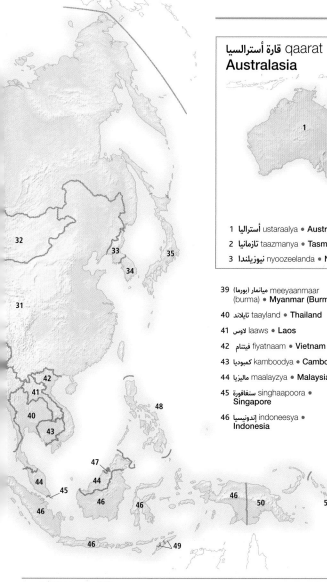

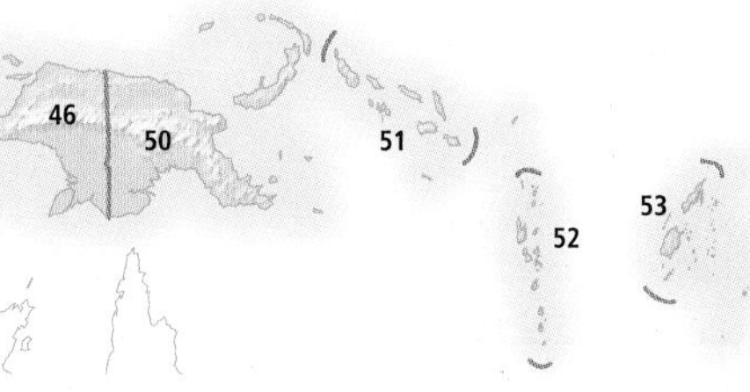

قارة أستراليا qaarat ustraalasya • Australasia

1 أستراليا ustaraalya • **Australia**

2 تازمانيا taazmanya • **Tasmania**

3 نيوزيلندا nyoozeelanda • **New Zealand**

39 ميانمار (بورما) meeyaanmaar (burma) • **Myanmar (Burma)**

40 تايلاند taayland • **Thailand**

41 لاوس laaws • **Laos**

42 فيتنام fiyatnaam • **Vietnam**

43 كمبوديا kamboodya • **Cambodia**

44 ماليزيا maalayzya • **Malaysia**

45 سنغافورة singhaapoora • **Singapore**

46 إندونيسيا indoneesya • **Indonesia**

47 بروناي broonaay • **Brunei**

48 الفلبين al-filibbeen • **Philippines**

49 تيمور الشرقية teemoor ash-sharqeeya • **East Timor**

50 بابوا غينيا الجديدة baabwa gheeniya al-jadeeda • **Papua New Guinea**

51 جزر سليمان juzur sulaymaan • **Solomon Islands**

52 فانواتو fanwaato • **Vanuatu**

53 فيجي feejee • **Fiji**

الحروف والكلمات المناقضة al-Huroof wal-kalimaat al-munaaqiDa •
particles and antonyms

إلى ila **to**	من min **from**	من أجل min ajl **for**	نحو naHwa **toward**
من فوق min fawqa **over**	تحت taHt **under**	على طول Aala Toola **along**	عبر Aabra **across**
أمام amaama **in front of**	خلف khalfa **behind**	مع maAa **with**	بدون bidoon **without**
على Aala **onto**	في داخل fee dhaakhil **into**	قبل qabla **before**	بعد baAda **after**
في fee **in**	خارج khaarij **out**	بواسطة bi-waasiTat **by**	حتى Hatta **until**
فوق fawqa **above**	أسفل asfal **below**	مبكر mubakkir **early**	متأخر muta'akhkhir **late**
داخل daakhil **inside**	في خارج fee khaarij **outside**	الآن al-aan **now**	فيما بعد feemaa baAd **later**
فوق fawqa **up**	تحت taHt **down**	دائما daa'iman **always**	أبداً abadan **never**
عند Ainda **at**	إلى ما بعد ila maa baAda **beyond**	كثيراً katheeran **often**	نادراً naadiran **rarely**
خلال khilaal **through**	حول Hawla **around**	أمس ams **yesterday**	غداً ghadan **tomorrow**
على Aala **on top of**	بجانب bi-jaanib **beside**	أول awwal **first**	أخير akheer **last**
بين bayna **between**	مقابل muqaabil **opposite**	كل kull **every**	بعض baAD **some**
بالقرب من bil-qurb min **near**	بعيد baAeed **far**	عن Aan **about**	بالضبط biD-DabT **exactly**
هنا huna **here**	هناك hunaaka **there**	قليل من qaleel min **a little**	كثير من katheer min **a lot**

كبير kabeer **large**	صغير sagheer **small**	حار Haarr **hot**	بارد baarid **cold**
عريض AareeD **wide**	ضيق Dayyiq **narrow**	مفتوح maftooH **open**	مغلق mughlaq **closed**
طويل Taweel **tall**	قصير qaseer **short**	ممتلئ mumtali' **full**	فارغ faarigh **empty**
عال Aaalin **high**	منخفض munkhafiD **low**	جديد jadeed **new**	قديم qadeem **old**
سميك sameek **thick**	رفيع rafeeA **thin**	فاتح faatiH **light**	داكن daakin **dark**
خفيف khafeef **light**	ثقيل thaqeel **heavy**	سهل sahl **easy**	صعب saAb **difficult**
صلب salb **hard**	طري Taree **soft**	غير مشغول ghayr mashghool **free**	مشغول mashghool **occupied**
مبلل muballal **wet**	جاف jaaff **dry**	قوي qawee **strong**	ضعيف DaAeef **weak**
جيد jayyid **good**	سيئ sayyi' **bad**	سمين sameen **fat**	رفيع rafeeA **thin**
سريع sareeA **fast**	بطيئ baTee' **slow**	صغير السن sagheer as-sinn **young**	مسن musinn **old**
صحيح saHeeH **correct**	خاطئ khaaTi' **wrong**	أفضل afDal **better**	أسوأ aswa' **worse**
نظيف nazeef **clean**	قذر qadhir **dirty**	أسود aswad **black**	أبيض abyaD **white**
جميل jameel **beautiful**	قبيح qabeeH **ugly**	مشيق mushayyiq **interesting**	ممل mumill **boring**
غال ghaalin **expensive**	رخيص rakhees **cheap**	مريض mareeD **sick**	صحي siHHee **well**
هادئ haadi' **quiet**	ضاج Daajj **noisy**	بداية bidaaya **beginning**	نهاية nihaaya **end**

عبارات مفيدة Aibaaraat mufeeda • useful phrases

ضروريات Darooreeyaat • essential phrases

نعم
naAm
Yes

لا
laa
No

ربما
rubbamaa
Maybe

من فضلك
min faDlak(-ik)
Please

شكراً
shukran
Thank you

عفوا
Aafwan
You're welcome

عن إذنك
Aan idhnak(-ik)
Excuse me

آسف
aasif
I'm sorry

لا
laa
Don't

لا بأس
laa ba's
OK

هذا جيد
haadha jayyid
That's fine

هذا صحيح
haadha saHeeH
That's correct

هذا خطأ
haadha khaTa'
That's wrong

تحيات taHiyaat • greetings

أهلاً
ahlan
Hello

مرحباً
marHaban

مع السلامة
maAas-salaama
Goodbye

صباح الخير
SabaaH al-khayr
Good morning

مساء الخير
masaa' al-khayr
Good afternoon

مساء الخير
masaa' al-khayr
Good evening

ليلة طيبة
layla Tayyiba
Good night

كيف الحال؟
kayf al-Haal?
How are you?

اسمي...
ismee...
My name is...

ما اسمك؟
maa ismak(-ik)?
What is your name?

ما اسمه/ اسمها؟
maa ismuhu/ismuhaa?
What is his/her name?

أقدم...
uqaddim...
May I introduce...

هذا/هذه...
haadha/haadhihi...
This is...

تشرفنا
tasharrafna
Pleased to meet you

إلى اللقاء
ilal-liqaa'
See you later

علامات Aalaamaat • signs

معلومات سياحية
maAloomaat siyaaHeeya
Tourist information

مدخل
madkhal
Entrance

مخرج
makhraj
Exit

مخرج طوارئ
makhraj Tawaari'
Emergency exit

ادفع
idfaA
Push

خطر
khaTar
Danger

التدخين ممنوع
at-tadkheen mamnooA
No smoking

معطل
muATil
Out of order

ساعات العمل
saaAaat al-Aamal
Opening times

الدخول مجاني
ad-dukhool majjaanee
Free admission

سعر مخفض
siAr mukhaffaD
Reduced

تاضيفخت
takhfeeDaat
Sale

اطرق قبل الدخول
uTruq qabla d-dukhool
Knock before entering

ابتعد عن النجيل
ibtaAid Aan an-najeel
Keep off the grass

مساعدة musaaAada • help

ممكن تساعدني؟
mumkin tusaaAidnee?
Can you help me?

أنا لا افهم
ana laa afham
I don't understand

أنا لا أعرف
ana laa Aaraf
I don't know

هل تتكلم الإنجليزية؟
hal tatakallam al-injileezeeya?
Do you speak English?

هل تتكلم العربية؟
hal tatakallam al-Aarabeeya?
Do you speak Arabic?

أنا أتكلم الإنجليزية
ana atakallam al-injileezeeya
I speak English

الرجاء التحدث ببطء
ar-rajaa' at-taHadduth bi-but'
Please speak more slowly

اكتبها من فضلك
uktub-haa min faDlak(-ik)
Please write it down

فقدت...
faqadtu...
I have lost...

الإرشادات al-irshaadaat • directions

أنا تائه
ana taa'ih
I am lost

أين ال...؟
aynal-...?
Where is the...?

أين أقرب...؟
ayna aqrab...?
Where is the nearest...?

أين دورات المياه؟
ayna dawraat al-miyaah?
Where is the restroom?

كيف أصل إلى...؟
kayfa asil ila...?
How do I get to...?

إلى اليمين
ilal-yameen
To the right

إلى اليسار
ilal-yasaar
To the left

على طول
Aala Tool
Straight ahead

كم المسافة إلى...؟
kam al-masaafa ila...?
How far is...?

إشارات طريق ishaaraat Tareeq • road signs

تحذير
taHdheer
Caution

ممنوع الدخول
mamnooA ad-dukhool
Do not enter

هدئ السرعة
haddi' as-surAa
Slow down

تحويل
taHweel
Detour

نيميلا مزتلا
iltazim al-yameen
Keep right

طريق سريع
Tareeq sareeA
Freeway

ممنوع الانتظار
mamnooA al-intizaar
No parking

طريق مسدود
Tareeq masdood
Dead end

طريق اتجاه واحد
Tareeq ittijaah waaHid
One-way street

الأولوية لليمين
al-awlaweeya lil-yameen
Yield

المقيمون فقط
al-muqeemoon faqaT
Residents only

أعمال طريق
Aamaal Tareeq
Roadwork

منحنى خطر
munHana khaTar
Dangerous curve

البيات al-bayaat • accommodation

عندي حجز
Aindee Hajz
I have a reservation

أين قاعة الطعام؟
ayna qaaAat aT-TaAaam?
Where is the dining room?

ما موعد الفطور؟
maa mawAid al-fuToor?
What time is breakfast?

سأعود الساعة...
sa-Aaood is-saaAa...
I'll be back at...o'clock

سأغادر غداً
sa-ughaadir ghadan
I'm leaving tomorrow

أكل وشرب akl wa-shurb • eating and drinking

في صحتك!
fi-siHHatak(-ik)
Cheers!

الأكل لذيذ/فظيع
al-akl ladheedh/fazeeA
The food is delicious/awful

الأكل غير مقبول
al-akl ghayr maqbool
The food is not satisfactory

أنا لا أشرب/أدخن
ana laa ashrab/udakh-khin
I don't drink/smoke

أنا لا آكل اللحوم
ana laa aakul al-luHoom
I don't eat meat

لا أريد المزيد، شكرا
laa ureed al-mazeed, shukran
No more for me, thank you

ممكن المزيد؟
mumkin al-mazeed?
May I have some more?

الحساب من فضلك
al-Hisaab min faDlak(-ik)
May we have the check?

ممكن إيصال؟
mumkin eesaal?
Can I have a receipt?

منطقة تدخين
minTaqat tadkheen
Smoking area

الصحة as-siHHa • health

أشعر بالدوار
ashAur bid-dawaar
I don't feel well

أشعر بالمرض
ashAur bil-maraD
I feel sick

يؤلمني هنا
yu'limunee huna
It hurts here

عندي حرارة
Aindee Haraara
I have a fever

أنا حامل في الشهر...
ana Haamil fish-shahr...
I'm...months pregnant

أحتاج روشتة من أجل...
aHtaaj roshetta min ajl...
I need a prescription for...

عادة أتناول...
Aaadatan atanaawal...
I normally take...

عندي حساسية تجاه...
Aindee Hassasseeya tujaaha...
I'm allergic to...

هل سيكون/ستكون بخير؟
hal sa-yakoon/sa-takoon ?bi-khayr
Will he/she be all right?

الفهرست الإنجليزي al-fihrist al-injileezee • English index

english

english

english

english

english

free range 118
freesia 110
free-throw line 226
freeway 194
free weights 250
freeze 287
freeze v 67
freezer 67
freighter 215
freight train 208
French fries 154
French Guiana 315
French horn 257
French mustard 135
French press 65
French toast 157
French twist 39
frequency 179
fresh 121, 127, 130
fresh cheese 136
fresh fruit 157
freshwater fishing
  245
fret 258
fretsaw 81
Friday 306
fried 159
fried chicken 155
fried egg 157
friend 24
frieze 301
frog 294
from 320
frontal 16
front crawl 239
front door 58
front wheel 196
frost 287
frosting 141
froth 148
frown 25
frozen 121, 124
frozen food 107
frozen yogurt 137
fruit 107, 126, 128
fruit bread 139
fruitcake 140
fruit farm 183
fruit juice 156
fruit tart 140
fruit yogurt 157
fry v 67
frying pan 69
fuel gauge 201
fuel tank 204
full 64, 266, 321
full bed 71
full moon 280
fumble 220
funeral 26
funnel 166, 214
furniture store 115
furrow 183
fuse 60
fuse box 60, 203
fuselage 210

G

gable 300
Gabon 317
Galápagos Islands 315
galaxy 280
gale 286
galley 214
gallon 311
gallop 243
galvanized 79
Gambia 317
game 119, 230, 273
games 272
game show 178
gangway 214
garage 58, 199
garbage can 67
garden 84
garden center 115
gardener 188
garden features 84
gardening 90
gardening basket 88
gardening plants 86
gardens 261
garden styles 84
garden tools 88
garland 111
garlic 125, 132
garlic press 68
garnet 288
garter 35
garter straps 35
gasoline 199
gas pump 199
gas station 199
gas tank 203
gasket 61
gate 85, 182, 247
gate number 213
gauze 47
gearbox 202, 204
gear lever 207
gears 206
gearshift 201
gel 38, 109
gems 288
generation 23
generator 60
genitals 12
geography 162
geometry 165
Georgia 318
gerbera 110
Germany 316
get a job v 26
get married v 26
get up v 71
geyser 285
Ghana 317
giant slalom 247
gift shop 114
gill 294
gin 145
gin and tonic 151

ginger 125, 133
giraffe 291
girder 186
girl 23
girlfriend 24
girth 242
glacier 284
gladiolus 110
gland 19
glass 69, 152
glass bottle 166
glasses 51, 150
glass stirring rod 167
glassware 65
glaze v 139
glider 211, 248
gliding 248
gloss 83, 271
glove 224, 229, 233,
  236, 246
gloves 36
glue 275
glue gun 78
gneiss 288
goal 221, 222,
  223, 224
goal area 223
goalkeeper 222, 224
goal line 220, 223, 224
goalpost 220, 222
goat 185
goat cheese 142
goat's milk 136
goggles 238, 247
gold 235, 289
goldfish 294
golf 232
golf bag 233
golf ball 233
golf cart 232
golf clubs 233
golf course 232
golfer 232
golf shoe 233
gong 257
good 321
good afternoon 322
goodbye 322
good evening 322
good morning 322
good night 322
goose 119, 293
gooseberry 127
goose egg 137
gorge 284
gorilla 291
Gothic 301
go to bed v 71
go to sleep v 71
gown 169
grade 163
graduate 169
graduate v 26
graduation ceremony
  169
graft v 91

grains 130
gram 310
grandchildren 23
granddaughter 22
grandfather 22
grandmother 22
grandparents 23
grandson 22
granite 288
grapefruit 126
grape juice 144
grapes 127
grapeseed oil 134
graphite 289
grass 87, 262
grass bag 88
grasshopper 295
grassland 285
grate v 67
grated cheese 136
grater 68
gratin dish 69
gravel 88
gravity 280
gray 39, 274
graze 46
greasy 39
Greece 316
green 119, 232, 274
green bean 122
greenhouse 85
Greenland 314
green olive 143
green peas 131
green salad 158
green tea 149
Grenada 314
grilled 159
grill pan 69
groceries 105, 106
grocery cart 106
grocery store 114
groin 12
groom 243
ground 60, 132
ground coffee 144
ground cover 87
ground floor 104
ground meat 119
ground sheet 267
group therapy 55
grout 83
guard 236
guardrail 195
Guatemala 314
guava 128
guest 64, 100
guidebook 260
guided tour 260
guilty 181
Guinea 317
Guinea-Bissau 317
guitarist 258
gull 292
gum 50
gumdrop 113

gun 94
gurney 48
gutter 58, 299
Guyana 315
guy rope 266
gym 101, 250
gym machine 250
gymnast 235
gymnastics 235
gynecologist 52
gynecology 49
gypsophila 110

H

hacksaw 81
haddock 120
hail 286
hair 14, 38
hairband 39
hairdresser 38, 188
hair dye 40
hairspray 38
hair straightener 38
Haiti 314
half an hour 304
half-and-half 137
half-liter 311
halftime 223
halibut fillets 120
Halloween 27
halter 243
halter neck 35
ham 119, 143, 156
hamburger 155
hammer 80
hammer v 79
hammock 266
hamper 263
hamster 290
hamstring 16
hand 13, 15
handbag 37
handcuffs 94
hand drill 81
hand fork 89
handicap 233
handkerchief 36
handle 36, 88, 106,
  187, 200, 230
handlebar 207
handles 37
hand rail 59
handrail 196
hand saw 89
handsaw 81
handset 99
hand towel 73
hang v 82
hang-glider 248
hang-gliding 248
hanging basket 84
hanging file 173
happy 25
harbor 217
harbor master 217
hard 129, 321

english

english

english

english

english

End of Arabic index (starting on page 359).

نهاية الفهرست العربي (يبدأ صفحة ٢٥٩).

عربي

عربي

عربي

عربي

عربي

عربي

عربي

عربي

عربي

عربي

عربي

الفهرست العربي al-fihrist al-Aarabee • Arabic index

The Arabic index starts here and runs right to left until page 341.

يبدأ الفهرست العربي هنا وينتهي صفحة ٣٤١.

تنويه tanweeh • acknowledgments

DORLING KINDERSLEY would like to thank Sanjay Chauhan, Jomin Johny, Christine Lacey, Mahua Mandal, Tracey Miles, and Sonakshi Singh for design assistance, Georgina Garner for editorial and administrative help, Polly Boyd, Sonia Gavira, Nandini Gupta, Tina Jindal, Nishtha Kapil, Smita Mathur, Antara Moitra, Cathy Meeus, Isha Sharma, Nisha Shaw, and Janashree Singha for editorial help, Syed Md Farhan, Md Rizwan, Roohi Rais, Md Zeshan, and Azeem Siddiqui for Arabic language assistance, Claire Bowers for compiling the DK picture credits, Nishwan Rasool for picture research, and Suruchi Bhatia, Maasoom Dhillon, and William Jones for app development and creation.

The publisher would like to thank the following for their kind permission to reproduce their photographs:
Abbreviations key:
t = top, b = bottom, r = right, l = left, c = center

123RF.com: Andrey Popov / andreypopov 23bc; Andriy Popov 34tl; Brad Wynnyk 172bc; Daniel Ernst 179tc; Hongqi Zhang 24cla. 175cr; Ingvar Bjork 60c; Kobby Dagan 259c; leonardo255 269c; Liubov Vadimovna (Luba) Nel 39cla; Ljupco Smokovski 75crb; Oleksandr Marynchenko 60bl; Olga Popova 33c; oneblink 49bc; Robert Churchill 94c; Roman Gorielov 33bc; Ruslan Kudrin 35bc, 35br; Sutichina 39cra; Sutichak Yachaingkham 39tc; Tarzhanova 37tc; Vitaly Valua 39tl; Wavebreak Media Ltd 188bl; Wilawan Khasawong 75cb;
Action Plus: 224bc; **Alamy Images:** 154t; A.T. Willett 287bcl; Alex Segre 105ca, 195cl; Ambrophoto 24cra; Blend Images 264bc; Cultura RM 33r; Doug Houghton 107bbr; Hugh Threlfall 35tl; 176tr; Ian Allenden 48br; Ian Dagnall 270t; Ievgen Chepil 250bc; imagebroker 199tl, 249c; keith morris 178c; Martyn Evans 210b; MBI 175tl; Michael Burrell 213cra; Michael Foyle 184bl; Oleksiy Maksymenko 105tc; Paul Weston 168br; Prisma Bildagentur AG 246b; Radharc Images 197tr; RBtravel 112tl; Ruslan Kudrin 176tl; Sasa Huzjak 258t; Sergey Kravchenko 37ca; Sergio Azenha 270bc; Stanca Sanda (iPad is a trademark of Apple Inc., registered in the U.S. and other countries) 176bc; Stock Connection 287bcr; tarczas 35cr; vitaly suprun 176cl; Wavebreak Media ltd 39cl, 174b, 175tr; **Allsport/Getty Images:** 238cl; **Alvey and Towers:** 209 acr, 215bcl, 215bcr, 241cr; **Peter Anderson:** 188cbr, 271br. **Anthony Blake Photo Library:** Charlie Stebbings 114cl; John Sims 114tcl; **Andyalte:** 98tl; **Arcaid:** John Edward Linden 301bl; Martine Hamilton Knight, Architects: Chapman Taylor Partners, 213cl; Richard Bryant 301br; **Argos:** 41tcl, 66cll, 66cl, 66bl, 66bcl, 69cl, 70bcl, 71t, 77tl, 269tc, 270tl; **Axiom:** Eitan Simanor 105bcr; Ian Cumming 104; Vicki Couchman 148ccr; **Beken Of Cowes Ltd:** 215cbc; **Bosch:** 76tcr, 76tc, 76tcl; **Camera Press:** 38tr, 256t, 257cr; Barry J.

Holmes 148tr; Jane Hanger 159cr; Mary Germanou 259bc; **Corbis:** 78b; Anna Clopet 247tr; Ariel Skelley / Blend Images 52l; Bettmann 181tl, 181tr; Blue Jean Images 48bl; Bo Zauders 156t; Bob Rowan 152bl; Bob Winsett 247cbl; Brian Bailey 247br; Chris Rainer 247ctl; Craig Aurness 215bl; David H.Wells 249cbr; Dennis Marsico 274bl; Dimitri Lundt 236bc; Duomo 211tl; Gail Mooney 277ctcr; George Lepp 248c; Gerald Nowak 239b; Gunter Marx 248cr; Jack Hollingsworth 231bl; Jacqui Hurst 277cbr; James L. Amos 247bl, 191ctr, 220bcr; Jan Butchofsky 277cbc; Johnathan Blair 243cr; Jose F. Poblete 191br; Jose Luis Pelaez.Inc 153tc; Karl Weatherly 220bl, 247tcr; Kelly Mooney Photography 259tl; Kevin Fleming 249bc; Kevin R. Morris 105tr, 243tl, 243tc; Kim Sayer 249tcr; Lynn Goldsmith 258t; Macduff Everton 231bcl; Mark Gibson 249bl; Mark L. Stephenson 249ctl; Michael Pole 115tr; Michael S. Yamashita 247ctcl; Mike King 247cbl; Neil Rabinowitz 214br; Pablo Corral 115bc; Paul A. Sounders 169br, 249ctcl; Paul J. Sutton 224c, 224br; Phil Schermeister 227b, 248tr; R. W Jones 309; Richard Morrell 189bc; Rick Doyle 241ctr; Robert Holmes 97br, 277ctc; Roger Ressmeyer 169tr; Russ Schleipman 229; The Purcell Team 211ctr; Vince Streano 194t; Wally McNamee 220br, 220bcl, 224bl; Wavebreak Media LTD 191bc; Yann Arhus-Bertrand 249tl; **Demetrio Carrasco / Dorling Kindersley (c) Herge / Les Editions Casterman:** 112ccl; **Dorling Kindersley:** Banbury Museum 35c; Five Napkin Burger 152t; **Dixons:** 270cl, 270cr, 270bl, 270bcd, 270bcr, 270ccr; **Dreamstime.com:** Alexander Podshivalov 179tr, 191cr; Alexxl66 268tl; Andersastphoto 176tc; Andrey Popov 191bl; Arne9001 190tl; Chaoss 26c; Dinogstock 269cl; Monkey Business Images 26clb; Paul Michael Hughes 162tr; Serghei Starus 190bc; **Education Photos:** John Walmsley 26tl; **Empics Ltd:** Adam Day 236br; Andy Heading 243c; Steve White 249cbc; **Getty Images:** 4BbI, 100t, 114bcr, 154bl, 287tr; 94tr; George Doyle & Ciaran Griffin 22cr; David Leahy 162tl; Don Farrall / Digital Vision 176c; Ethan Miller 270bl; Inti St Clair 179bl; Liam Norris 188br; Sean Justice / Digital Vision 24br; **Dennis Gilbert:** 106tc; **Hulsta:** 70t; **Ideal Standard Ltd:** 72r; **The Image Bank/ Getty Images:** 58; **Impact Photos:** Eliza Armstrong 115cr; Philip Achache 246t; **The Interior Archive:** Henry Wilson, Alfie's Market 114bl; Luke White, Architect: David Mikhail, 59bl; Simon Upton, Architect: Phillippe Starck, St Martins Lane Hotel 100br, 100br; **iStockphoto.com:** asterix0597 163tl; EdStock 190br; RichLegg 26bc; SorinVidis 27cr; **Jason Hawkes Aerial Photography:** 216t; **Dan Johnson:** 35r; **Kos Pictures Source:** 215cbl, 240tc, 240tr; David Williams 216b; **Lebrecht Collection:** Kate Mount 169bc; **MP Visual.com:** Mark Swallow 202t; **NASA:** 280cr, 280ccl, 281tl; **P&O Princess Cruises:** 214bl; **P A Photos:** 181br; **The Photographers' Library:** 186bl, 186bc, 186t; **Plain and Simple Kitchens:**

66t; **Powerstock Photolibrary:** 169tl, 256t, 287cc; **PunchStock:** Image Source 195tr; **Rail Images:** 208c, 208 cbl, 209br; **Red Consultancy:** Odeon cinemas 205br; **Redferns:** 259br; Nigel Crane 259c; **Rex Features:** 106br, 259tc, 259tr, 259bl, 280b; Charles Ommaney 114tcr; J.F.F Whitehead 243cl; Patrick Barth 101tl; Patrick Frilet 189cbl; Scott Wiseman 287bl; **Royalty Free Images:** Getty Images/Eyewire 154bl; **Science & Society Picture Library:** Science Museum 202b; **Science Photo Library:** IBM Research 190cla; NASA 281cr; **SuperStock:** Ingram Publishing 62; Juanma Aparicio / age fotostock 172t; Nordic Photos 269tl; **Skyscan:** 16bt, 182c, 298; Quick UK Ltd 212; **Sony:** 268bc; **Robert Streeter:** 154br; **Neil Sutherland:** 82tr, 83tl, 90t, 118, 188ctr, 196tl, 196tr, 299cl, 299bl; **The Travel Library:** Stuart Black 264t; **Travelex:** 97cl; **Vauxhall:** Technik 198t, 199tr, 199cl, 199cr, 199ctcl, 199cr, 199tcl, 199tcr, 200; **View Pictures:** Dennis Gilbert, Architects: ACDP Consulting, 106t; Dennis Gilbert, Chris Wilkinson Architects, 209tr; Peter Cook, Architects: Nicholas Crimshaw and partners, 208t; **Betty Walton:** 185br; **Colin Walton:** 2, 4, 7, 9, 10, 28, 42, 56, 92, 95c, 99tl, 99tcl, 102, 116, 120t, 138t, 146, 150t, 160, 170, 191ctcl, 192, 218, 252, 260br, 260l, 261tr, 261cl, 261cr, 271cbl, 271cbr, 271ctl, 278, 287br, 302, 401.

DK PICTURE LIBRARY:

Akhil Bahkshi; Patrick Baldwin; Geoff Brightling; British Museum; John Bulmer; Andrew Butler; Joe Cornish; Brian Cosgrove; Andy Crawford and Kit Hougton; Philip Dowell; Alistair Duncan; Gables; Bob Gathany; Norman Hollands; Kew Gardens; Peter James Kindersley; Vladimir Kozlik; Sam Lloyd; London Northern Bus Company Ltd; Tracy Morgan; David Murray and Jules Selmes; Musée Vivant du Cheval, France; Museum of Broadcast Communications; Museum of Natural History; NASA; National History Museum; Norfolk Rural Life Museum; Stephen Oliver; RNLI; Royal Ballet School; Guy Ryecart; Science Museum; Neil Setchfield; Ross Simms and the Winchcombe Folk Police Museum; Singapore Symphony Orchestra; Smart Museum of Art; Tony Souter; Erik Svensson and Jeppe Wikstrom; Sam Tree of Keygrove Marketing Ltd; Barrie Watts; Alan Williams; Jerry Young.

Additional photography by Colin Walton.

Colin Walton would like to thank:
A&A News, Uckfield; Abbey Music, Tunbridge Wells; Arena Mens Clothing, Tunbridge Wells; Burrells of Tunbridge Wells; Gary at Di Marco's; Jeremy's Home Store, Tunbridge Wells; Noakes of Tunbridge Wells; Ottakar's, Tunbridge Wells; Selby's of Uckfield; Sevenoaks Sound and Vision; Westfield, Royal Victoria Place, Tunbridge Wells.

All other images © Dorling Kindersley
For further information see: www.dkimages.com